DAS ALTE TESTAMENT

DAS ALTE TESTAMENT

Anstöße zu einem neuen Lesen
aus der Sicht der Evangelien

Bibeltexte, ausgewählt und kommentiert
von Diether Lauenstein

URACHHAUS

CIP-Titelaufnahme der Deutschen Bibliothek

Das Alte Testament: Anstöße zu einem neuen Lesen
aus der Sicht der Evangelien;
Bibeltexte / ausgew. u. kommentiert von Diether Lauenstein. –
Stuttgart: Urachhaus, 1990
Einheitssacht.: Testamentum vetus ⟨dt.⟩
ISBN 3-87838-627-3

ISBN 3 87838 627 3

Satz und Druck der Offizin Chr. Scheufele, Stuttgart.

Inhalt

SCHÖPFUNG UND URGESCHICHTE 7

Vorwort 9

Schöpfung 15
1. Mose Kap. 1, 2

Paradies und Sündenfall 23
1. Mose Kap. 2, 3

Kain 33
1. Mose Kap. 4, 6, 11

Noah 37
1. Mose Kap. 6–9

GESCHICHTE DER ERZVÄTER 43

Abraham 45
1. Mose Kap. 10–15, 17–19, 21, 22

Isaak 57
1. Mose Kap. 24–26

Jakob Israel und Josef 65
1. Mose Kap. 27–33, 47, 49

MOSE 79
2. Mose Kap. 1–5, 7, 12–20, 24, 25, 32, 34, 40
4. Mose Kap. 10, 12–14, 20, 21, 27
5. Mose Kap. 34

DAVID 109
1. Buch Samuel Kap. 16–19, 22, 27
2. Buch Samuel Kap. 1, 2, 5–7, 15–19, 23, 24

SALOMO 129
1. Buch der Könige Kap. 4–8

Serubabel 135

Chronik, Esra, Nehemia 137

POETISCHE WERKE 139

Ruth 141
Das Buch Ruth Kap. 1, 2, 4

Hiob 143
Das Buch Hiob Kap. 1–5, 19, 25, 26, 28–30, 38, 40–42

Psalmen 151

Die Psalmen bei Jesu Tod 152
Psalm 22, 31, 69

Das Brot 156
Psalm 17, 42
Johannes-Evangelium Kap. 6

Das Licht 156
Psalm 27
Johannes-Evangelium Kap. 8

Der Hirte 157
Psalm 23
Johannes-Evangelium Kap. 10

Der Weg 158
Psalm 1, 77, 86
Johannes-Evangelium Kap. 14

Der Weinstock 159
Psalm 80
Johannes-Evangelium Kap. 15

Der König 159
Psalm 2, 110
Johannes-Evangelium Kap. 18

Der Vater 160
Psalm 73
Johannes-Evangelium
Kap. 10, 14

PROPHETEN 163

Elia 167
1. Buch der Könige
Kap. 16–19, 21
2. Buch der Könige Kap. 1, 2

Elisa 179
2. Buch der Könige Kap. 2, 4, 5

SCHRIFT-PROPHETEN 183

Amos 185

Jesaja 187
Der Prophet Jesaja Kap. 8, 9, 11, 26, 28, 40, 42, 43, 45, 49, 52–55, 60, 61, 63, 65, 66

Jeremia 195

Hesekiel 197
Der Prophet Hesekiel
Kap. 1–3, 34, 36, 48

Jona 201
Der Prophet Jona Kap. 1–4

Micha, Sacharja, Maleachi und Daniel 205
Der Prophet Micha
Kap. 1, 3–6
Der Prophet Sacharja
Kap. 1–4, 8, 9, 14
Der Prophet Maleachi
Kap. 1–3
Der Prophet Daniel
Kap. 1–3, 5–7, 9, 12

SCHÖPFUNG UND URGESCHICHTE

Vorwort

Wie die Genesis entstand

Die Bibel, bestehend aus Altem und Neuem Testament, dokumentiert die christliche Religion. Darin trägt den Vorrang, d.h. unmittelbare Gültigkeit, das Neue Testament; das ist alles, was mit der Person Jesu zu tun hat. – Diese meine Arbeit verdeutlicht jeweils Zusammenhang und Vorrang.

Mose, so meinte die jüdisch-christliche Überlieferung des Mittelalters, habe die nach ihm genannten fünf Bücher zu Anfang der Bibel selbst geschrieben. Im Jahre 1520 bemerkte der Reformator Karstadt in seinem lateinischen »Büchlein über die kanonischen Schriften« zum ersten Male kritisch an, Mose habe das fünfte dieser Bücher, das Deuteronomium, nicht verfassen können, weil sein Tod darin erzählt wird (5. Mose 34, 5). Nach Karstadt forderte u. a. der englische Philosoph Thomas Hobbes in seinem »Leviathan« von 1651 für alle biblischen Bücher, man solle jeweils Alter und Autor neu bestimmen. Das versuchte der holländisch-jüdische Denker Baruch Spinoza in seinem »Tractatus theologico-politicus« von 1670. Diese seiner Zeit unabweisliche literarisch-historische Kritik an den alttestamentlichen Geschichtsbüchern eroberte sofort alle Köpfe.

Der Hildesheimer Pfarrer B. Witter nahm in einem Aufsatz des Jahres 1711 für die ersten Kapitel der Genesis (1. Mose 1 und 2–3) auf Grund der verschiedenen Gottesnahmen Elohim und Jahve verschiedene Urheber an. Unter denselben Voraussetzungen bestimmte 1753 Jean Astuc, Leibarzt Ludwig IV., in »Conjecture sur les memoires ... de la Genese« zwei Hauptquellen; er bestimmte außerdem zehn angeblich selbständige Ur-Abschnitte. Das übernahm Johann Gottfried Eichhorn in seine »Einleitung in das Alte Testament« von 1780–83, durch ihn wurde es allgemein bekannt. Julius Wellhausen (1844–1918) erweiterte Eichhorns Bild der Sache zu der Dreiquellentheorie, die bis heute unter Theologen vorherrscht.

Wellhausen lehrte in »Prolegomena zur Geschichte Israels« von 1883 und in »Composition des Hexateuchs und der historischen Bücher des Alten Testamentes« von 1889: Israels Sagen und Mythen faßten drei Schreiber in drei Werken zusammen, welche dann zu unserer Genesis vereinigt wurden. Für zwei dieser Vorwerke übernahm Wellhausen die damals schon üblichen Namen »Jahvist« und »Elohist«; das dritte nannte er »Priesterkodex«. Dem Elohisten hatte die Gottesbezeichnung »Elohim« im ersten Kapitel der Genesis den Namen gegeben. Kurioserweise wurde dieses angeblich älteste Kapitel und Urdokument des »Elohisten« später dem »Priesterkodex« zugewiesen, so daß der Elohist seinen Ursprung verlor. Heute verstehen wir das Kapitel als Vorspruch Esras (430 v. Chr.) oder eines ähnlichen Meisters.
Otto Eißfeldt zählt in seiner »Hexateuch-Synopse« von 1962 (als »sechstes« Buch gelten Josua und Richter) und in »Die Genesis der Genesis« von 1958 vier zusammenhängende Urerzählungen, indem er aus dem literarischen Komplex des »Jahvisten« noch eine »Laienquelle« ausgliedert. Jede dieser vier Quellen habe eine ganze Urgeschichte und Vorgeschichte bis zu Moses Tode erzählt, die dann zu den heutigen vier oder fünf Büchern Mosis verschmolzen. Nach Eißfeldt schrieb der Jahvist sicher im Lande Juda unter David und Salomon; dort wahrscheinlich auch der Autor der »Laienquelle«. Wenigstens im 9. Jahrhundert (nach Salomon) schrieb in Samaria der Elohist. Während der nächsten hundertfünfzig Jahre, spätestens nach dem Untergang des Nordreiches 722, wurden Jahvist, Elohist und Laie vereinigt. Nur dem Deuteronomium (5. Mose) spricht Eißfeldt (gemäß 2. Könige 22) einen einzigen Autor zu. Als fünfte Quelle gilt ihm »der Priesterkodex«, der in oder nach dem Exil gegen 500 v. Chr. entstanden sei. Am einfachsten denkt man für das Ganze an den um 433 v. Chr. aus Babylon nach Jerusalem zurückgekehrten Esra, der möglicherweise den Priesterkodex schuf und jedenfalls, wie einen Mantel um die anderen Quell-Werke von Mose 1–4 legend, den heutigen Text herstellte.
Die Genesis gewann bald nachexilisch ihre Gestalt. Einzelne Teile mag man den fünf Büchern Moses und dem Werk Josua-Richter (zusammen: Hexateuch) bis zum Jahre 350 v. Chr. noch hinzugefügt haben.

Darunter waren alte Lieder, Sprüche und Sagen. Die ältesten Stücke des Alten Testamentes stammen aus dem 20. oder 19. Jahrhundert vor Christus, als Abraham wirkte.
Der röm.-kath. Pater R. de Vaux urteilt ebenso über den Werdegang des Textes in der Schrift »Die hebräischen Patriarchen« von 1959 und in seiner »Jerusalemer Bibel« ab 1968. Auch Lehrer der Synagoge wie Martin Buber folgen dieser protestantisch-kritischen Schule in Fragen der Textgeschichte; deren führende Namen sind A. Alt, H. Groß-mann, Gunkel, P. Heinisch, M. Noth, G. v. Rad, L. Rost u. a. Ein ausgeglichenes Urteil findet sich u. E. bei G. v. Rad.
Den Schöpfungsbericht zählt Wellhausen zum »Priesterkodex«, dessen Faden in den meisten Ahnenkatalogen (Gen. 5, 1–28 und 30–32; 11, 10–26; 11, 27 u. 31–32; 12, 4–5; 13, 6 u. 11–12; 19, 29) und im Großteil des Sintflutberichtes (Gen. 6, 5–9; 19 u. 28–29) fortlaufe.
Die Paradies-Erzählung (Genesis 2, 4–24) fällt bei Wellhausen dem »Jahvisten« zu, auch Seth, Sintflut, Noahs Söhne und der erste Teil von Abrahams Leben. Der »Laienquelle« soll zugehören, was von Kain und Abel, von Riesen, dem Turm zu Babel, der Verfluchung Kanaans und von Loth erzählt. Die Stimme des Elohisten hört die Schule in Abraham-Geschichten, beginnend mit dem 15. Kapitel, sicher im 20. Kapitel und folgende. Genaueres lese man bei J. C. Kuhl »Die Entstehung des Alten Testamentes« von 1950, in 2. Auflage durch G. Fohrer, 1960.
Solche Textauflösung trieb am weitesten Martin Noth in seiner »Überlieferungsgeschichte des Pentateuch« 1948/1969; vorher in »Überlieferungsgeschichtlichen Studien«, 1943. Danach hat jedes Teilstück seine bestimmbar vorliterarische Überlieferung. Noth bewegt sich in der vorstaatlichen Jugendzeit Israels, im Kanaan des auslaufenden zweiten Jahrtausends, welche Zeit das Buch der Richter spiegelt. Ein schriftliches Schaffen Abrahams und Mosis, im 2. Jahrtausend möglich, zog Noth nicht in Betracht. Seine Kanaankunde des 2. Jahrtausends und sein Scharfsinn in Einzelfällen bleiben bemerkenswert.
Für Noth (»Pentateuch« S. 48 f.) erwuchsen die Mose-Geschichten aus einem Sagenkreis um ein altes Grab in den Moabiterbergen, das

dort einmal verehrt und später vergessen worden sei. Der Pentateuch ist ihm zur Sammlung der Stämme und Sippen entstanden bei kultischen Begehungen im Munde von angestellten »Erzählern«, was bei Aufkommen des Königtums abgestellt worden sei. Dafür begann um 1000 v. Chr. die Geschichtsschreibung.

Wurzeln der Sammlung waren alte Bekenntnisse zu kultischen Anlässen, wie der Opferspruch zu Ostern: »Mein Ahn, ein abgesprengter Aramäer (Jakob), zog hinab nach Ägypten. Aber der Herr führte uns (durch Mose) wieder aus Ägypten und gab uns dieses Land (Kanaan), darin Milch und Honig fließen. Nun bringe ich die ersten Früchte meines Landloses« (5. Mose 26, 5–10). – Zur »Landnahme« Josuas kam erst während der Königszeit das Thema »Urgeschichte« (Genesis). Den Ausgangspunkt des Pentateuchs bilden der Auszug aus Ägypten (2. Mose) und die Einnahme Kanaans (Josua und Richter).

Die Sicherheit seiner Theorien verglich Noth 1926 mit der Bewegung von Grashüpfern, indem er einen Meinungswechsel vorführte: Leonard Rost behauptete 1926 in seinem Aufsatz »Die Überlieferung von der Thronnachfolge Davids«, daß in 2. Samuel 7, 22–24 der Gottesspruch Nathans über den Bau des Tempels und über die Dauer des Hauses David ein nachexilischer Zusatz sei. Noth stimmte dem damals zu. Zehn Jahre später zeigte Siegfried Herrmann in »Die Königsnovelle in Ägypten und Israel« für das ganze Kapitel 2. Samuel 7 Formgleichheit mit feierlichen Thronerklärungen der Pharaonen, die man Königsnovellen nennt. Nun konnte für Noth 2. Samuel 7 nicht mehr als ein später Zusatz gelten. Die Stelle wurde für ihn wieder 500 Jahre älter, entsprach nun dem Stil unter David und Salomon. Diesen und andere Meinungswechsel nahm Noth mit Humor. Urteile müssen fallen; aber Urteile allein haben kurze Beine.

Von jüdischer Seite trat 1967 M. H. Segal in »The Pentateuch, its composition and its autorship« sachlich für Noth ein, ohne ihn selbst zu kennen, gleichsam in geistiger Wiederholung. Vor ihm hatte (unter der Anregung von Staerk, 1924) der jüdische Religionslehrer Martin Buber in »Schrift und Bibel«, 1938 / 1964, die Nothsche »Quellenkritik auf Grundlage ganz unzureichender sprachlicher Kennzeichen und unter Annahme von vielen Dubletten« verworfen. Derselbe Buber übernahm dann doch Noths Verfahren, um das Buch der Richter zum historischen Maßstab für die fünf Bücher Mosis zu machen; er übernahm Noths Grundurteil: Primitiveres müsse Besserem vorausgegangen sein. – Gewöhnlich glaubt man, Gedanken müßten sich nach Gegebenheiten richten. In Darstellungen aber richten »Gegebenheiten« sich ebenso oft nach vorgefaßten oder »grundlegenden« Gedanken. Niemand wird von guter Textkenntnis befreit, aber auch nicht vom Selbstdenken.

Einen Gegenentwurf zu Noths Entstehungsgeschichte leistete der Engländer P.J. Wiseman in »New Discoveries in Babylonia about Genesis« von 1960 (seine Erstveröffentlichung zur Sache kam 1936). Das 1960 posthum erschienene Werk beginnt: »Dieses Buch wurde in Babylonien geschrieben, im Lande der Genesis, wo ich Jahre hindurch mich intensiv mit den dortigen Ausgrabungen und mit der Genesis befaßte. Hier möchte ich so einfach und klar wie möglich zeigen, was die Genesis selbst über ihren Ursprung sagt: Die erste Hälfte der Genesis hat den Schreibstil, den die Sumerer und Babylonier seit dem vierten Jahrtausend vor Christus auf Tontäfelchen verwandten. Das gilt auch für die Länge der Abschnitte. Beide Seiten verwenden feste Redewendungen als zusammenfassende Unterschriften. Sie wiederholen den Anfang am Ende. Die Genesis enthält auch viele babylonische Fremdworte. Die letzten Kapitel über Joseph in Ägypten tragen jene Eigentümlichkeiten nicht, sondern sind ein getreues Abbild der Kultur des Nillandes; hier finden wir auch viele Lehnworte aus dem Ägyptischen.«

Sprachabhängigkeit hatte schon 1920 A.S. Yahuda beschrieben in »Die Sprache des Pentateuch«. – Wiseman als Ausgräber uralter Bibliotheken im Zweistromland wollte nicht länger zulassen, daß die Fülle babylonischer Merkmale in der Genesis unbeachtet bliebe zugunsten von Vermutungen, die sich auf eine frei konstruierte Geistesgeschichte Israels stützen. Noths Arbeit im Original blieb auch ihm unbekannt, wäre seiner Ablehnung sicher gewesen.

Wisemann setzt beide biblischen Schöpfungsberichte (Gen. 1–3) ans Ende des dritten oder an den Anfang des zweiten Jahrtausends, läßt sie

also schon zu Abrahams (1900 v. Chr.) Bildung gehören. Dieser frühen Zeit weist Noth nur einzelne Lieder und Sprüche zu. Anderthalb Jahrtausende bis zu Esra als Redaktor (450 v. Chr.) machen eine beträchtliche Spanne! – Den »Mann Mose« läßt Wiseman zu einer Überarbeitung einer ihm vorliegenden alten Genesis schreiten, zur Umarbeitung von Tontafeln auf Papyrus am Anfang des dreizehnten Jahrhunderts. – Niemand wird das Selbstdenken erlassen.
Unsere Zeichnungen im Text folgen sumerisch-babylonischen Vorbildern und damit Wisemans Anschauung. Zunächst von uns nur für die Genesis gedacht, regte die Mannigfaltigkeit der alten Funde zur Bebilderung des gesamten Alten Testamentes an.

Bibeltext nach der Übersetzung Martin Luthers in der revidierten Fassung 1984, Deutsche Bibelgesellschaft Stuttgart.

Schöpfung

Der Schöpfungs-Vorspruch

1. Mose (Genesis) bis 2. Samuel, sieben Bücher der Erinnerung aus Davids Zeit (10. Jahrhundert v. Chr.), vorzüglich 1. und 2. Mose, Josua und Samuel. Diese haben einen Vorspruch in 1. Mose 1,1–2,4a, so streng gebaut wie der Prolog des Johannes-Evangeliums. Nur ein inspiriert genialer Urheber läßt sich denken zu dieser »Schöpfung der Welt«, die so wahr scheint, daß Kaspar Appenzeller in seinem Buch von 1976 »Die Genesis im Lichte der menschlichen Embryologie« es wagen konnte, die dort geschilderten makrokosmischen Vorgänge mit den uns neuerdings bekannten mikroskopischen Bildern Schritt vor Schritt zu vergleichen. Die folgenden Kapitel der Genesis (1. Mose 5) entsprechen dem Werden des Menschen nach der Geburt. Die Genesis erzählt das Entstehen der Menschheit und des Keimes zum Volke Israel. Der Vorspruch behandelt das Werden der Welt. Dessen Stil läßt für seine Entstehung frühestens das siebte Jahrhundert v. Chr. vermuten. Die Kirchenväter entnahmen ihm, um eine Urmaterie auszuschließen, die Lehre von der »Schöpfung aus dem Nichts«. Johannes hält in seinem Prolog das Wort Gottes nicht nur für die Formkraft der Welt, sondern auch für ihre tragende Substanz.

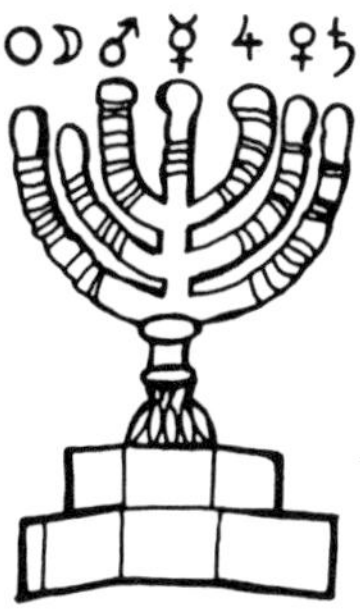

1. MOSE

1 1 Am Anfang schuf Gott (Elohim)
Himmel und Erde. 2 Und die Erde
war wüst und leer, und es war finster
auf der Tiefe; und der Geist Gottes
schwebte auf dem Wasser. 3 Und
Gott sprach: Es werde Licht! Und es
ward Licht. 4 Und Gott sah, daß das
Licht gut war. Da schied Gott das
Licht von der Finsternis 5 und nannte

das Licht Tag und die Finsternis
Nacht. Da ward Abend, und es ward
Morgen. Tag Eins.
[6]Und Gott sprach: Es werde eine Fe-
ste zwischen den Wassern, die da
scheide zwischen den Wassern. [7]Da
machte Gott die Feste und schied das
Wasser unter der Feste von dem Was-
ser über der Feste (am Himmel).
Und es geschah so. [8]Und Gott
nannte die Feste Himmel. Da ward
Abend, und es ward Morgen: Tag
Zwei.

[9]Und Gott sprach: Es sammle sich
das Wasser unter dem Himmel an be-
sondere Orte, daß man das Trockene
sehe. Und es geschah so. [10]Und Gott
nannte das Trockene Erde, und die
Sammlung der Wasser nannte er
Meer. Und Gott sah, daß es gut war.
[11]Und Gott sprach: Es lasse die Erde
aufgehen Gras und Kraut, das Samen
bringe, und fruchtbare Bäume auf
Erden, die ein jeder nach seiner Art
Früchte tragen, in denen ihr Same ist.
Und es geschah so. [12]Und die Erde
ließ aufgehen Gras und Kraut, das
Samen bringt, ein jedes nach seiner
Art, und Bäume, die da Früchte tra-
gen, in denen ihr Same ist, ein jeder
nach seiner Art. Und Gott sah, daß es
gut war. [13]Da ward Abend, und es
ward Morgen: Tag Drei.
[14]Und Gott sprach: Es werden Lich-
ter an der Feste des Himmels, die da
scheiden Tag und Nacht und geben
Zeichen, Zeiten, Tage und Jahre
[15]und seien Lichter an der Feste des
Himmels, daß sie scheinen auf die
Erde. Und es geschah so. [16]Und Gott
machte zwei große Lichter: ein gro-
ßes Licht, das den Tag regiere, und
ein kleines Licht, das die Nacht re-
giere, dazu auch die Sterne. [17]Und
Gott setzte sie an die Feste des Him-
mels, daß sie schienen auf die Erde
[18]und den Tag und die Nacht regier-
ten und schieden Licht und Finster-
nis. Und Gott sah, daß es gut war.
[19]Da ward Abend, und es ward Mor-
gen: Tag Vier.

[20]Und Gott sprach: es wimmle das
Wasser von lebendigem Getier, und
Vögel sollen fliegen auf Erden unter
der Feste des Himmels. [21]Und Gott
schuf große Walfische und alles Ge-
tier, das da lebt und webt, davon das

Wasser wimmelt, ein jedes nach seiner Art, und alle gefiederten Vögel, einen jeden nach seiner Art. Und Gott sah, daß es gut war.
22 Und Gott segnete sie und sprach: Seid fruchtbar und mehret euch und erfüllet das Wasser im Meer, und die Vögel sollen sich mehren auf Erden.
23 Da ward Abend, und es ward Morgen: Tag Fünf.

24 Und Gott sprach: Die Erde bringe hervor lebendiges Getier, ein jedes nach seiner Art: Vieh, Gewürm und Tiere des Feldes, ein jedes nach seiner Art. Und es geschah so.
25 Und Gott machte die Tiere des Feldes ein jedes nach seiner Art, und das Vieh nach seiner Art und alles Gewürm des Erdbodens nach seiner Art. Und Gott sah, daß es gut war.
26 Und Gott sprach: Lasset uns Mensch machen, ein Bild, das uns gleich sei, die da herrschen über die Fische im Meer und über die Vögel unter dem Himmel und über das Vieh und über alle Tiere des Feldes und über alles Gewürm, das auf Erden kriecht.
27 Und Gott schuf den Menschen zu seinem Bilde, zum Bilde Gottes schuf er ihn; und schuf sie männlich und weiblich.
28 Und Gott segnete sie und sprach zu ihnen: Seid fruchtbar und mehret euch und füllet die Erde und machet sie euch untertan und herrschet über die Fische im Meer und über die Vögel unter dem Himmel und über das Vieh und über alles Getier, das auf Erden kriecht.
29 Und Gott sprach: Sehet da, ich habe euch gegeben alle Pflanzen, die Samen bringen, auf der ganzen Erde, und alle Bäume mit Früchten, die Samen bringen, zu eurer Speise.
30 Aber allen Tieren auf Erden und allen Vögeln unter dem Himmel und allem Gewürm, das auf Erden lebt, habe ich alles grüne Kraut zur Nahrung gegeben. Und es geschah so.
31 Und Gott sah an alles, was er gemacht hatte, und siehe, es war sehr gut. Da ward Abend, und ward Morgen: Tag Sechs.

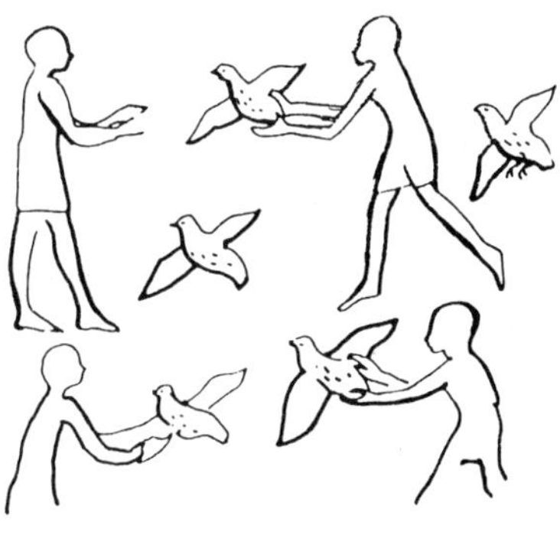

2
1 So wurden vollendet Himmel
und Erde mit ihrem ganzen Heer.
2 Und so vollendete Gott am sieben-
ten Tage seine Werke, die er machte,
und ruhte am siebenten Tage von al-
len seinen Werken, die er gemacht
hatte. 3 Und Gott segnete den sieben-
ten Tag und heiligte ihn, weil er an
ihm ruhte von allen seinen Werken,
die Gott geschaffen und gemacht
hatte. 4 So sind Himmel und Erde ge-
worden, bei ihrer Schöpfung.

a. Der erste und der kommende Mensch

Die ursprüngliche Zweigeschlechtlichkeit jedes Menschen nach Genesis 1 stellt Jesus seelisch für die Zukunft fest: »In der Auferstehung werden sie nicht freien, sondern sein wie die Engel in den Himmeln« (Matth. 22, 23f.; Mark. 12, 18.; Luk. 20, 37f.). So schreibt auch Paulus an die Epheser (2, 14): »Christus hat aus den zweien alten Menschen (Mann und Frau) den einen Neuen gemacht«. – Der Titel »Menschensohn«, den Jesus öffentlich trug, meint diesen Einen. So sagt Johannes im Vorspruch: »Die auf (das ewige Wort in) Jesus Christus vertrauen, stammen nicht aus Blut und nicht aus Fleisch und nicht aus menschlich-individuellen Willen, sondern sie werden aus Gott geboren.« – Ein schon apokalyptisch gestimmter Jesaja-Schüler (Jesaja 63, 16) sagte bereits: »Du, Jahve, bist unser Vater und Erlöser. Von alters her ist dies dein (wahrer) Name!«

b. Fünf Elemente entstehen in drei Tagen

Die Schöpfung der Welt in sechs »Tagen« (Gen. 1) läßt am Ende den Menschen als Krone erscheinen. Dann folgt noch einmal die Erschaffung nur des Menschen im Garten Eden (Gen. 2–3). Beide Berichte haben verschiedene Stile. Aber dieselbe Elementen-Lehre führt durch beide Erzählungen, durch die ganze Bibel und findet in deren letztem Buch, der Apokalypse, noch einmal ihren betonten Ausdruck. Jesus nahm daran teil.

Es beginnt mit einer Überschrift: »Am Anfang schuf Gott Himmel und Erde«. Stufen des Werdens folgen: Im Anfang war ein Ungestaltetes (tohu va bohu), das nur vorläufig »Erde« (árez), dann »Tiefe« (thehóm) und schließlich »Gewässer« (májim) heißt. »Der Geist Gottes (rúach Elohim) brütete über diesem Urgewässer (májim)« (1. Mose 1, 2). – Rúach ist Wind und Geist. Das Wort brüten kommt selten vor, heißt vielleicht auch schweben; in solchen Texten entscheidet das Bild: Ein fliegender Vogel, der ein gewaltiges Wasserei bebrütet.

Die liebevoll Wärme-ausstrahlende Geduld, die jeder Brüter übt, hat Ewigkeit in sich. – Erlebte Zeit gab es im Anfang noch nicht. Sie folgt nach Aufschluß des Raumes und im Maße einer Weltperiode. Der Raum gliederte sich, indem Gott sprach: »Es werde Licht, und es ward Licht: Tag Eins« (1, 3–6). – Und weiter: »Es werde eine Feste zwischen den Wassern. Er schied das Wasser über der Feste, (das die Welt wie ein Embryo einhüllt) vom Wasser unter der Feste (firmamentum): Tag Zwei« (1, 6–8). – »Und Gott sprach: Das Wasser unter der Feste sammle sich an besonderen Orten, auf daß man Trockenes sehe. Das Trockene nannte er Erde (árez). Und Gott sprach: Die Erde lasse Gras, Kraut und Bäume hervorsprießen: Tag Drei« (1, 9–13).

Drei weitere Schöpfungstage schenken 1. Sternen, 2. Fischen und Vögeln, 3. Landtieren und Menschen das Leben. Alle ordnen sich den fünf Elementen ein: dem Licht des ersten Tages die Sterne am vierten. Am fünften Tag besetzten Fische und Vögel die unteren und (halb-) oberen Gewässer, am sechsten Tag die Säuger und Menschen die begrünte Erde.

Die Genesis bietet uns scheinbar ein überholtes, unwissenschaftliches Weltbild, wie heute jedes theologische Lehrbuch behauptet. In Wahrheit schildert sie Daseinsarten, die sich mit keinem gesicherten Resultat moderner Naturwissenschaft stoßen. Wir weisen auf deren verinnerlicht-seelische Wiederkehr: Wärme entspringt der brütenden Gott-

heit, durch den Menschen verinnerlicht, Liebe. Das Licht des ersten »Tages« wird zur Einsicht und Erkenntnis. Die Luft wird in atmenden Wesen zu Empfinden; das Wasser zu Leben und das Feste zu Beständigkeit, im Menschen religiös zum »Glauben«, der sich im Wort »Amen« (Festsein) ausdrückt.
Jesus bedient sich dieser Verinnerlichungen, um den sterblich gewordenen Menschen wieder zu einem göttlich-ewigen Wesen zu machen. – Die Lehre von den fünf Elementen und ihren seelischen Obertönen beherrscht die Bibel und gehört zum Grundbestand des Christentums.

c. Die fünf Elemente im Neuen Jerusalem

Am Ende der Apokalypse (Kap. 21, 22) – wir ziehen sie nach vorn, um die Einheit der biblischen Lehre zu zeigen – erscheinen die fünf Elemente in Reinheit: da senkt eine firmamentähnliche »Erde« sich vom Himmel hernieder wie ein durchsichtiger, selbstleuchtender Würfel, fast als ob sie aus löslichem Salz bestünde (21, 1 f.). – Das Wasser wird apokalyptisch zum »Strom«, der aus dem Throne des Lammes hervorkommt (22, 1 f.). An seinen Ufern stehen Bäume, die zwölfmal des Jahres Früchte tragen und deren Blätter Arzneien sind. – Die Stadt bedarf keines Lichts von außen; Gott selbst erleuchtet sie. Statt des Windes (hebräisch »rúach«) erscheinen die »Geister der Propheten«. Alle Elemente gibt es in höherer Gestalt und in höherem Dienste: Erde ist Träger, Wasser wird Leben, Wind wird Geist, Licht wird zu Einsicht, Wärme zu Segen. Die Wärme lebt aber auch im »Feuer des Gerichts« (20, 4; 21, 8) weiter. Das feurige Gericht ist die abgelehnte und verwandelte Brutwärme des Geistes Gottes, der zur Vorbereitung seiner ersten Schöpfung über den Wassern der Tiefe schwebte. In rechter Form wird sie zur Segens-Wärme, die vom Auferstandenen ausgeht. Im Endgericht weicht ein Teil der Geschöpfe jener Liebe (Wärme) aus, »die alles neu macht«. Dann verbindet sich das »Feuer« statt mit dem Wasser als Leben und statt mit Erde als Acker fälschlich mit staubigem Fels, der unter dem Zorne Gottes zur Hölle wird. Statt der festen Form ist der feste Stoff ergriffen worden.

Offenbarung Jesu Christi

21 1 Und ich sah einen neuen Him-
mel und eine neue Erde; denn
der erste Himmel und die erste Erde
sind vergangen, und das Meer ist
nicht mehr.
15 Und der mit mir redete, hatte einen
Meßstab, ein goldenes Rohr, um die
Stadt zu messen und ihre Tore und
ihre Mauer.
16 Und die Stadt ist viereckig ange-
legt, und ihre Länge ist so groß wie
die Breite. Und er maß die Stadt mit
dem Rohr: zwölftausend Stadien.
Die Länge und die Breite und die
Höhe der Stadt sind gleich.

d. Elemente einst und heute

Da die biblische Schöpfungslehre nicht mehr mit der heutigen Physik und Biologie zusammengeht, schreibt der katholische Theologe R. de Vaux zu seiner »Jerusalemer Bibel« von 1968: »Die Genesis verwendet ein vorwissenschaftliches Weltbild, das krampfhaft zu erhalten, man nicht versuchen sollte. Sie enthält geoffenbarte Lehre bleibender Gültigkeit (nicht über die Natur, sondern) über Gott.«
Der evangelische Theologe Gerhard von Rad sagt in seiner »Theologie des Alten Testamentes« (1966): »Diese Schöpfungsgeschichte ist gebunden an die kosmologischen Erkenntnisse ihrer Zeit. Es ist nicht gut, wenn der christliche Ausleger von diesen (alten Vorstellungen) absieht. Das Eigentümliche und für uns schwer Begreifliche liegt darin, daß hier theologisches und naturwissenschaftliches Erkennen spannungslos ineinander ruhen. Die Theologie hatte (damals) in der Naturwissenschaft ein Instrument gefunden, um den Schöpfungsglauben sachgemäß zu entfalten.«
Ich meine, daß die Verschiedenheit beider Weltbilder nicht auf unvereinbaren Widersprüchen, sondern auf verschiedenen Richtungen der Aufmerksamkeit beruht. Wenn der Physiker Werner Heisenberg in »Der Teil und das Ganze« von 1969 (S. 60–62) die Stabilität der 92 Atom-Arten bewundert oder die Tatsache, daß wir von einer (elektrischen) Leuchtröhre mit bestimmtem Gas darin immer wieder Licht der gleichen Farbe bekommen, dann müßte ihn dieselbe Verwunderung über die drei Aggregatzustände des Stoffes oder über Licht und

Wärme (nicht nur in der Röhre) ergreifen. Der Unterschied der beiden Fälle erwächst aus der damaligen und heutigen Weise, mit Wissenschaft und Technik umzugehen, nicht aus der Natur selbst. In ihr sind Aggregatzustände, die bei den Alten »Elemente« hießen, ebenso staunenswert wie für Heisenberg Atome in ihrer Stabilität.

Paradies und Sündenfall

Die ersten elf Kapitel der Genesis scheinen je auf einer Tontafel entworfen zu sein, die folgenden (Kap. 12–50) auf Papyrus.
»Gott« heißt auf den Tafeln 2–3 »Jahve-Elohim«. Das Hebräische besitzt dafür drei Worte: 1. El – »der Gott« (auch unter anderen Göttern); 2. Elohim, ein Plural, dessen Verb meist im Singular steht, dann übersetzbar mit »All-Gottheit«; 3. Jahve, ein Eigenname, den Luther mit »der Herr« überträgt. Wo der Mensch als Person, als Ich, angesprochen wird, erscheint Gott meist als Jahve. Das findet seinen späten Höhepunkt durch sieben »Ich-bin«-Worte Christi wie »Ich bin das Licht der Welt« und einfach »Ehe Abraham wurde, bin ich« (Joh. 8,48).
Auf der dritten Tafel meidet die versuchende Schlange das Wort Jahve; sie spricht nur von Elohim. Auf der ersten Tafel spricht Elohim einmal in der Mehrzahl: »Lasset uns Menschen machen«.
Die »Kleine Genesis«, ein ergänzender Kommentar aus Jesu Zeit, denkt dort sieben führende Geister, unter denen Jahve ist. Den Kirchenvätern sprach diese Mehrzahl von der Trinität Gottes.

Das Paradies

1. MOSE

2 [1]Es war zu der Zeit, da Gott der
Herr Erde und Himmel machte.
[5]Und alle die Sträucher auf dem
Felde waren noch nicht auf Erden,
und all das Kraut auf dem Felde war
noch nicht gewachsen; denn Gott der
Herr hatte noch nicht regnen lassen
auf Erden, und kein Mensch war da,
der das Land bebaute; [6]aber ein Ne-
bel stieg auf von der Erde und feuch-
tete alles Land. [7]Da machte Gott der
Herr den Menschen aus Erde vom
Acker und blies ihm den Odem des
Lebens in seine Nase. Und so ward
der Mensch ein lebendiges Wesen.
[8]Und Gott der Herr pflanzte einen
Garten in Eden gegen Osten hin und
setzte den Menschen hinein, den er
gemacht hatte.

9Und Gott der Herr ließ aufwachsen
aus der Erde allerlei Bäume, verlok-
kend anzusehen und gut zu essen,
und den Baum des Lebens mitten im
Garten und den Baum der Erkennt-
nis des Guten und Bösen. 10Und es
ging aus von Eden ein Strom, den
Garten zu bewässern, und teilte sich
von da in vier Hauptarme.

11Der erste heißt Pischon, der fließt
um das ganze Land Hawila, und dort
findet man Gold; 12und das Gold des
Landes ist kostbar. Auch findet man
da Bedolachharz und den Edelstein
Schoham. 13Der zweite Strom heißt
Gihon, der fließt um das ganze Land
Kusch. 14Der dritte Strom heißt Tig-
ris, der fließt östlich von Assyrien.
Der vierte Strom ist der Euphrat.
15Und Gott der Herr nahm den Men-
schen und setzte ihn in den Garten
Eden, daß er ihn bebaute und be-
wahrte. 16Und Gott der Herr gebot
dem Menschen und sprach: Du
darfst essen von allen Bäumen im
Garten, 17aber von dem Baum der
Erkenntnis des Guten und Bösen
sollst du nicht essen; denn an dem
Tage, da du von ihm issest, mußt du
des Todes sterben.
18Und Gott der Herr sprach: Es ist
nicht gut, daß der Mensch allein sei;
ich will ihm eine Gehilfin machen,
die um ihn sei. 19Und Gott der Herr
machte aus Erde alle die Tiere auf
dem Felde und alle die Vögel unter
dem Himmel und brachte sie zu dem
Menschen, daß er sähe, wie er sie
nennte; denn wie der Mensch jedes
Tier nennen würde, so sollte es hei-
ßen. 20Und der Mensch gab einem je-
den Vieh und Vogel unter dem Him-
mel und Tier auf dem Felde seinen
Namen; aber für den Menschen ward
keine Gehilfin gefunden, die um ihn
wäre.
21Da ließ Gott der Herr einen tiefen
Schlaf fallen auf den Menschen, und
er schlief ein. Und er nahm eine sei-
ner Rippen und schloß die Stelle mit
Fleisch. 22Und Gott der Herr baute
ein Weib aus der Rippe, die er von
dem Menschen nahm, und brachte
sie zu ihm. 23Da sprach der Mensch:
Das ist doch Bein von meinem Bein
und Fleisch von meinem Fleisch;
man wird sie Männin nennen, weil
sie vom Manne genommen ist.

24Darum wird ein Mann seinen Vater
und seine Mutter verlassen und sei-
nem Weibe anhangen, und sie wer-
den sein ein Fleisch.
25Und sie waren beide nackt, der
Mensch und sein Weib, und schäm-
ten sich nicht.

Der Sündenfall

3 1 Aber die Schlange war listiger als
alle Tiere auf dem Felde, die Gott
der HERR gemacht hatte, und sprach
zu dem Weibe: Ja, sollte Gott gesagt
haben: ihr sollt nicht essen von allen
Bäumen im Garten? 2 Da sprach das
Weib zu der Schlange: Wir essen von
den Früchten der Bäume im Garten;
3 aber von den Früchten des Baumes
mitten im Garten hat Gott gesagt:
Esset nicht davon, rühret sie auch
nicht an, daß ihr nicht sterbet! 4 Da
sprach die Schlange zum Weibe: Ihr
werdet keineswegs des Todes ster-
ben, 5 sondern Gott weiß: an dem
Tage, da ihr davon esset, werden
eure Augen aufgetan, und ihr werdet
sein wie Gott und wissen, was gut
und böse ist. 6 Und das Weib sah, daß
von dem Baum gut zu essen wäre
und daß er eine Lust für die Augen
wäre und verlockend, weil er klug
machte. Und sie nahm von der
Frucht und aß und gab ihrem Mann,
der bei ihr war, auch davon, und er
aß. 7 Da wurden ihnen beiden die Au-
gen aufgetan und sie wurden gewahr,
daß sie nackt waren, und flochten
Feigenblätter zusammen und mach-
ten sich Schurze. 8 Und sie hörten
Gott den HERRN, wie er im Garten
ging, als der Tag kühl geworden war.
Und Adam versteckte sich mit sei-
nem Weibe vor dem Angesicht Got-
tes des HERRN unter den Bäumen im
Garten. 9 Und Gott der HERR rief

Adam und sprach zu ihm: Wo bist
du? 10 Und er sprach: Ich hörte dich
im Garten und fürchtete mich; denn
ich bin nackt, darum versteckte ich
mich. 11 Und er sprach: Wer hat dir
gesagt, daß du nackt bist? Hast du
nicht gegessen von dem Baum, von
dem ich dir gebot, du solltest nicht
davon essen? 12 Da sprach Adam: Das
Weib, das du mir zugesellt hast, gab
mir von dem Baum, und ich aß. 13 Da
sprach Gott der HERR zum Weibe:
Warum hast du das getan? Das Weib
sprach: Die Schlange betrog mich, so
daß ich aß. 14 Da sprach Gott der
HERR zu der Schlange: Weil du das
getan hast, seist du verflucht, versto-
ßen aus allem Vieh und allen Tieren
auf dem Felde. Auf deinem Bauche
sollst du kriechen und Erde fressen
dein Leben lang. 15 Und ich will
Feindschaft setzen zwischen dir und
dem Weibe und zwischen deinem
Nachkommen und ihrem Nachkom-
men; der soll dir den Kopf zertreten,
und du wirst ihn in die Ferse stechen.
16 Und zum Weibe sprach er: Ich will
dir viel Mühsal schaffen, wenn du
schwanger wirst; unter Mühen sollst
du Kinder gebären. Und dein Ver-
langen soll nach deinem Manne sein,
aber er soll dein Herr sein. 17 Und

zum Manne sprach er: Weil du ge-
horcht hast der Stimme deines Wei-
bes und gegessen von dem Baum,
von dem ich dir gebot und sprach:
Du sollst nicht davon essen –, ver-
flucht sei der Acker um deinetwillen!
Mit Mühsal sollst du dich von ihm
nähren dein Leben lang. 18 Dornen
und Disteln soll er dir tragen, und du
sollst das Kraut auf dem Felde essen.
19 Im Schweiße deines Angesichts
sollst du dein Brot essen, bis du wie-
der zu Erde werdest, davon du ge-
nommen bist. Denn du bist Erde und
sollst zu Erde werden. 20 Und Adam
nannte sein Weib Eva; denn sie
wurde die Mutter aller, die da leben.
21 Und Gott der HERR machte Adam
und seinem Weibe Röcke von Fellen
und zog sie ihnen an. 22 Und Gott der
HERR sprach: Siehe, der Mensch ist
geworden wie unsereiner und weiß,
was gut und böse ist. Nun aber, daß
er nur nicht ausstrecke seine Hand
und breche auch von dem Baum des
Lebens und esse und lebe ewiglich!
23 Da wies ihn Gott der HERR aus dem
Garten Eden, daß er die Erde be-
baute, von der er genommen war.
24 Und er trieb den Menschen hinaus
und ließ lagern vor dem Garten Eden
die Cherubim mit dem flammenden,
blitzenden Schwert, zu bewachen
den Weg zu dem Baum des Lebens.

Erkenntnis und Sünde

Das Essen der verbotenen Frucht vom Baum der Erkenntnis (1. Mose 3) besteht die Probe vor der ältesten abendländischen Philosophie, vor Platon, der im höchsten Alter um 352 v. Chr. in seinem siebenten Briefe diese Erkenntnislehre mitteilte (342a – 344b).
Zur Erkenntnis sind nötig sechs Vermögen: 1. gesunde Sinneswahrnehmung, 2. gutes unwillkürliches Gedächtnis, das sich an Namen hält, 3. bewegtes willkürliches Gedächtnis, aus welchem begründete Vorstellungen oder Meinungen hervorgehen, 4. der unterscheidende Begriff, 5. das durch Begriffe von den Zufälligkeiten der Sinneswahrnehmung und Erinnerung gereinigte Urteil, »Wahrbild« oder der Mythos. 6. Dialektik, »Gespräch« der Begriffe, das eigentliche Denken, welches den Denkenden selbst verändert, obgleich es sich nur auf Gegenstände bezieht; es lenkt den Denker auch auf neue Sinneserscheinungen, erschließt sie weiter mittels Meinung (Vermutung), Begriff und Wahrbild; und 7. als Frucht aller Mühen »die Sache selbst«.

Bei dem biblischen Sündenfall tritt für die Sinneswahrnehmung das Rätsel auf, daß laut Text erst durch die Verführung der Schlange dem Menschen »die Augen aufgetan« wurden. – Die Lösung lautet: Wo Begriff, Meinung und Name fehlen, bleibt die Wahrnehmung unbewußt. Die Schlange macht sehend, indem sie eine (falsche) Meinung als Zweifel hinzufügt. Aber das Vermögen, »Namen« zu geben, war vom Schöpfer vorher geweckt, der Mensch benannte (Gen. 2, 20). Das vorschnelle Urteil, der Zweifel, war das Werk der Schlange.

Die Christenheit hat den Mythos der Schlange in der Genesis ganz auf- und ernstgenommen. Sie mußte es, weil sie Jesus als dem Neuen Adam anerkannte. 1. Die Schlange ist – jedenfalls im Anschein für ihre Gegner – ein Augentier. Insgeheim stützt sie ihr Verhalten auf die Instinkt-nahen Sinne Geruch und Geschmack. Sie besitzt kaum Eigenwärme. Sie vermag nicht zu gehen oder zu »wandeln«, wie der Herr im Garten Eden, wo Adam und Eva ihn nach dem Sündenfall hörten (3, 8). Sie schleicht ohne Linie, richtet sich nach der Umwelt. Dieses Wesen trifft das Fluchwort des Herr: »Auf deinem Bauche sollst du kriechen und Staub fressen dein Leben lang.« Und weiter: »Ich will Feindschaft setzen zwischen dir und dem Weibe und zwischen deinem Samen und ihrem Samen. Er soll dir den Kopf zertreten (deine Denkweise verneinen), und du wirst ihn in die Ferse stechen« (3, 14–15), ihn im Wandel hindern.

Die Seele der Schlange, ihre »Denkweise«, kommt im Gespräch zum Ausdruck; sie fragt: »Hat Gott wirklich gesagt: Ihr dürfet von keinem Baume essen?« (Gen. 3, 1). In Wahrheit hatte Gott nur einen Baum verboten. Die Erzählung legt nahe, daß auch die Schlange dies weiß. Trotzdem unterstellt sie ein umfassendes Verbot. Dieses Wesen verwendet seine Begriffe nicht sachgetreu, es reißt sein Denken von der Welt los und experimentiert damit zweckhaft selbstbezogen. Wünsche lenken dieses nur scheinbar fragende Denken. Eva soll eben vom Baum der Erkenntnis essen. – Dieses Verhalten im Menschen nennen wir unverbindlichen Intellektualismus; er macht den Verstand zum Diener der Selbstsucht.

Die erste Wahrnehmung nach dem Fall machten die beiden Menschen an sich selbst: ihre Geschlechtlichkeit. Soweit sie ihr schnell entstandenes Weltbild verzerrte, ergab das die Ur-Erbschuld! Das heilende Wahrbild dazu erschien im »Menschensohne« Jesus. Darum nennt dieser im Johannes-Evangelium die Schlange (im hebräischen männlich) den »Vater der Lüge«. – Irrtum im Erkennen führt zu Fehlverhalten im Willen, so bei Kain; darum nennt Jesus die Schlange »den Mörder von Anfang« (Joh. 8, 44). Wo die Schlange willkürlich mit Name und Begriff umgeht, entsteht die List: Sie »war listiger als alle Tiere auf dem Felde«. Indem sie warmes Mitfühlen überspringt, arbeitet sie kaltblütig. – Mühen meidend, lebt sie ohne Glieder. Übertreffen alle Tiere den Menschen in der Faulheit, so die Schlange am allermeisten. Die mühevolle »Sache selbst«, kennt sie nicht; aber vor Gott gilt diese allein. Nicht die Schlange, die Menschen hören den Herrn dann »während der Abendkühle im Garten wandeln« (3, 8).

e. Erinnerungen der Bibel

An den Sündenfall im Paradies (Gen. 3, 17) erinnert das Alte Testament zuerst bei Noah mit der Erklärung des Namens Noah, der Tröster: »Er wird uns trösten in unserer Arbeit auf der Erde, die Jahve verflucht hat« (Gen. 5, 29); und dann wieder bei Noah zur Sintflut: »Da reute es (Jahve), daß er die Menschen geschaffen hatte« (Gen. 6, 6); und noch einmal bei Noahs Bund mit Gott unterm Regenbogen, nun aber zum Sechstagewerk Gottes (Gen. 1, 27): »Wer Menschenblut vergießt, dessen Blut soll durch Menschen vergossen werden; denn Gott hat den Menschen zu seinem Bilde gemacht« (Gen. 9, 6).

Abraham kennt vielleicht das Sechstagewerk (Gen. 1), indem er bei Salem (Jerusalem) den Priesterkönig Melchisedek um Segen bittet und sagt: »Ich hebe meine Hände auf zu Jahve, zu dem höchsten Gott (El eljón), der Himmel und Erde geschaffen hat.« – »El eljón« scheint die für Melchisedek verbindliche Gottesbezeichnung gewesen zu sein. Der Bezug auf Genesis ist unnötig.

Mose erinnert in den Zehn Worten beim Sabbat (Exodus, 2. Mose 20, 11) an Gottes Ruhe während des siebten »Tages«. Aber der Sabbat erscheint bei ihm viel früher als Einzelgebot (2. Mose 16, 23), ohne diesen Hinweis. – Man argwöhnt spätere Einfügung in die Zehn Worte.

In der während der Königszeit (622 vor Chr.) neu verfaßten Sammlung mosaischer Gesetze (5. Mose) wird der Sabbat allein mit dem Ruhebedürfnis der Knechte, nicht mit Gottes Ruhe am 6. »Tage« – begründet (5. Mose 14–15).

Die Schöpfung machte zum Gegenstand seiner Betrachtung auch Salomo; und auf die Weisheit Salomos bezieht sich Jesus im Matthäus-Evangelium 12, 42. Deshalb kommt Salomo auch hier zu Worte, statt nur an seiner geschichtlichen Stelle nach David.

Salomo betet vor seiner Krönung in Gibeon zu Jahve: »Gib deinem Knechte ein gehorsames Herz, daß er vermöge, dein Volk zu richten, verstehend, was gut und böse ist« (1. Könige 3, 9). Von demselben König heißt es dann: »Gott gab Salomo große Weisheit, viel Verstand und einen reichen Geist ... Und Salomo redete von den Pflanzen: von der Zeder des Libanons bis zu dem Rohr, das an der Wand wächst. Er redete auch vom Vieh: von den Vögeln, vom Gewürm und von den Fischen« (1. Könige 5, 9, 13). – Zwar gab Adam im Paradies den Tieren ihre Namen (Gen. 2, 19), aber das »Richten wie ein Engel« kennzeichnet Könige: 2. Sam. 14, 17 und 20; 1. Könige 3, 9. Da die Geschichtsbücher sich sonst nur auf die Schöpfung als das Sechstagewerk (Gen. 1) beziehen und da die Propheten nur das Paradies und nicht auch »die sechs Tage« kennen, müssen wir vermuten, beim Königbuch, das von Salomo berichtet, vor einem dritten literarischen Urgestein zu stehen, neben »Genesis 1« und »Genesis 2–3«. Dem »Anfang der Werke Gottes« begegnen wir auch in den »Sprüchen Salomos«. So schön die Schöpfungspreislieder des Alten Testamentes sind, so gering sind sie an Zahl. Israels Religion gründete sich wohl nicht auf ein Weltbild, sondern auf seine Geschichte und die heiligen Bräuche (Gebote), unter denen der Sabbat dem Weltbild in Genesis 1 die Siebentagewoche gab, so leichter als umgekehrt.

Das Buch »Hiob« kennt die Paradies-Geschichte und antwortet auf die Frage, woraus der Mensch gemacht sei: »Aus feuchter Ackererde« (Gen. 2, 7). Hiob kennt also ebenso die erste Tafel mit den Elementen, hat gegenüber den Propheten darin also eine Sonderstellung. Hiob fragt, was Gott ihm alles noch antun wolle, und erinnert: »Hast Du mich am Anfang nicht wie Milch hingegossen und wie Käse gerinnen lassen? Und jetzt? Nur Dein Herblicken bewahrt mir den lebenden Atem« (Hiob 10, 8–12). – Ihm antwortet der Herr! »Wo warst du, als ich die Erde gründete? … Wer hat damals das Meer mit Türen verschlossen, nachdem es in die Welt hervorgebrochen war wie das Fruchtwasser aus dem Mutterleibe? – Wo warst du, als ich das Meer mit Wolken bekleidete, es in Wolken einwickelte wie in Windeln? Als ich dem Meer die freie Bewegung im Raume verwehrte durch einen Damm, durch die obere (unsichtbare) Feste des Himmels, das Firmament. Und wie ich ihm unten durch das Festland Riegel und Türen setzte und sprach: Nur bis hierher sollst du kommen? – Weißt du, Hiob, wo das Licht wohnt, und wo die Stätte der Finsternis ist? Und wer sagt der (heute noch) im Verborgenen schaffenden ›Weisheit‹, was noch werden soll? Und wer gibt ähnlich weisen Menschen ihre klugen Gedanken?« (Hiob 38). – Hier liegt die Kenntnis von Genesis 1. vor, dazu Kenntnis sogar der Sprüche Salomos! Das Buch mag aus der Zeit der babylonischen Gefangenschaft stammen.

In den nachfolgenden Geschichtsbüchern der Bibel steht kein Hinweis auf Paradies und Sündenfall (Gen. 2–3)! Die Propheten beziehen sich nur auf das Paradies, (Gen. 2) und nie auf die Schöpfung (Gen. 1). Jesaja und Micha (ab 740 vor Chr.) kennen den Messias aus dem Hause Isai-David als Wiederbringer der Goldenen Zeit, vergleichbar dem Leben im Paradiese vor dem Fall.

Jesaja 11, 1–9 schreibt: »Ein Sproß vom Stamme Isai wird ausschlagen. Dann werden Wölfe bei Lämmern liegen und Pardel bei Böcken. Ein kleiner Knabe wird Kälber, junge Löwen und Mastvieh (in einer Herde) miteinander treiben. Kühe und Bären werden zusammen weiden, ihre Jungen beieinander liegen haben. Löwen werden Gras fressen wie Ochsen. Ein Säugling wird seine Lust am Loch der Otter haben. Kein Schaden oder Verderben wird geschehen auf meinem heiligen Berge (Zion); denn das ganze Land wird voll der Erkenntnis des Herrn sein, wie manchmal gutes Wasser das tiefe bittere Meer bedeckt.« – »Erkenntnis des Herrn« ist in dieser Rede das Gegenmittel zum »Essen vom Baum der Erkenntnis« im Paradies. – Ähnlich schreibt Micha 5, 1: »Ephrata (Bethlehem), du bist klein unter den Städten Judas, aber aus dir wird hervorgehen, der in Israel Herr sein wird. Sein Ausgang (von dir) ist von Urzeit her (bestimmt), vom Anfang unserer Weltzeit her (geplant).«

Jesus zitiert die Schöpfung in den ersten drei Evangelien nur einmal. Gefragt zur Ehe (Gen. 1, 27) und ihrer Auflösung gemäß 5. Mose 24, antwortet er: »Um eurer Herzen Härtigkeit willen ließ Mose solches zu. Aber von Anfang her schuf Gott den Menschen (in Einheit) männlich-weiblich. So sind Mann und Frau nicht zwei, sondern ein Fleisch. Und was Gott als Einheit schuf, das soll der Mensch nicht scheiden« (Matth. 19f.; Mark. 10, 5f.).

Vom Paradies sprechen im Neuen Testament Jesus, Paulus und die Apokalypse. Jesus tröstet den Mitgekreuzigten, der ihn bat: »Gedenke mein, wenn Du (nach dem Tode) in Dein Reich kommst«, durch das Wort: »Heute wirst du mit mir im Paradiese sein« (Luk. 23, 43). Und im 8. Kap. des Johannes-Evangeliums macht er das Paradies vor dem Sündenfall zum Hintergrund einer langen Rede. – Paulus versichert die Korinther-Gemeinde seiner Fähigkeit, geistig zu schauen: »Wenn es hier schon um Gesichte geht, so kenne ich einen Menschen, der (vor vierzehn Jahren) bis in den dritten Himmel entrückt war, entrückt in das Paradies; dort hörte er unaussprechliche Worte« (2. Kor. 12, 3–4). – Die Offenbarung läßt in dem kleinen Brief an die Gemeinde zu Smyrna (Apok. 2, 7) den Auferstandenen sagen: »Wer überwindet, dem werde ich zu essen geben vom Baum des Lebens, der im Paradiese Gottes steht.«

Das Neue Testament nimmt beide Berichte wichtiger als das Alte, am umfänglichsten die Apokalypse. Sie zählt als Entwicklungsknoten der Menschheit und Israels auf die Sechstageschöpfung (Gen. 1), das Paradies mit dem Fall (Gen. 2–3), Abraham, Mose, David und Elia.

Kain

Das 4. Kapitel der Genesis oder ihre 4. Tafel erzählt, wie Adams erster Sohn Kain, »Spieß«, seinen Bruder Abel, den »Hauch«, erschlug. Der Streit brach beim Opfer aus; hier war nur Abel »angenehm«. Kain bewies sich auf irdischen Wegen. Seinen Ursprung führt die Tafel oder ihre Sprache auf »Erkennen« Adams an Eva zurück, so dreimal. Erkennen ist bewußt. Kain als erster arbeitete auf dem Acker. Später irrte er als Ausgestoßener allein umher. Seinem Sohne Henoch, »Mensch«, aber baute er dann die erste feste Stadt und wurde zum Stammvater der (schweifenden) Musikanten und Schmiede. Sein Enkel Lamech brüstet sich im Schwertlied: »Einen Mann erschlug ich für meine Wunde, einen Jüngling für meine Beule. Kain soll siebenmal gerächt werden, Lamech aber siebenmal siebzig.«

Der Konflikt Abel-Kain wiederholt sich in jedem Leben, besonders an der Wende zwischen zwölf und vierzehn Jahren. Über die Erbsünde im Erkennen hinaus wird persönliche Schuld wirksam; immer »schreit Abels Blut gen Himmel« und wird zur Sühne »gehört«. – Christus bezieht sich auf diesen persönlichen Sündenfall, wo er auf Lamechs Schwertlied, das nach Rache schreit, antwortet: »Nicht siebenmal (sollst du vergeben), sondern siebenmal siebzig« (Matth. 18, 21–22).

Kains Brudermord

1. MOSE

4 1 Und Adam erkannte sein Weib
Eva, und sie ward schwanger und
gebar den Kain und sprach: Ich habe
einen Mann gewonnen mit Hilfe des
HERRN. 2 Danach gebar sie Abel, sei-
nen Bruder. Und Abel wurde ein
Schäfer, Kain aber wurde ein Acker-
mann. 3 Es begab sich aber nach etli-
cher Zeit, daß Kain dem HERRN Op-
fer brachte von den Früchten des Fel-
des. 4 Und auch Abel brachte von den
Erstlingen seiner Herde und von ih-
rem Fett. Und der HERR sah gnädig

an Abel und sein Opfer, 5 aber Kain
und sein Opfer sah er nicht gnädig
an. Da ergrimmte Kain sehr und
senkte finster seinen Blick. 6 Da
sprach der HERR zu Kain: Warum er-
grimmst du? Und warum senkst du
deinen Blick? 7 Ist's nicht also? Wenn
du fromm bist, so kannst du frei den
Blick erheben. Bist du aber nicht
fromm, so lauert die Sünde vor der
Tür, und nach dir hat sie Verlangen;
du aber herrsche über sie. 8 Da sprach
Kain zu seinem Bruder Abel: Laß uns
aufs Feld gehen! Und es begab sich,
als sie auf dem Felde waren, erhob
sich Kain wider seinen Bruder Abel
und schlug ihn tot. 9 Da sprach der

HERR zu Kain: Wo ist dein Bruder
Abel? Er sprach: Ich weiß nicht; soll
ich meines Bruders Hüter sein? 10 Er
aber sprach: Was hast du getan? Die
Stimme des Blutes deines Bruders
schreit zu mir von der Erde. 11 Und
nun: Verflucht seist du auf der Erde,
die ihr Maul hat aufgetan und deines
Bruders Blut von deinen Händen
empfangen. 12 Wenn du den Acker
bebauen wirst, soll er dir hinfort sei-
nen Ertrag nicht geben. Unstet und
flüchtig sollst du sein auf Erden.
13 Kain aber sprach zu dem HERRN:
Meine Strafe ist zu schwer, als daß
ich sie tragen könnte. 14 Siehe, du
treibst mich heute vom Acker, und
ich muß mich vor deinem Angesicht
verbergen und muß unstet und
flüchtig sein auf Erden. So wird
mir's gehen, daß mich totschlägt,
wer mich findet. 15 Aber der HERR
sprach zu ihm: Nein, sondern wer
Kain totschlägt, das soll siebenfältig
gerächt werden. Und der HERR
machte ein Zeichen an Kain, daß ihn
niemand erschlüge, der ihn fände.
16 So ging Kain hinweg von dem
Angesicht des HERRN und wohnte
im Lande Nod, jenseits von Eden,
gegen Osten.

Kains Nachkommen

17 Und Kain erkannte sein Weib; die
ward schwanger und gebar den He-
noch. Und er baute eine Stadt, die
nannte er nach seines Sohnes Namen
Henoch. 18 Henoch aber zeugte Irad,
Irad zeugte Mehujaël, Mehujaël zeug-
te Metuschaël, Metuschaël zeugte La-
mech. 19 Lamech aber nahm zwei
Frauen, eine hieß Ada, die andere
Zilla. 20 Und Ada gebar Jabal; von

dem sind hergekommen, die in Zelten wohnen und Vieh halten. [21] Und sein Bruder hieß Jubal; von dem sind hergekommen alle Zither- und Flötenspieler. [22] Zilla aber gebar auch, nämlich den Tubal-Kain; von dem sind hergekommen alle Erz- und Eisenschmiede. Und die Schwester des Tubal-Kain war Naama. [23] Und Lamech sprach zu seinen Frauen: Ada und Zilla, höret meine Rede, Weiber Lamechs, merkt auf, was ich sage: Einen Mann erschlug ich für meine Wunde und einen Jüngling für meine Beule. [24] Kain soll siebenmal gerächt werden, aber Lamech siebenundsiebzigmal.

Set und Enosch

[25] Adam erkannte abermals sein Weib, und sie gebar einen Sohn, den nannte sie Set; denn Gott hat mir, sprach sie, einen andern Sohn gegeben für Abel, den Kain erschlagen hat. [26] Und Set zeugte auch einen Sohn und nannte ihn Enosch. Zu der Zeit fing man an, den Namen Jahve anzurufen.

Die Vererbung von Kain her überließ die wachsende Geschicklichkeit den werdenden Rassen. Die von Gott eingeleitete Verwirrung der Sprachen machte die Völker stärker als die Rassen. So wurde die Erwählung Israels als Volk und der Messias als dessen erhoffte geistige Spitze ermöglicht.

Die Gottessöhne

6 [1] Als aber die Menschen sich zu mehren begannen auf Erden und ihnen Töchter geboren wurden, [2] da sahen die Gottessöhne, wie schön die Töchter der Menschen waren, und nahmen sich zu Frauen, welche sie wollten. [3] Da sprach der HERR: Mein Geist soll nicht immerdar im Menschen walten, denn der Mensch ist Fleisch. Ich will ihm als Lebenszeit geben hundertundzwanzig Jahre. [4] Zu der Zeit und auch später noch, als die Gottessöhne zu den Töchtern der Menschen eingingen und sie ihnen Kinder gebaren, wurden daraus Riesen auf Erden. Das sind die Helden der Vorzeit, die hochberühmten.

Verwirrung der Sprachen

11 [1] Es hatte aber alle Welt einerlei Zunge und Sprache. [2] Als sie nun nach Osten zogen, fanden sie

eine Ebene im Lande Schinar und
wohnten daselbst. 3 Und sie sprachen
untereinander: Wohlauf, laßt uns
Ziegel streichen und brennen! – und
nahmen Ziegel als Stein und Erdharz
als Mörtel 4 und sprachen: Wohlauf,
laßt uns eine Stadt und einen Turm
bauen, dessen Spitze bis an den Him-
mel reiche, damit wir uns einen Na-
men machen; denn wir werden sonst
zerstreut in alle Länder. 5 Da fuhr der
HERR hernieder, daß er sähe die Stadt
und den Turm, die die Menschenkin-
der bauten. 6 Und der HERR sprach:
Siehe, es ist einerlei Volk und einerlei
Sprache unter ihnen allen, und dies
ist der Anfang ihres Tuns; nun wird
ihnen nichts mehr verwehrt werden
können von allem, was sie sich vor-
genommen haben zu tun. 7 Wohlauf,
laßt uns herniederfahren und dort
ihre Sprache verwirren, daß keiner
des andern Sprache verstehe! 8 So zer-
streute sie der HERR von dort in alle
Länder, daß sie aufhören mußten, die
Stadt zu bauen. 9 Daher heißt ihr
Name Babel, weil der HERR daselbst
verwirrt hat aller Länder Sprache und
sie von dort zerstreut hat in alle Län-
der.

Das Pfingstwunder

APOSTELGESCHICHTE

2 1 Und als der Pfingsttag gekom-
men war, waren sie alle an einem
Ort beieinander. 2 Und es geschah
plötzlich ein Brausen vom Himmel
wie von einem gewaltigen Wind und
erfüllte das ganze Haus, in dem sie sa-
ßen. 3 Und es erschienen ihnen Zun-
gen zerteilt, wie von Feuer; und er
setzte sich auf einen jeden von ihnen,
4 und sie wurden alle erfüllt von dem
heiligen Geist und fingen an, zu pre-
digen in andern Sprachen, wie der
Geist ihnen gab auszusprechen. 5 Es
wohnten aber in Jerusalem Juden, die
waren gottesfürchtige Männer aus
allen Völkern unter dem Himmel.
6 Als nun dieses Brausen geschah,
kam die Menge zusammen und
wurde bestürzt; denn ein jeder hörte
sie in seiner eigenen Sprache reden.
7 Sie entsetzten sich aber, verwun-
derten sich und sprachen: Siehe, sind
nicht diese alle, die da reden, aus Ga-
liläa? 8 Wie hören wir denn jeder
seine eigene Muttersprache? 9 Par-
ther und Meder und Elamiter und
die wir wohnen in Mesopotamien
und Judäa, Kappadozien, Pontus
und der Provinz Asien, 10 Phrygien
und Pamphylien, Ägypten und der
Gegend von Kyrene in Libyen und
Einwanderer aus Rom, 11 Juden und
Judengenossen, Kreter und Araber:
wir hören sie in unsern Sprachen
von den großen Taten Gottes reden.
12 Sie entsetzten sich aber alle und
wurden ratlos und sprachen einer zu
dem andern: Was will das werden?
13 Andere aber hatten ihren Spott
und sprachen: Sie sind voll von sü-
ßem Wein.

Noah

Nach Kain in vielen Generationen sank das religiös-sittliche Leben der Menschen, bis Henoch, der »mit Gott wandelte« (1. Mo. 5, 22), Besserung versuchte. Erst Noah gelang es, unter gleichem Wandel (1. Mo. 6, 9), auch gottwohlgefällig zu opfern (1. Mo. 8, 20). Inzwischen war die übrige Menschheit in der großen Flut ertrunken. Durch sie war das Chaos vor der Schöpfung neu herangedrungen. Gottes Weisung an Noah, sein »Bund« mit ihm, erneuerte den ersten Segen über die Schöpfung: »Seid fruchtbar, mehret euch, erfüllt die Erde« (1. Mo. 1, 28 wie 9, 1).
Über die Pflanzenkost im Paradies hinaus waren nun auch »reine Tiere« (Spalthufer, Fische und Vögel, außer deren Blut) als Speise zugelassen. Als des neuen Bundes Zeichen erschien der Regenbogen; in gleicher Tat sagte Jahve für die Erdzeit den steten Wandel der Jahreszeiten zu (1. Mo. 8, 22). Noah war Ackerbauer wie Kain. Über Kains Korn hinaus zog Noah als kostbarste Frucht auch Wein, dessen rechtem Gebrauche er nicht sogleich gewachsen war. – Die Substanzen für das christliche Hauptsakrament: Brot und Wein, waren beieinander.

Noah

1. MOSE

6 5 Als aber der HERR sah, daß der
Menschen Bosheit groß war auf
Erden und alles Dichten und Trachten ihres Herzens böse war immerdar,
6 da reute es ihn, daß er die Menschen gemacht hatte auf Erden; es bekümmerte ihn in seinem Herzen,
7 und er sprach: Ich will die Menschen, die ich geschaffen habe, vertilgen von der Erde, vom Menschen an bis hin zum Vieh und bis zum Gewürm und bis zu den Vögeln unter dem Himmel; denn es reut mich, daß ich sie gemacht habe.
8 Aber Noah (Beruhiger) fand Gnade vor dem HERRN.
9 Dies ist die Geschichte von Noahs Geschlecht. Noah war ein

frommer Mann und ohne Tadel zu
seinen Zeiten; er wandelte mit Gott
(wie vor ihm Henoch). 10 Und er
zeugte drei Söhne: Sem, Ham und Ja-
fet. 11 Aber die Erde war verderbt vor
Gottes Augen und voller Frevel.
12 Da sah Gott auf die Erde, und
siehe, sie war verderbt; denn alles
Fleisch hatte seinen Weg verderbt auf
Erden. 13 Da sprach Gott zu Noah:
Das Ende alles Fleisches ist bei mir
beschlossen, denn die Erde ist voller
Frevel von ihnen; und siehe, ich will
sie verderben mit der Erde. 14 Mache
dir einen Kasten aus Harzholz und
mache Kammern darin und verpiche
ihn mit Pech innen und außen. 15 Und
mache ihn so: Dreihundert Ellen sei
die Länge, fünfzig Ellen die Breite
und dreißig Ellen die Höhe. 16 Ein
Fenster sollst du daran machen oben-
an, eine Elle groß. Die Tür sollst du
mitten in seine Seite setzen. Und er
soll drei Stockwerke haben, eines un-
ten, das zweite in der Mitte, das dritte

oben. 17 Denn siehe, ich will eine
Sintflut kommen lassen auf Erden,
zu verderben alles Fleisch, darin
Odem des Lebens ist, unter dem
Himmel. Alles, was auf Erden ist,
soll untergehen. 18 Aber mit dir will
ich meinen Bund aufrichten, und du
sollst in die Arche gehen mit deinen
Söhnen, mit deiner Frau und mit den
Frauen deiner Söhne. 21 Und du sollst
dir von jeder Speise nehmen, die ge-
gessen wird, und sollst sie bei dir
sammeln, daß sie dir und ihnen zur
Nahrung diene. 22 Und Noah tat al-
les, was ihm Gott gebot.

7 1 Und der Herr sprach zu Noah:
Geh in die Arche, du und dein
ganzes Haus; denn dich habe ich ge-
recht erfunden vor mir zu dieser Zeit.
2 Von allen reinen Tieren nimm zu dir
je sieben Männchen und Weibchen,
von den unreinen Tieren aber je ein
Paar, Männchen und Weibchen.
3 Desgleichen von den Vögeln unter
dem Himmel je sieben, Männchen
und Weibchen, um das Leben zu er-
halten auf dem ganzen Erdboden.
4 Denn von heute an in sieben Tagen
will ich regnen lassen auf Erden vier-
zig Tage und vierzig Nächte und ver-
tilgen von dem Erdboden alles Le-
bendige, das ich gemacht habe. 5 Und
Noah tat alles, was ihm der Herr ge-
bot. 6 Er war aber sechshundert Jahre
alt, als die Sintflut auf Erden kam.
11 An diesem Tag brachen alle Brun-
nen der Tiefe und taten sich die Fen-
ster des Himmels auf. 13 Noah ging in
die Arche mit Sem, Ham und Jafet,
seinen Söhnen, und mit seiner Frau
und den drei Frauen seiner Söhne;
14 dazu alles wilde Getier nach seiner

Art, alles Vieh nach seiner Art, alles Gewürm, das auf Erden kriecht, nach seiner Art und alle Vögel nach ihrer Art, alles, was fliegen konnte, alles, was Fittiche hatte. [18] Und die Arche fuhr auf den Wassern. [19] Und die Wasser nahmen überhand und wuchsen so sehr auf Erden, daß alle hohen Berge unter dem ganzen Himmel bedeckt wurden. [20] Fünfzehn Ellen hoch hingen die Wasser über die Berge, so daß sie ganz bedeckt wurden. [22] Alles, was Odem des Lebens hatte auf dem Trockenen, das starb.

8 [1] Da gedachte Gott an Noah und an alles wilde Getier und an alles Vieh, das mit ihm in der Arche war, und ließ Wind auf Erden kommen, und die Wasser fielen. [2] Und die Brunnen der Tiefe wurden verstopft samt den Fenstern des Himmels, und dem Regen vom Himmel wurde gewehrt. [3] Da verliefen sich die Wasser von der Erde und nahmen ab nach hundertundfünfzig Tagen. [4] Am siebzehnten Tag des siebenten Monats ließ sich die Arche nieder auf das Gebirge Ararat. [5] Es nahmen aber die Wasser immer mehr ab bis auf den zehnten Monat. Am ersten Tage des zehnten Monats sahen die Spitzen der Berge hervor. [6] Nach vierzig Tagen tat Noah an der Arche das Fenster auf, das er gemacht hatte,* [7] und ließ einen Raben ausfliegen; der flog immer hin und her, bis die Wasser ver-

trockneten auf Erden. [8] Danach ließ er eine Taube ausfliegen, um zu erfahren, ob die Wasser sich verlaufen hätten auf Erden. [9] Da aber die Taube nichts fand, wo ihr Fuß ruhen konnte, kam sie wieder zu ihm in die Arche; denn noch war Wasser auf dem ganzen Erdboden. Da tat er die Hand heraus und nahm sie zu sich in die Arche. [10] Da harrte er noch weitere sieben Tage und ließ abermals eine Taube fliegen aus der Arche. [11] Die kam zu ihm um die Abendzeit, und siehe, ein Ölblatt hatte sie abgebrochen und trug's in ihrem Schnabel. Da merkte Noah, daß die Wasser sich verlaufen hätten auf Erden. [12] Aber er harrte noch weitere sieben Tage und ließ eine Taube ausfliegen; die kam nicht wieder zu ihm. [14] Und am siebenundzwanzigsten Tage des zweiten Monats war die Erde ganz trocken. [15] Da redete Gott mit Noah und sprach: [16] Geh aus der Arche, du und deine Frau, deine Söhne und die Frauen deiner Söhne mit dir. [17] Alles Getier, das bei dir ist, von allem Fleisch, an Vögeln, an Vieh und allem Gewürm, das auf Erden kriecht, das gehe heraus mit dir, daß sie sich regen auf Erden und fruchtbar seien und sich mehren auf Erden.

Opfer und Bund

20 Noah aber baute dem Herrn einen
Altar und nahm von allem reinen
Vieh und von allen reinen Vögeln
und opferte Brandopfer auf dem Al-
tar. 21 Und der Herr roch den liebli-
chen Geruch und sprach in seinem
Herzen: Ich will hinfort nicht mehr
die Erde verfluchen um der Men-
schen willen; denn das Dichten und
Trachten des menschlichen Herzens
ist böse von Jugend auf. Und ich will
hinfort nicht mehr schlagen alles,
was da lebt, wie ich getan habe.
22 Solange die Erde steht, soll nicht
aufhören Saat und Ernte, Frost und
Hitze, Sommer und Winter, Tag und
Nacht.

9 1 Und Gott segnete Noah und
seine Söhne und sprach: Seid
fruchtbar und mehret euch und füllet
die Erde. 3 Alles, was sich regt und
lebt, das sei eure Speise; wie das
grüne Kraut habe ich's euch alles ge-
geben. 4 Allein esset das Fleisch nicht
mit seinem Blut, in dem sein Leben
ist! 5 Auch will ich euer eigen Blut,
das ist das Leben eines jeden unter
euch, rächen und will es von allen
Tieren fordern und will des Men-
schen Leben fordern von einem jeden
Menschen. 6 Wer Menschenblut ver-
gießt, dessen Blut soll auch durch
Menschen vergossen werden; denn
Gott hat den Menschen zu seinem
Bilde gemacht.
7 Seid fruchtbar und mehret euch und
reget euch auf Erden, daß euer viel
darauf werden. 8 Und Gott sagte zu
Noah und seinen Söhnen mit ihm:
9 Siehe, ich richte mit euch einen
Bund auf und mit euren Nachkom-
men, 10 und mit allem lebendigen Ge-
tier bei euch, an Vögeln, an Vieh und
an allen Tieren des Feldes bei euch,
von allem, was aus der Arche gegan-
gen ist, was für Tiere es sind auf Er-
den. 11 Und ich richte meinen Bund
so mit euch auf, daß hinfort nicht
mehr alles Fleisch verderbt werden
soll durch die Wasser der Sintflut und
hinfort keine Sintflut mehr kommen
soll, die die Erde verderbe. 12 Das ist
das Zeichen des Bundes, den ich ge-
schlossen habe zwischen mir und
euch und allem lebendigen Getier bei
euch auf ewig: 13 Meinen Bogen habe
ich in die Wolken gesetzt; der soll das
Zeichen sein des Bundes zwischen
mir und der Erde. 14 Und wenn es
kommt, daß ich Wetterwolken über
die Erde führe, so soll man meinen
Bogen sehen in den Wolken. 15 Als-
dann will ich gedenken an meinen
Bund zwischen mir und euch und al-
lem lebendigen Getier unter allem
Fleisch, daß hinfort keine Sinflut
mehr komme, die alles Fleisch ver-
derbe. 16 Darum soll mein Bogen in
den Wolken sein, daß ich ihn ansehe
und gedenke an den ewigen Bund
zwischen Gott und allem lebendigen
Getier unter allem Fleisch, das auf
Erden ist. 17 Und Gott sagte zu Noah:

Das sei das Zeichen des Bundes, den ich aufgerichtet habe zwischen mir und allem Fleisch auf Erden.

18 Die Söhne Noahs, die aus der Arche gingen, sind diese: Sem, Ham und Jafet. Ham aber ist der Vater Kanaans. 19 Das sind die drei Söhne Noahs; von ihnen kommen her alle Menschen auf Erden. 20 Noah aber, der Ackermann, pflanzte als erster einen Weinberg. 21 Und da er von dem Wein trank, war er trunken und lag im Zelt aufgedeckt. 22 Als nun Ham, Kanaans Vater, seines Vaters Blöße sah, sagte er's seinen beiden Brüdern draußen. 23 Da nahmen Sem und Jafet ein Kleid und legten es auf ihrer beider Schultern und gingen rückwärts hinzu und deckten ihres Vaters Blöße zu; und ihr Angesicht war abgewandt, damit sie ihres Vaters Blöße nicht sähen. 24 Als nun Noah erwachte von seinem Rausch und erfuhr, was ihm sein jüngster Sohn angetan hatte, 25 sprach er: Verflucht sei Kanaan und sei seinen Brüdern ein Knecht aller Knechte! 26 Und sprach weiter: Gelobt sei der Herr, der Gott Sems, und Kanaan sei sein Knecht! 27 Gott breite Jafet aus und lasse ihn wohnen in den Zelten Sems, und Kanaan sei sein Knecht! 28 Noah aber lebte nach der Sintflut dreihundertundfünfzig Jahre, 29 daß sein ganzes Alter ward neunhundertundfünfzig Jahre, und starb.

GESCHICHTE DER ERZVÄTER

Abraham

Neun Offenbarungen Jahve-Elohims als Gottheit erreichten den ersten der drei Erzväter Abram oder Abraham (ab 1900 vor Christus). Sein tätiger Sohn Isaak blieb ohne Offenbarung. Dessen zweiter Sohn Jakob hatte das Gesicht von der Himmelsleiter (Genesis 28). Das Christentum bildete daraus seine Neun-Engelhierarchien-Lehre.
Abram empfing die erste Offenbarung auf der Wanderung von Ur im unteren Zweistromland ins Land Kanaan, auf halbem Wege im syrischen Haran, wo sein Vater Thara starb (Gen. 12, 1–3). Gleich hier hörte er, seine Sendung gehe die ganze Menschheit an.
Die zweite Weisung kam am Ziel, bei Sichem im Haine More. Er beantwortete sie, indem er einen steinernen Altar baute und im nahen Bethel den Namen seiner Führungsgottheit als »Jahve« erstmalig öffentlich kund tat (Gen. 12, 5–7). Nahrungsnot treibt Abram dann nach Ägypten; die Rückkehr führt nach Bethel, wo er das Ritual des Gottesnamens wiederholt.
Aus der Kraft dieses Ritus trifft er seinen Priesterbruder in Salem oder Jerusalem mit Namen Melchisedek, den »König der Gerechtigkeit (vor Gott)«, der statt Tieropfern einen Kult mit Brot und Wein pflegt und seine Gottheit als »den Höchsten« – El eljón – anruft. Abram erkennt Melchisedek als den Größeren an, indem er ihm vom neu gewonnenen Teil seiner Habe ein Zehntel gibt und dessen Theologie mit der eigenen verbindet: Er preist von nun an Jahve als den »höchsten Gott, der Himmel und Erde gemacht hat« (Gen. 14, 18–22), so vielleicht schon im Blick auf die Welt-Schöpfung (Gen. 1) und die Menschen-Schöpfung nebst Fall (Gen. 2–3), jedenfalls aber die Richtung weisend für einen Glauben, den zuerst eine rechtlich-jüdische Stufe und dann eine innerlich-christliche Stufe trägt.

1. MOSE

10 1 Dies ist das Geschlecht der Söhne Noahs: Sem, Ham und Jafet. Und es wurden ihnen Söhne geboren nach der Sintflut.

11 10 Dies ist das Geschlecht Sems: Sem war 100 Jahre alt und zeugte Arpachschad zwei Jahre nach der Sintflut 11 und lebte danach 500 Jahre und zeugte Söhne und Töchter (u. so zehn Generationen bis Terach). 27 Terach zeugte Abram, Nahor und Haran; und Haran zeugte Lot. 28 Haran aber starb vor seinem Vater Terach in seinem Vaterland zu Ur in Chaldäa. 29 Da nahmen sich Abram und Nahor Frauen. Abrams

Frau hieß Sarai und Nahors Frau Milka, Harans Tochter, der der Vater war der Milka und der Jiska. 30 Aber Sarai war unfruchtbar und hatte kein Kind. 31 Da nahm Terach seinen Sohn Abram und Lot, den Sohn seines Sohnes Haran, und seine Schwiegertochter Sarai, die Frau seines Sohnes Abram, und führte sie aus Ur in Chaldäa, um ins Land Kanaan zu ziehen. Und sie kamen nach Haran und wohnten dort. 32 Und Terach wurde zweihundertundfünf Jahre alt und starb in Haran.

12 1 Und der HERR sprach zu Abram: Geh aus deinem Vaterland und von deiner Verwandtschaft und aus deines Vaters Hause in ein Land, das ich dir zeigen will. 2 Und ich will dich zum großen Volk machen und will dich segnen und dir einen großen Namen machen, und du sollst ein Segen sein. 3 Ich will segnen, die dich segnen, und verfluchen, die dich verfluchen; und in dir sollen gesegnet werden alle Geschlechter auf Erden. 4 Da zog Abram aus, wie der HERR zu ihm gesagt hatte, und Lot zog mit ihm. Abram aber war fünfundsiebzig Jahre alt, als er aus Haran zog. 5 So nahm Abram Sarai, seine Frau, und Lot, seines Bruders Sohn, mit aller ihrer Habe, die sie gewonnen hatten in Haran, und zogen aus, um ins Land Kanaan zu reisen. Und sie kamen in das Land, 6 und Abram durchzog das Land bis an die Stätte bei Sichem, bis zur Eiche More; es wohnten aber zu der Zeit die Kanaaniter im Lande. 7 Da erschien der HERR dem Abram und sprach: Deinen Nachkommen will ich dies Land geben. Und er baute dort einen Altar dem HERRN, der ihm

erschienen war. 8 Danach brach er
von dort auf ins Gebirge östlich der
Stadt Bethel und schlug sein Zelt auf,
so daß er Bethel im Westen und Ai im
Osten hatte, und baute dort dem
HERRN einen Altar und rief den Na-
men des HERRN an. 9 Danach zog Ab-
ram weiter ins Südland.

13 5 Lot aber, der mit Abram zog,
hatte auch Schafe und Rinder
und Zelte. 6 Und das Land konnte es
nicht ertragen, daß sie beieinander
wohnten; denn ihre Habe war groß,
und sie konnten nicht beieinander
wohnen. 7 Und es war immer Zank
zwischen den Hirten von Abrams
Vieh und den Hirten von Lots Vieh.
Es wohnten auch zu der Zeit die Ka-
naaniter und Perisiter im Lande. 8 Da
sprach Abram zu Lot: Laß doch nicht
Zank sein zwischen mir und dir und

zwischen meinen und deinen Hirten;
denn wir sind Brüder. 9 Steht dir
nicht alles Land offen? Trenne dich
doch von mir! Willst du zur Linken,
so will ich zur Rechten, oder willst
du zur Rechten, so will ich zur Lin-
ken. 10 Da hob Lot seine Augen auf
und besah die ganze Gegend am
Jordan. Denn ehe der HERR Sodom
und Gomorra vernichtete, war sie
wasserreich, bis man nach Zoar
kommt, wie der Garten des HERRN,
gleichwie Ägyptenland. 11 Da er-
wählte sich Lot die ganze Gegend am
Jordan und zog nach Osten. 18 Und
Abram zog weiter mit seinem Zelt
und kam und wohnte im Hain
Mamre, der bei Hebron ist, und
baute dort dem HERRN einen Altar.

Melchisedek

14 1 Und es begab sich zu der Zeit
des Königs Amrafel von Schi-
nar, Arjochs, des Königs von Ellasar,
Kedor-Laomers, des Königs von
Elam, und Tidals, des Königs von
Völkern, 2 daß sie Krieg führten mit
Bera, dem König von Sodom, und
mit Birscha, dem König von Go-
morra, und mit Schinab, dem König
von Adma, und mit Schemeber, dem
König von Zebojim, und mit dem
König von Bela, das ist Zoar. 3 Diese
kamen alle zusammen in das Tal Sid-
dim, wo nun das Salzmeer ist. 4 Denn

sie waren zwölf Jahre dem König Ke-
dor-Laomer untertan gewesen, und
im dreizehnten Jahr waren sie von
ihm abgefallen. 5 Darum kamen Ke-
dor-Laomer und die Könige, die mit
ihm waren, im vierzehnten Jahr und
schlugen die Refaïter zu Aschterot-
Karnajim und die Susiter zu Ham
und die Emiter in der Ebene Kirjata-
jim 6 und die Horiter auf ihrem Ge-
birge Seïr bis El-Paran, das an die
Wüste stößt. 7 Danach wandten sie
um und kamen nach En-Mischpat,
das ist Kadesch, und schlugen das
ganze Land der Amalekiter, dazu die
Amoriter, die zu Hazezon-Tamar
wohnten. 8 Da zogen aus der König
von Sodom, der König von Go-
morra, der König von Adma, der
König von Zebojiom und der König
von Bela, das ist Zoar, und rüsteten
sich, zu kämpfen im Tal Siddim 9 mit
Kedor-Laomer, dem König von
Elam, und mit Tidal, dem König von
Völkern, und mit Amrafel, dem Kö-
nig von Schinar, und mit Arjoch,
dem König von Ellasar, vier Könige
gegen fünf. 10 Das Tal Siddim aber
hatte viele Erdharzgruben. Und die
Könige von Sodom und Gomorra
wurden in die Flucht geschlagen und
fielen da hinein, und was übrigblieb,
floh auf das Gebirge. 11 Da nahmen
sie alle Habe von Sodom und Go-
morra und alle Vorräte und zogen da-
von. 12 Sie nahmen auch mit sich Lot,
Abrams Brudersohn, und seine
Habe, denn er wohnte in Sodom,
und zogen davon. 13 Da kam einer,
der entronnen war, und sagte es Ab-
ram an, dem Hebräer, der da wohnte
im Hain Mamres, des Amoriters, des
Bruders von Eschkol und Aner.
Diese waren mit Abram im Bunde.
14 Als nun Abram hörte, daß seines
Bruders Sohn gefangen war, wapp-
nete er seine Knechte, dreihundert-
undachtzehn, in seinem Hause gebo-
ren, und jagte ihnen nach bis Dan
15 und teilte seine Schar, fiel des
Nachts über sie her mit seinen
Knechten und schlug sie und jagte sie
bis nach Hoba, das nördlich der Stadt
Damaskus liegt. 16 Und er brachte
alle Habe wieder zurück, dazu auch
Lot, seines Bruders Sohn, mit seiner
Habe, auch die Frauen und das Volk.

17 Als er nun zurückkam von dem
Sieg über Kedor-Laomer und die
Könige mit ihm, ging ihm entgegen
der König von Sodom in das Tal
Schawe, das ist das Königstal. 18 Aber
Melchisedek, der König von Salem,
trug Brot und Wein heraus. Und er

war ein Priester Gottes des Höchsten 19 und segnete ihn und sprach: Gesegnet seist du, Abram, vom höchsten Gott, der Himmel und Erde geschaffen hat; 20 und gelobt sei Gott der Höchste, der deine Feinde in deine Hand gegeben hat. Und Abram gab ihm den Zehnten von allem. 21 Da sprach der König von Sodom zu Abram: Gib mir die Leute, die Güter behalte für dich! 22 Aber Abram sprach zu dem König von Sodom: Ich hebe meine Hand auf zu dem HERRN, dem höchsten Gott, der Himmel und Erde geschaffen hat, 23 daß ich von allem, was dein ist, nicht einen Faden noch einen Schuhriemen nehmen will, damit du nicht sagest, du habest Abram reich gemacht, 24 ausgenommen, was die Knechte verzehrt haben; doch laß die Männer Aner, Eschkol und Mamre, die mit mir gezogen sind, ihr Teil nehmen.

Gott verheißt Abram einen Sohn

15 1 Nach diesen Geschichten begab sich's, daß zu Abram das Wort des HERRN kam in einer Offenbarung: Fürchte dich nicht, Abram! Ich bin dein Schild und dein sehr großer Lohn. 2 Abram sprach aber: HERR, mein Gott, was willst du mir geben? Ich gehe dahin ohne Kinder, und mein Knecht Eliëser von Damaskus wird mein Haus besitzen. 3 Und Abram sprach weiter: Mir hast du keine Nachkommen gegeben; und siehe, einer von meinen Knechten wird mein Erbe sein. 4 Und siehe, der HERR sprach zu ihm: Er soll nicht dein Erbe sein, sondern der von deinem Leibe kommen wird, der soll dein Erbe sein. 5 Und er hieß ihn hinausgehen und sprach: Sieh gen Himmel und zähle die Sterne; kannst du sie zählen? Und sprach zu ihm: So zahlreich sollen deine Nachkommen sein! 6 Abram glaubte dem HERRN, und das rechnete er ihm zur Gerechtigkeit. 7 Und er sprach zu ihm: Ich bin der HERR, der dich aus Ur in Chaldäa geführt hat, auf daß ich dir dies Land zu besitzen gebe. 8 Abram aber sprach: HERR, mein Gott, woran soll ich merken, daß ich's besitzen werde? 9 Und er sprach zu ihm: Bringe mir eine dreijährige Kuh, eine dreijährige Ziege, einen dreijährigen Widder, eine Turteltaube und eine andere Taube. 10 Und er brachte ihm dies alles und zerteilte es in der Mitte und legte je einen Teil dem andern gegenüber; aber die Vögel zerteilte er nicht. 11 Und die Raubvögel stießen hernieder auf die Stücke, aber Abram scheuchte sie davon. 12 Als nun die Sonne am Untergehen war, fiel ein tiefer Schlaf auf Abram, und siehe, Schrecken und große Finsternis überfiel ihn. 13 Da sprach der HERR zu Abram: Das sollst du wissen, daß deine Nachkommen werden Fremdlinge sein in einem Lande, das nicht das ihre ist; und da wird man sie zu

dienen zwingen und plagen vierhundert Jahre. 14 Aber ich will das Volk richten, dem sie dienen müssen. Danach sollen sie ausziehen mit großem Gut. 15 Und du sollst fahren zu deinen Vätern mit Frieden und in gutem Alter begraben werden. 16 Sie aber sollen erst nach vier Menschenaltern wieder hierher kommen; denn die Missetat der Amoriter ist noch nicht voll. 17 Als nun die Sonne untergegangen und es finster geworden war, siehe, da war ein rauchender Ofen, und eine Feuerflamme fuhr zwischen den Stücken hin. 18 An dem Tage schloß der HERR einen Bund mit Abram und sprach: Deinen Nachkommen will ich dies Land geben, von dem Strom Ägyptens an bis an den großen Strom Euphrat.

17 1 Als Abram neunundneunzig Jahre alt war, erschien ihm der HERR und sprach zu ihm: Ich bin der allmächtige Gott; wandle vor mir und sei fromm. 2 Und ich will meinen Bund zwischen mir und dir schließen und will dich über alle Maßen mehren. 3 Da fiel Abram auf sein Angesicht. Und Gott redete weiter mit ihm und sprach: 4 Siehe, ich habe meinen Bund mit dir, und du sollst ein Vater vieler Völker werden. 5 Darum sollst du nicht mehr Abram heißen, sondern Abraham soll dein Name sein; denn ich habe dich gemacht zum Vater vieler Völker. 6 Und ich will dich sehr fruchtbar machen und will aus dir Völker machen, und auch Könige sollen von dir kommen. 7 Und ich will aufrichten meinen Bund zwischen mir und dir und deinen Nachkommen von Geschlecht zu Geschlecht, daß es ein ewiger Bund sei, so daß ich dein und deiner Nachkommen Gott bin. 8 Und ich will dir und deinem Geschlecht nach dir das Land geben, darin du ein Fremdling bist, das ganze Land Kanaan, zu ewigem Besitz, und will ihr Gott sein. 9 Und Gott sprach zu Abraham: So haltet nun meinen Bund, du und deine Nachkommen von Geschlecht zu Geschlecht. 10 Das aber ist mein Bund, den ihr halten sollt zwischen mir und euch und deinem Geschlecht nach dir: Alles, was männlich ist unter euch, soll beschnitten werden; 11 eure Vorhaut sollt ihr beschneiden. Das soll das Zeichen sein des Bundes zwischen mir und euch. 12 Jedes Knäblein, wenn's acht Tage alt ist, sollt ihr beschneiden bei euren Nachkommen. Desgleichen auch alles, was an Gesinde im Hause geboren oder was gekauft ist von irgendwelchen Fremden, die nicht aus eurem Geschlecht sind. 13 Beschnitten soll werden alles Gesinde, was dir im Hause geboren oder was gekauft ist. Und so soll mein Bund an eurem Fleisch zu einem ewigen Bund werden. 14 Wenn aber ein Männlicher nicht beschnitten wird an seiner Vor-

haut, wird er ausgerottet werden aus seinem Volk, weil er meinen Bund gebrochen hat. 15 Und Gott sprach abermals zu Abraham: Du sollst Sarai, deine Frau, nicht mehr Sarai nennen, sondern Sara soll ihr Name sein. 16 Denn ich will sie segnen, und auch von ihr will ich dir einen Sohn geben; ich will sie segnen, und Völker sollen aus ihr werden und Könige über viele Völker. 17 Da fiel Abraham auf sein Angesicht und lachte und sprach in seinem Herzen: Soll mir mit hundert Jahren ein Kind geboren werden, und soll Sara, neunzig Jahre alt, gebären? 18 Und Abraham sprach zu Gott: Ach daß Ismael möchte leben bleiben vor dir! 19 Da sprach Gott: Nein, Sara, deine Frau, wird dir einen Sohn gebären, den sollst du Isaak nennen, und mit ihm will ich meinen ewigen Bund aufrichten und mit seinem Geschlecht nach ihm. 20 Und für Ismael habe ich dich auch erhört. Siehe, ich habe ihn gesegnet und will ihn fruchtbar machen und über alle Maßen mehren. Zwölf Fürsten wird er zeugen, und ich will ihn zum großen Volk machen.

18 1 Und der HERR erschien ihm im Hain Mamre, während er an der Tür seines Zeltes saß, als der Tag am heißesten war. 2 Und als er seine Augen aufhob und sah, siehe, da standen drei Männer vor ihm. Und als er sie sah, lief er ihnen entgegen von der Tür seines Zeltes und

neigte sich zur Erde 3 und sprach: Herr, hab ich Gnade gefunden vor deinen Augen, so geh nicht an deinem Knecht vorüber. 4 Man soll euch ein wenig Wasser bringen, eure Füße zu waschen, und laßt euch nieder unter dem Baum. 5 Und ich will euch einen Bissen Brot bringen, daß ihr euer Herz labet; danach mögt ihr weiterziehen. Denn darum seid ihr bei eurem Knecht vorübergekommen. Sie sprachen: Tu, wie du gesagt hast. 6 Abraham eilte in das Zelt zu Sara und sprach: Eile und menge drei Maß feinstes Mehl, knete und backe Kuchen. 7 Er aber lief zu den Rindern und holte ein zartes gutes Kalb und gab's dem Knechte; der eilte und bereitete es zu. 8 Und er trug Butter und Milch auf und von dem Kalbe, das er zubereitet hatte, und setzte es ihnen vor und blieb stehen vor ihnen unter dem Baum, und sie aßen. 9 Da sprachen sie zu ihm: Wo ist Sara, deine Frau? Er antwortete: Drinnen im Zelt. 10 Da sprach er: Ich will wieder zu dir kommen übers Jahr; siehe, dann soll Sara, deine Frau, einen Sohn haben. Das hörte Sara hinter ihm, hinter der Tür des Zeltes. 11 Und sie waren beide, Abraham und Sara, alt und hochbetagt, so daß

es Sara nicht mehr ging nach der
Frauen Weise. 12 Darum lachte sie bei
sich selbst und sprach: Nun ich alt
bin, soll ich noch der Liebe pflegen,
und mein Herr ist auch alt! 13 Da
sprach der HERR zu Abraham:
Warum lacht Sara und spricht:
Meinst du, daß es wahr sei, daß ich
noch gebären werde, die ich doch alt
bin? 14 Sollte dem HERRN etwas un-
möglich sein? Um diese Zeit will ich
wieder zu dir kommen übers Jahr;
dann soll Sara einen Sohn haben.
15 Da leugnete Sara und sprach: Ich
habe nicht gelacht –, denn sie fürch-
tete sich. Aber er sprach: Es ist nicht
so, du hast gelacht.

Abrahams Fürbitte

16 Da brachen die Männer auf und
wandten sich nach Sodom, und Ab-
raham ging mit ihnen, um sie zu ge-
leiten. 17 Da sprach der HERR: Wie
könnte ich Abraham verbergen, was
ich tun will. 20 Und der HERR sprach:
Es ist ein großes Geschrei über So-
dom und Gomorra, daß ihre Sünden
sehr schwer sind. 21 Darum will ich
hinabfahren und sehen, ob sie alles
getan haben nach dem Geschrei, das

vor mich gekommen ist, oder ob's
nicht so sei, damit ich's wisse. 22 Und
zwei Männer wandten ihr Angesicht
und gingen nach Sodom. Aber Abra-
ham blieb stehen vor dem HERRN
23 und trat zu ihm und sprach: Willst
du denn den Gerechten mit dem
Gottlosen umbringen? 24 Es könnten
vielleicht fünfzig Gerechte in der
Stadt sein; wolltest du die umbringen
und dem Ort nicht vergeben um
fünfzig Gerechter willen, die darin
wären? 25 Das sei ferne von dir, daß
du das tust und tötest den Gerechten
mit dem Gottlosen, so daß der Ge-
rechte wäre gleich wie der Gottlose!
Das sei ferne von dir! Sollte der Rich-
ter aller Welt nicht gerecht richten?
26 Der HERR sprach: Finde ich fünfzig
Gerechte zu Sodom in der Stadt, so
will ich um ihretwillen dem ganzen
Ort vergeben. 27 Abraham antwor-
tete und sprach: Ach siehe, ich habe
mich unterwunden, zu reden mit
dem Herrn, wiewohl ich Erde und
Asche bin. 28 Es könnten vielleicht
fünf weniger als fünfzig Gerechte
darin sein; wolltest du denn die ganze
Stadt verderben um der fünf willen?
Er sprach: Finde ich darin fünfund-
vierzig, so will ich sie nicht verder-
ben. 29 Und er fuhr fort mit ihm zu
reden und sprach: Man könnte viel-
leicht vierzig darin finden. Er aber
sprach: Ich will ihnen nichts tun um
der vierzig willen. 30 Abraham
sprach: Zürne nicht, Herr, daß ich
noch mehr rede. Man könnte viel-

leicht dreißig darin finden. Er aber
sprach: Finde ich dreißig darin, so
will ich ihnen nichts tun. 31 Und er
sprach: Ach siehe, ich habe mich un-
terwunden, mit dem Herrn zu reden.
Man könnte vielleicht zwanzig darin
finden. Er antwortete: Ich will sie
nicht verderben um der zwanzig wil-
len. 32 Und er sprach: Ach, zürne
nicht, Herr, daß ich nur noch einmal
rede. Man könnte vielleicht zehn
darin finden. Er aber sprach: Ich will
sie nicht verderben um der zehn wil-
len. 33 Und der HERR ging weg, nach-
dem er aufgehört hatte, mit Abra-
ham zu reden; und Abraham kehrte
wieder um an seinen Ort.

Untergang von Sodom und Gomorra

19 1 Die zwei Engel kamen nach
Sodom am Abend; Lot aber
saß zu Sodom unter dem Tor. Und
als er sie sah, stand er auf, ging ihnen
entgegen und neigte sich bis zur Erde
2 und sprach: Siehe, liebe Herren,
kehrt doch ein im Hause eures
Knechts und bleibt über Nacht; laßt
eure Füße waschen und brecht früh-
morgens auf und zieht eure Straße.
Aber sie sprachen: Nein, wir wollen
über Nacht im Freien bleiben. 3 Da
nötigte er sie sehr, und sie kehrten zu
ihm ein und kamen in sein Haus.
Und er machte ihnen ein Mahl und
backte ungesäuerte Kuchen, und sie
aßen. 4 Aber ehe sie sich legten, ka-
men die Männer der Stadt Sodom
und umgaben das Haus, jung und alt,
das ganze Volk aus allen Enden, 5 und
riefen Lot und sprachen zu ihm: Wo
sind die Männer, die zu dir gekom-
men sind diese Nacht? Führe sie her-
aus zu uns, daß wir uns über sie her

machen. 6 Lot ging heraus zu ihnen
vor die Tür und schloß die Tür hinter
sich zu 7 und sprach: Ach, liebe Brü-
der, tut nicht so übel! 15 Als nun die
Morgenröte aufging, drängten die
Engel Lot zur Eile und sprachen:
Mach dich auf, nimm deine Frau und
deine beiden Töchter, die hier sind,
damit du nicht auch umkommst in
der Missetat dieser Stadt. 23 Und die
Sonne war aufgegangen auf Erden,
als Lot nach Zoar kam. 24 Da ließ der
HERR Schwefel und Feuer regnen
vom Himmel herab auf Sodom und
Gomorra 25 und vernichtete die
Städte und die ganze Gegend und alle
Einwohner der Städte und was auf
dem Lande gewachsen war. 26 Und
Lots Weib sah hinter sich und ward
zur Salzsäule.

21 2 Und Sara ward schwanger
und gebar dem Abraham in
seinem Alter einen Sohn um die Zeit,
von der Gott zu ihm geredet hatte.
3 Und Abraham nannte seinen Sohn,
der ihm geboren war, Isaak, den ihm
Sara gebar, 4 und beschnitt ihn am
achten Tage, wie ihm Gott geboten
hatte.

Isaaks Opferung

22 1 Nach diesen Geschichten ver-
suchte Gott Abraham und
sprach zu ihm: Abraham! Und er
antwortete: Hier bin ich. 2 Und er
sprach: Nimm Isaak, deinen einzigen
Sohn, den du liebhast, und geh hin in
das Land Morija und opfere ihn dort
zum Brandopfer auf einem Berge,
den ich dir sagen werde. 3 Da stand
Abraham früh am Morgen auf und
gürtete seinen Esel und nahm mit
sich zwei Knechte und seinen Sohn
Isaak und spaltete Holz zum Brand-
opfer, machte sich auf und ging hin
an den Ort, von dem ihm Gott gesagt
hatte. 4 Am dritten Tage hob Abra-
ham seine Augen auf und sah die
Stätte von ferne 5 und sprach zu sei-
nen Knechten: Bleibt ihr hier mit
dem Esel. Ich und der Knabe wollen
dorthin gehen, und wenn wir ange-
betet haben, wollen wir wieder zu
euch kommen. 6 Und Abraham
nahm das Holz zum Brandopfer und
legte es auf seinen Sohn Isaak. Er aber
nahm das Feuer und das Messer in
seine Hand; und gingen die beiden
miteinander. 7 Da sprach Isaak zu sei-
nem Vater Abraham: Mein Vater!
Abraham antwortete: Hier bin ich,
mein Sohn. Und er sprach: Siehe,
hier ist Feuer und Holz; wo ist aber
das Schaf zum Brandopfer? 8 Abra-
ham antwortete: Mein Sohn, Gott
wird sich ersehen ein Schaf zum
Brandopfer. Und gingen die beiden
miteinander. 9 Und als sie an die
Stätte kamen, die ihm Gott gesagt
hatte, baute Abraham dort einen Al-
tar und legte das Holz darauf und
band seinen Sohn Isaak, legte ihn auf
den Altar oben auf das Holz 10 und
reckte seine Hand aus und faßte das
Messer, daß er seinen Sohn schlach-

tete. 11 Da rief ihn der Engel des
HERRN vom Himmel und sprach:
Abraham! Abraham! Er antwortete:
Hier bin ich. 12 Er sprach: Lege deine
Hand nicht an den Knaben und tu
ihm nichts; denn nun weiß ich, daß
du Gott fürchtest und hast deines ein-
zigen Sohnes nicht verschont um
meinetwillen. 13 Da hob Abraham
seine Augen auf und sah einen Wid-

der hinter sich in der Hecke mit seinen Hörnern hängen und ging hin und nahm den Widder und opferte ihn zum Brandopfer an seines Sohnes Statt. [14]Und Abraham nannte die Stätte »Der HERR sieht«. Daher man noch heute sagt: Auf dem Berge, da der HERR sieht. [15]Und der Engel des HERRN rief Abraham abermals vom Himmel her [16]und sprach: Ich habe bei mir selbst geschworen, spricht der HERR: Weil du solches getan hast und hast deines einzigen Sohnes nicht verschont, [17]will ich dein Geschlecht segnen und mehren wie die Sterne am Himmel und wie den Sand am Ufer des Meeres, und deine Nachkommen sollen die Tore ihrer Feinde besitzen; [18]und durch dein Geschlecht sollen alle Völker auf Erden gesegnet werden, weil du meiner Stimme gehorcht hast. [19]So kehrte Abraham zurück zu seinen Knechten. Und sie machten sich auf und zogen miteinander nach Beerscheba, und Abraham blieb daselbst.

Isaak

Wohin Isaak kommt, dort muß er Brunnen graben. Selbst der Knecht, der für ihn im fernen Haran um sein Weib Rebekka wirbt, findet diese vor dem Tor am Stadtbrunnen. – Ist der zum Opfer bestimmte jugendliche Isaak ein Bild des am Kreuze Geopferten, so bleibt er bis ins hohe Alter ein Vorausbild des Jesus, der mittags am Jakobsbrunnen zu Sychar ein wasserschöpfendes Weib bat: »Gib mir zu trinken«, und hinzufügte: »Wüßtest du, wer dich bittet, du bätest ihn, und er gäbe dir lebendiges Wasser, welches im Trinkenden zu einem Brunnen wird, das ins ewige Leben quillt« (Joh. 4, 10–14).

Rebekka wird Isaaks Frau

1. MOSE

24 1 Abraham war alt und hochbe-
tagt, und der HERR hatte ihn
gesegnet allenthalben. 2 Und er
sprach zu dem ältesten Knecht seines
Hauses, der allen seinen Gütern vor-
stand: Lege deine Hand unter meine
Hüfte 3 und schwöre mir bei Jahve,
dem Gott des Himmels und der
Erde, daß du meinem Sohn keine
Frau nehmest von den Töchtern der
Kanaaniter, unter denen ich wohne,
4 sondern daß du ziehest in mein Va-
terland und zu meiner Verwandt-
schaft und nehmest meinem Sohn
Isaak dort eine Frau. 5 Der Knecht
sprach: Wie, wenn das Mädchen mir
nicht folgen wollte in dies Land, soll
ich dann deinen Sohn zurückbringen
in jenes Land, von dem du ausgezo-
gen bist? 6 Abraham sprach zu ihm:
Davor hüte dich, daß du meinen
Sohn wieder dahin bringest! 7 Der
HERR, der Gott des Himmels, der
mich von meines Vaters Hause ge-
nommen hat und von meiner Hei-
mat, der mir zugesagt und mir auch
geschworen hat: Dies Land will ich
deinen Nachkommen geben –, der
wird seinen Engel vor dir her senden,
daß du meinem Sohn dort eine Frau
nehmest. 8 Wenn aber das Mädchen
dir nicht folgen will, so bist du dieses
Eides ledig. Nur bringe meinen Sohn
nicht wieder dorthin! 9 Da legte der
Knecht seine Hand unter die Hüfte

Abrahams, seines Herrn, und
schwor es ihm. 10 So nahm der
Knecht zehn Kamele von den Kame-
len seines Herrn und zog hin und
hatte mit sich allerlei Güter seines
Herrn und machte sich auf und zog
nach Mesopotamien, zu der Stadt
Nahora (des Bruders Abrahams).
11 Da ließ er die Kamele sich lagern
draußen vor der Stadt bei dem Was-
serbrunnen des Abends um die Zeit,
da die Frauen pflegten herauszuge-
hen und Wasser zu schöpfen. 12 Und
er sprach: Jahve, du Gott Abrahams,
meines Herrn, laß es mir heute gelin-
gen und tu Barmherzigkeit an Abra-
ham, meinem Herrn! 13 Siehe, ich
stehe hier bei dem Wasserbrunnen,
und die Töchter der Leute in dieser
Stadt werden herauskommen, um
Wasser zu schöpfen. 14 Wenn nun ein
Mädchen kommt, zu dem ich spre-
che: Neige deinen Krug und laß mich
trinken, und es sprechen wird:
Trinke, ich will deine Kamele auch
tränken –, das sei die, die du deinem
Diener Isaak beschert hast, und daran
werde ich erkennen, daß du Barm-
herzigkeit an meinem Herrn getan
hast. 15 Und ehe er ausgeredet hatte,
siehe, da kam heraus [a]Rebekka, die
Tochter Betuëls, der ein Sohn der
Milka war, die die Frau Nahors, des
Bruders Abrahams, war, und trug ei-
nen Krug auf ihrer Schulter. *(a
Kap 22, 23)* 16 Und das Mädchen war
sehr schön von Angesicht, eine Jung-
frau, die noch von keinem Manne

wußte. Die stieg hinab zum Brunnen
und füllte den Krug und stieg herauf.
17 Da lief ihr der Knecht entgegen und
sprach: Laß mich ein wenig Wasser
aus deinem Kruge trinken. 18 Und sie
sprach: Trinke, mein Herr! Und ei-
lends ließ sie den Krug hernieder auf
ihre Hand und gab ihm zu trinken.
19 Und als sie ihm zu trinken gegeben
hatte, sprach sie: Ich will deinen Ka-
melen auch schöpfen, bis sie alle ge-
nug getrunken haben. 20 Und eilte
und goß den Krug aus in die Tränke
und lief abermals zum Brunnen, um
zu schöpfen, und schöpfte allen sei-
nen Kamelen. 21 Der Mann aber be-
trachtete sie und schwieg still, bis er
erkannt hätte, ob der HERR zu seiner
Reise Gnade gegeben hätte oder
nicht. 22 Als nun die Kamele alle ge-
trunken hatten, nahm er einen golde-
nen Stirnreif, sechs Gramm schwer,
und zwei goldene Armreifen für ihre
Hände, hundertundzwanzig Gramm
schwer, 23 und sprach: Wessen Toch-
ter bist du? Das sage mir doch! Ha-
ben wir auch Raum in deines Vaters
Hause, um zu herbergen? 24 Sie
sprach zu ihm: Ich bin die Tochter
Betuëls, des Sohnes der Milka, den

sie dem Nahor geboren hat. 25 Und sagte weiter zu ihm: Es ist auch viel Stroh und Futter bei uns und Raum genug, um zu herbergen. 26 Da neigte sich der Mann und betete Jahve an 27 und sprach: Gelobt sei der HERR, der Gott Abrahams, meines Herrn, der seine Barmherzigkeit und seine Treue von meinem Herrn nicht hat weichen lassen; denn der HERR hat mich geradewegs geführt zum Hause des Bruders meines Herrn. 28 Und das Mädchen lief und sagte dies alles in ihrer Mutter Hause. 29 Und Rebekka hatte einen Bruder, der hieß Laban; und Laban lief zu dem Mann draußen bei dem Brunnen. 30 Denn als er den Stirnreif und die Armreifen an den Händen seiner Schwester gesehen hatte und die Worte Rebekkas, seiner Schwester, gehört hatte: So hat mir der Mann gesagt –, da kam er zu dem Mann, und siehe, er stand bei den Kamelen am Brunnen. 31 Und er

sprach: Komm herein, du Gesegneter des HERRN! Warum stehst du draußen? Ich habe das Haus bereitet und für die Kamele auch Raum gemacht. 32 Da führte er den Mann ins Haus und zäumte die Kamele ab und gab ihnen Stroh und Futter, dazu auch Wasser, zu waschen seine Füße und die Füße der Männer, die mit ihm waren. 33 Und man setzte ihm Essen vor. Er sprach aber: Ich will nicht essen, bis ich zuvor meine Sache vorgebracht habe. Sie antworteten: Sage an! 34 Er sprach: Ich bin Abrahams Knecht. 35 Und der HERR hat meinen Herrn reich gesegnet, daß er groß geworden ist, und hat ihm Schafe und Rinder, Silber und Gold, Knechte und Mägde, Kamele und

Esel gegeben. 36 Dazu hat Sara, die Frau meines Herrn, einen Sohn geboren meinem Herrn in seinem Alter; dem hat er alles gegeben, was er hat. 37 Und mein Herr hat einen Eid von mir genommen und gesagt: Du sollst meinem Sohn keine Frau nehmen von den Töchtern der Kanaaniter, in deren Land ich wohne, 38 sondern zieh hin zu meines Vaters Hause und zu meinem Geschlecht; dort nimm meinem Sohn eine Frau. 39 Ich sprach aber zu meinem Herrn: Wie, wenn mir das Mädchen nicht folgen will? 40 Da sprach er zu mir: Der HERR, vor dem ich wandle, wird seinen Engel mit dir senden und Gnade zu deiner Reise geben, daß du meinem Sohn eine Frau nehmest von meiner Verwandtschaft und meines Vaters Hause. 41 Dann sollst du deines Eides ledig sein: Wenn du zu mei-

ner Verwandtschaft kommst und sie
geben sie dir nicht, so bist du deines
Eides ledig. 42 So kam ich heute zum
Brunnen.
49 Seid ihr nun die, die an meinem
Herrn Freundschaft und Treue be-
weisen wollen, so sagt mir's, daß ich
mich wende zur Rechten oder zur
Linken. 50 Da antworteten Laban und
Betuël und sprachen: Das kommt
vom HERRN, darum können wir
nichts dazu sagen, weder Böses noch
Gutes. 51 Da ist Rebekka vor dir,
nimm sie und zieh hin, daß sie die
Frau sei des Sohnes deines Herrn, wie
der HERR geredet hat. 52 Als Abra-
hams Knecht diese Worte hörte,
neigte er sich vor dem HERRN bis zur
Erde. 53 Danach zog er hervor sil-
berne und goldene Kleinode und
Kleider und gab sie Rebekka; auch
ihrem Bruder und der Mutter gab er
kostbare Geschenke. 54 Dann aß und
trank er samt den Männern, die mit
ihm waren, und sie blieben über
Nacht allda. Am Morgen aber stan-
den sie auf, und er sprach: Laßt mich
ziehen zu meinem Herrn. 55 Aber ihr

Bruder und ihre Mutter sprachen:
Laß doch das Mädchen noch einige
Tage bei uns bleiben; danach sollst du
ziehen. 56 Da sprach er zu ihnen: Hal-
tet mich nicht auf, denn der HERR hat
Gnade zu meiner Reise gegeben.
Laßt mich, daß ich zu meinem Herrn
ziehe. 57 Da sprachen sie: Wir wollen
das Mädchen rufen und fragen, was
sie dazu sagt. 58 Und sie riefen Re-
bekka und sprachen zu ihr: Willst du
mit diesem Manne ziehen? Sie ant-
wortete: Ja, ich will es. 59 Da ließen
sie Rebekka, ihre Schwester, ziehen
mit ihrer Amme, samt Abrahams
Knecht und seinen Leuten. 62 Isaak
aber war gezogen zum »Brunnen des
Lebendigen, der mich sieht« und

wohnte im Südlande. 63 Und er war
ausgegangen, um zu beten auf dem
Felde gegen Abend, und hob seine
Augen auf und sah, daß Kamele da-
herkamen. 64 Und Rebekka hob ihre
Augen auf und sah Isaak; da stieg sie
eilends vom Kamel 65 und sprach zu
dem Knecht: Wer ist der Mann, der
uns entgegenkommt auf dem Felde?
Der Knecht sprach: Das ist mein
Herr. Da nahm sie den Schleier und
verhüllte sich. 66 Und der Knecht er-
zählte Isaak alles, was er ausgerichtet
hatte. 67 Da führte sie Isaak in das Zelt
seiner Mutter Sara und nahm die Re-
bekka, und sie wurde seine Frau, und
er gewann sie lieb. Also wurde Isaak
getröstet über seine Mutter.

Esaus und Jakobs Geburt

25 [19]Dies ist das Geschlecht
Isaaks, des Sohnes Abrahams:
Abraham zeugte Isaak. [20]Isaak aber
war vierzig Jahre alt, als er Rebekka
zur Frau nahm, die Tochter Betuëls,
des Aramäers aus Mesopotamien, die
Schwester des Aramäers Laban.
[21]Isaak aber bat den HERRN für seine
Frau, denn sie war unfruchtbar. Und
der HERR ließ sich erbitten, und Re-
bekka, seine Frau, ward schwanger.
[22]Und die Kinder stießen sich mit-
einander in ihrem Leib. Da sprach
sie: Wenn mir's so gehen soll, warum
bin ich schwanger geworden? Und
sie ging hin, den HERRN zu befragen.
[23]Und der HERR sprach zu ihr: Zwei
Völker sind in deinem Leibe, und
zweierlei Volk wird sich scheiden aus
deinem Leibe; und ein Volk wird
dem andern überlegen sein, und der
Ältere wird dem Jüngeren dienen.
[24]Als nun die Zeit kam, daß sie gebä-
ren sollte, siehe, da waren Zwillinge
in ihrem Leibe. [25]Der erste, der her-
auskam, war rötlich, ganz rauh wie
ein Fell, und sie nannten ihn Esau.

[26]Danach kam heraus sein Bruder,
der hielt mit seiner Hand die Ferse
des Esau, und sie nannten ihn Jakob.
Sechzig Jahre alt war Isaak, als sie ge-
boren wurden. [27]Und als nun die
Knaben groß wurden, wurde Esau
ein Jäger und streifte auf dem Felde
umher, Jakob aber ein gesitteter
Mann und blieb bei den Zelten.
[28]Und Isaak hatte Esau lieb und aß
gern von seinem Wildbret; Rebekka
aber hatte Jakob lieb.

Esau verkauft sein Erstgeburtsrecht

[29]Und Jakob kochte ein Gericht. Da
kam Esau vom Feld und war müde
[30]und sprach zu Jakob: Laß mich es-
sen das rote Gericht; denn ich bin
müde. Daher heißt er Edom (der
Rote). [31]Aber Jakob sprach: Ver-

kaufe mir heute deine Erstgeburt.
[32]Esau antwortete: Siehe, ich muß
doch sterben; was soll mir da die
Erstgeburt? [33]Jakob sprach: So
schwöre mir zuvor. Und er schwor
ihm und verkaufte so Jakob seine

Erstgeburt. 34 Da gab ihm Jakob Brot
und das Linsengericht, und er aß und
trank und stand auf und ging davon.
So verachtete Esau seine Erstgeburt.

Isaak gräbt Brunnen

26 1 Es kam aber eine Hungersnot
ins Land nach der früheren,
die zu Abrahams Zeiten war. Und
Isaak zog zu Abimelech, dem König
der Philister, nach Gerar. 2 Da er-
schien ihm der HERR und sprach:
Zieh nicht hinab nach Ägypten, son-
dern bleibe in dem Lande, das ich dir
sage. 3 Bleibe als Fremdling in diesem
Lande, und ich will mit dir sein und
dich segnen; 4 und will deine Nach-
kommen mehren wie die Sterne am
Himmel und will deinen Nachkom-
men alle diese Länder geben. Und
durch dein Geschlecht sollen alle
Völker auf Erden gesegnet werden.
12 Und Isaak säte in dem Lande und
erntete in jenem Jahre hundertfältig;
denn der HERR segnete ihn. 13 Und er
wurde ein reicher Mann und nahm
immer mehr zu, bis er sehr reich
wurde, 14 so daß er viel Gut hatte an
kleinem und großem Vieh und ein
großes Gesinde. Darum beneideten
ihn die Philister. 15 Nun hatten sie
aber alle Brunnen verstopft, die sei-
nes Vaters Knechte gegraben hatten
zur Zeit Abrahams, seines Vaters,
und hatten sie mit Erde gefüllt.
16 Und Abimelech sprach zu ihm:
Zieh von uns, denn du bist uns zu
mächtig geworden. 17 Da zog Isaak
von dannen und schlug seine Zelte
auf im Grunde von Gerar und
wohnte da 18 und ließ die Wasser-
brunnen wieder aufgraben, die sie
zur Zeit Abrahams, seines Vaters,
gegraben hatten und die die Philister
verstopft hatten nach Abrahams
Tod, und nannte sie mit denselben
Namen, mit denen sein Vater sie ge-
nannt hatte. 19 Auch gruben Isaaks
Knechte im Grunde und fanden dort
eine Quelle lebendigen Wassers.
20 Aber die Hirten von Gerar zankten
mit den Hirten Isaaks und sprachen:
Das Wasser ist unser. Da nannte er
den Brunnen »Zank«, weil sie mit
ihm da gezankt hatten. 21 Da gruben
sie einen andern Brunnen. Darüber
stritten sie auch, darum nannte er ihn
»Streit«. 22 Da zog er weiter und grub
noch einen andern Brunnen. Dar-
über zankten sie sich nicht, darum
nannte er ihn »Weiter Raum« und
sprach: Nun hat uns der HERR Raum
gemacht, und wir können wachsen
im Lande. 23 Danach zog er von dan-
nen nach Beerscheba.
24 Und der HERR erschien ihm in der-
selben Nacht und sprach: Ich bin der
Gott deines Vaters Abraham.
Fürchte dich nicht, denn ich bin mit
dir und will dich segnen und deine
Nachkommen mehren um meines
Knechtes Abraham willen. 25 Dann
baute er dort einen Altar und rief den
Namen des HERRN an und schlug

dort sein Zelt auf, und seine Knechte gruben dort einen Brunnen. 26 Und Abimelech ging zu ihm von Gerar mit Ahusat, seinem Freund, und Pichol, seinem Feldhauptmann. 27 Aber Isaak sprach zu ihm: Warum kommt ihr zu mir? Hasset ihr mich doch und habt mich von euch getrieben. 28 Sie sprachen: Wir sehen mit sehenden Augen, daß der HERR mit dir ist. Darum sprachen wir: Es soll ein Eid zwischen uns und dir sein, und wir wollen einen Bund mit dir schließen, 29 daß du uns keinen Schaden tust, gleichwie wir dich nicht angetastet haben und dir nur alles Gute getan und dich mit Frieden haben ziehen lassen. Du bist ja doch der Gesegnete des HERRN. 30 Da machte er ihnen ein Mahl, und sie aßen und tranken. 31 Und früh am Morgen standen sie auf, und einer schwor dem andern. Und Isaak ließ sie gehen, und sie zogen von ihm mit Frieden. 32 Am selben Tage kamen Isaaks Knechte und sagten ihm von dem Brunnen, den sie gegraben hatten, und sprachen zu ihm: Wir haben Wasser gefunden. 33 Und er nannte ihn »Schwur«; daher heißt die Stadt Beerscheba (Schwurbrunnen) bis auf den heutigen Tag.

Jakob Israel und Josef

Zwei Gottesnähen erhoben Jakobs Leben: die jung von ihm zu Bethel auf der Flucht vor Esau geschaute Gottesleiter (1. Mose 28) und zwanzig Jahre später der nächtliche Kampf mit dem Engel im Tal des Jabbok (1. Mose 32), bevor er Esau wieder begegnete, der jenseits des Flusses mit 400 Kriegern auf ihn wartete. Beide Male lud Jakob vorher Schuld auf sich, durch Lüge und Verkleidung erschlich er den Segen seines blinden Vaters Isaak, dem dieser Esau geben wollte. Mit List entwandte er der Sippe seines Schwiegervaters Laban einen Großteil ihrer Herden vor dem Kampf mit dem Engel. Beide Male stehen Mord und Gottesgunst gegeneinander. Die Gottheit scheint hier eine andere Kraft der Person zu begehren: Durchhalten und Tapferkeit in betriebener Sache. – Jakob ist nur mit seinem Sohne Josef zusammen zu verstehen.

Jesus sammelt zwölf nächste Jünger nach dem Vorbild der Söhne Jakobs (1. Mose 49) und darum einen Kreis der Siebzig (Luk. 10), mit denen zu vergleichen die Seelen sind, die Jakob schließlich nach Ägypten bringt (1. Mose 16, 27). Jesus bezieht sich auf die Himmelsleiter nach Berufung der ersten Jünger, als Nathanael seine Größe erkannt hat, mit dem Worte: »Von nun an werdet ihr den Himmel sehen und die Engel Gottes hinauf und herab fahren auf des Menschen Sohn« (Joh. 1, 51). – Für Jesus wiederholt sich Jakobs nächtlicher Kampf mit dem Engel in Gethsemane.

Dem Jakobsleben schließt sich eng an die Novelle vom Leben seines Lieblingssohnes Josef: Den jungen Josef träumte, er sei zur Ernte auf dem Felde mit seinen elf Brüdern, Garben zu binden. Da neigten sich elf Garben vor der seinen. Wieder sah er im Traum den nächtlichen Himmel und wie dort elf Tierkreiszeichen mit Sonne und Mond sich vor seinem Sternbild neigten. – Die Brüder deuteten die ihnen erzählten Träume als seinen Anspruch zur Herrschaft über sie (1. Mose 37).

– Als die Brüder einst in der Ferne weideten, sandte der Vater den daheim gebliebenen Josef zu ihnen. Als sie ihn sahen, sprachen sie: »Seht, da kommt der Träumer. Laßt uns ihn in eine Zisterne werfen, daß er sterbe.« Ruben, der älteste Bruder, erreichte, daß man eine trockene Zisterne wählte und ihn dann für 20 Silberstücke an durchziehende Händler verkaufte, die nach Ägypten zogen. Den schönen »bunten Rock« des Jungen tauchten sie in Schafsblut und sandten ihn dem Vater mit den Worten: »Den fanden wir«, so daß Jakob glaubte, ein wildes Tier habe seinen Sohn zerrissen.
In Ägypten diente Josef sich mittels seiner Gabe, Träume zu deuten, bis zum Reichsvesier gleich hinter dem Pharao hinauf. Bei einer siebenjährigen Trockenheit und Hungersnot sandte Jakob seine Söhne um Getreide nach Ägypten. Josef erkannte sie und veranlaßte Jakob, mit seiner Sippe von nun schon 70 Menschen im Grenzland Gosen Weide zu nehmen. Nach Jakobs Tode fürchten die Brüder abermals um ihr Leben; aber Josef sagt ihnen: »Ihr gedachtet es böse zu machen mit mir; aber Gott gedachte es gut zu machen, um ein großes Volk am Leben zu erhalten« (1. Mose 50, 20).
Jesu Leben übernimmt aus den Josefsgeschichten die Silberlinge, gegen die er verkauft wird, den guten Rock, um welchen die Krieger nach der Kreuzigung losen (heute in Trier) und Josefs Abschiedswort: »Ihr gedachtet es mit mir böse zu machen, aber Gott wollte die Menschheit im Leben erhalten«.

Jakob gewinnt mit List den Erstgeburtssegen

27 1 Und es begab sich, als Isaak
alt geworden war und seine
Augen zu schwach zum Sehen wurden, rief er Esau, seinen älteren Sohn,
und sprach zu ihm: Mein Sohn! Er
aber antwortete ihm: Hier bin ich.
2 Und er sprach: Siehe, ich bin alt geworden und weiß nicht, wann ich
sterben werde. 3 So nimm nun dein
Gerät, Köcher und Bogen, und geh
aufs Feld und jage mir ein Wildbret
4 und mach mir ein Essen, wie ich's
gern habe, und bring mir's herein,
daß ich esse, auf daß dich meine Seele
segne, ehe ich sterbe. 5 Rebekka aber
hörte diese Worte, die Isaak zu seinem Sohn Esau sagte. Und Esau ging

hin aufs Feld, daß er ein Wildbret
jagte und heimbrächte. 6 Da sprach
Rebekka zu Jakob, ihrem Sohn:
Siehe, ich habe deinen Vater mit
Esau, deinem Bruder, reden hören:
7 Bringe mir ein Wildbret und mach
mir ein Essen, daß ich esse und dich
segne vor dem Herrn, ehe ich sterbe.
8 So höre nun, mein Sohn, auf mich
und tu, was ich dich heiße. 9 Geh hin
zu der Herde und hole mir zwei gute
Böcklein, daß ich deinem Vater ein
Essen davon mache, wie er's gerne
hat. 10 Das sollst du deinem Vater
hineintragen, daß er esse, auf daß er
dich segne vor seinem Tod. 11 Jakob
aber sprach zu seiner Mutter Re-
bekka: Siehe, mein Bruder Esau ist
rauh, doch ich bin glatt; 12 so könnte
vielleicht mein Vater mich betasten,
und ich würde vor ihm dastehen, als
ob ich ihn betrügen wollte, und
brächte über mich einen Fluch und
nicht einen Segen. 13 Da sprach seine
Mutter zu ihm: Der Fluch sei auf mir,
mein Sohn; gehorche nur meinen
Worten, geh und hole mir. 14 Da ging
er hin und holte und brachte es seiner
Mutter. Da machte seine Mutter ein
Essen, wie es sein Vater gerne hatte,
15 und nahm Esaus, ihres älteren Soh-
nes, Feierkleider, die sie bei sich im
Hause hatte, und zog sie Jakob an, ih-
rem jüngeren Sohn. 16 Aber die Felle
von den Böcklein tat sie ihm um
seine Hände und wo er glatt war am
Halse. 17 Und so gab sie das Essen mit
dem Brot, wie sie es gemacht hatte,
in die Hand ihres Sohnes Jakob.
18 Und er ging hinein zu seinem Vater
und sprach: Mein Vater! Er antwor-
tete: Hier bin ich. Wer bist du, mein
Sohn? 19 Jakob sprach zu seinem Va-
ter: Ich bin Esau, dein erstgeborener
Sohn; ich habe getan, wie du mir ge-
sagt hast. Komm nun, setze dich und
iß von meinem Wildbret, auf daß
mich deine Seele segne.
20 Isaak aber sprach zu seinem Sohn:
Wie hast du so bald gefunden, mein
Sohn? Er antwortete: Der Herr, dein
Gott, bescherte mir's. 21 Da sprach
Isaak zu Jakob: Tritt herzu, mein
Sohn, daß ich dich betaste, ob du
mein Sohn Esau bist oder nicht. 22 So
trat Jakob zu seinem Vater Isaak.
Und als er ihn betastet hatte, sprach
er: Die Stimme ist Jakobs Stimme,
aber die Hände sind Esaus Hände.
23 Und er erkannte ihn nicht; denn
seine Hände waren rauh wie Esaus,
seines Bruders, Hände. Und er seg-
nete ihn 24 und sprach: Bist du mein
Sohn Esau? Er antwortete: Ja, ich
bin's. 25 Da sprach er: So bringe mir
her, mein Sohn, zu essen von deinem
Wildbret, daß dich meine Seele
segne. Da brachte er's ihm, und er
aß; und er trug ihm auch Wein hin-
ein, und er trank. 26 Und Isaak, sein
Vater, sprach zu ihm: Komm her und
küsse mich, mein Sohn! 27 Er trat
hinzu und küßte ihn. Da roch er den
Geruch seiner Kleider und segnete
ihn und sprach: Siehe, der Geruch
meines Sohnes ist wie der Geruch des

Feldes, das der Herr gesegnet hat.
[28] Gott gebe dir vom Tau des Him-
mels und von der Fettigkeit der Erde
und Korn und Wein die Fülle. [29] Völ-
ker sollen dir dienen, und Stämme
sollen dir zu Füßen fallen. Sei ein
Herr über deine Brüder, und deiner
Mutter Söhne sollen dir zu Füßen fal-
len. Verflucht sei, wer dir flucht; ge-
segnet sei, wer dich segnet! [30] Als nun
Isaak den Segen über Jakob vollendet
hatte und Jakob kaum hinausgegan-
gen war von seinem Vater Isaak, da
kam Esau, sein Bruder, von seiner
Jagd [31] und machte auch ein Essen
und trug's hinein zu seinem Vater
und sprach zu ihm: Richte dich auf,
mein Vater, und iß von dem Wild-
bret deines Sohnes, daß mich deine
Seele segne. [32] Da antwortete ihm
Isaak, sein Vater: Wer bist du? Er
sprach: Ich bin Esau, dein erstgebo-
rener Sohn. [33] Da entsetzte sich Isaak
über die Maßen sehr und sprach:
Wer? Wo ist denn der Jäger, der mir
gebracht hat, und ich habe von allem
gegessen, ehe du kamst, und hab ihn
gesegnet? Er wird auch gesegnet
bleiben. [34] Als Esau diese Worte sei-
nes Vaters hörte, schrie er laut und
wurde über die Maßen sehr betrübt
und sprach zu seinem Vater: Segne
mich auch, mein Vater!
[35] Er aber sprach: Dein Bruder ist ge-
kommen mit List und hat deinen Se-
gen weggenommen. [36] Da sprach er:
Er heißt mit Recht Jakob, denn er hat
mich nun zweimal überlistet. Meine
Erstgeburt hat er genommen, und
siehe, nun nimmt er auch meinen Se-
gen. Und er sprach: Hast du mir
denn keinen Segen vorbehalten?
[37] Isaak antwortete und sprach zu
ihm: Ich habe ihn zum Herrn über
dich gesetzt, und alle seine Brüder
hab ich ihm zu Knechten gemacht,
mit Korn und Wein hab ich ihn verse-
hen; was soll ich nun dir noch tun,
mein Sohn? [38] Esau sprach zu seinem
Vater: Hast du denn nur einen Se-
gen, mein Vater? Segne mich auch,
mein Vater! Und er erhob seine
Stimme und weinte. [39] Da antwor-
tete Isaak, sein Vater, und sprach zu
ihm: Siehe, du wirst wohnen ohne
Fettigkeit der Erde und ohne Tau
des Himmels von oben her. [40] Von
deinem Schwerte wirst du dich näh-
ren, und deinem Bruder sollst du
dienen. Aber es wird geschehen, daß
du einmal sein Joch von deinem
Halse reißen wirst.

Jakobs Flucht nach Haran

[41] Und Esau war Jakob gram um des
Segens willen, mit dem ihn sein Va-
ter gesegnet hatte, und sprach in sei-
nem Herzen: Es wird die Zeit bald
kommen, daß man um meinen Vater
Leid tragen muß; dann will ich mei-
nen Bruder Jakob umbringen. [42] Da
wurden Rebekka angesagt diese
Worte ihres älteren Sohnes Esau.
Und sie schickte hin und ließ Jakob,

ihren jüngeren Sohn, rufen und
sprach zu ihm: Siehe, dein Bruder
Esau droht dir, daß er dich umbrin-
gen will. 43 Und nun höre auf mich,
mein Sohn: Mach dich auf und flieh
zu meinem Bruder Laban nach Haran
44 und bleib eine Weile bei ihm, bis
sich der Grimm deines Bruders legt
45 und bis sein Zorn wider dich sich
von dir wendet und er vergißt, was
du ihm getan hast; dann will ich
schicken und dich von dort holen las-
sen. Warum sollte ich euer beider be-
raubt werden auf einen Tag? 46 Und
Rebekka sprach zu Isaak: Mich ver-
drießt zu leben, wegen der Hetiterin-
nen. Wenn Jakob eine Frau nimmt
von den Hetiterinnen wie diese, eine
von den Töchtern des Landes, was
soll mir das Leben?

28 1 Da rief Isaak seinen Sohn Ja-
kob und segnete ihn und gebot
ihm und sprach zu ihm: Nimm dir
nicht eine Frau von den Töchtern Ka-
naans, 2 sondern mach dich auf und
zieh nach Mesopotamien zum Hause
Betuëls, des Vaters deiner Mutter,
und nimm dir dort eine Frau von den
Töchtern Labans, des Bruders deiner
Mutter.

Jakob schaut die Himmelsleiter

10 Aber Jakob zog aus von Beerscheba
und machte sich auf den Weg nach
Haran 11 und kam an eine Stätte, da
blieb er über Nacht, denn die Sonne
war untergegangen. Und er nahm ei-
nen Stein von der Stätte und legte ihn
zu seinen Häupten und legte sich an
der Stätte schlafen. 12 Und ihm
träumte, und siehe, eine Leiter stand
auf Erden, die rührte mit der Spitze
an den Himmel, und siehe, die Engel
Gottes stiegen daran auf und nieder.

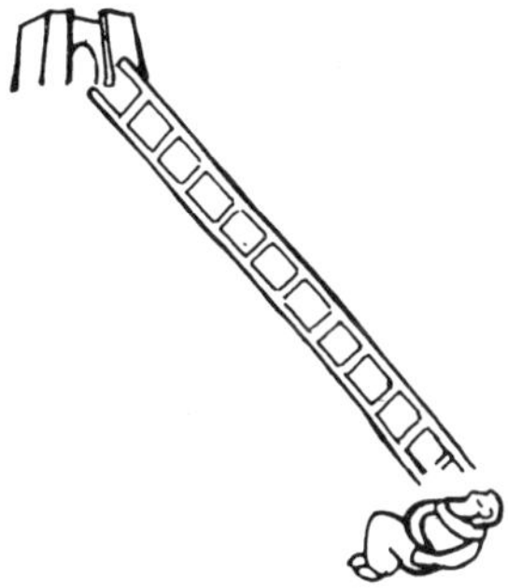

13 Und der Herr stand oben darauf
und sprach: Ich der Herr, der Gott
deines Vaters Abraham, und Isaaks
Gott; das Land, darauf du liegst, will
ich dir und deinen Nachkommen ge-
ben. 14 Und dein Geschlecht soll wer-
den wie der Staub auf Erden, und du
sollst ausgebreitet werden gegen We-
sten und Osten, Norden und Süden,
und durch dich und deine Nachkom-
men sollen alle Geschlechter auf Er-
den gesegnet werden.
15 Und siehe, ich bin mit dir und will
dich behüten, wo du hinziehst, und
will dich wieder herbringen in dies
Land. Denn ich will dich nicht ver-
lassen, bis ich alles tue, was ich dir
zugesagt habe. 16 Als nun Jakob von

seinem Schlaf aufwachte, sprach er: Fürwahr, der Herr ist an dieser Stätte, und ich wußte es nicht! 17 Und er fürchtete sich und sprach: Wie heilig ist diese Stätte! Hier ist nichts anderes als Gottes Haus, und hier ist die Pforte des Himmels. 18 Und Jakob stand früh am Morgen auf und nahm den Stein, den er zu seinen Häuptern gelegt hatte, und richtete ihn auf zu einem Steinmal und goß Öl oben darauf 19 und nannte die Stätte Bethel (Haus Gottes), vorher aber hieß die Stadt Lus. 20 Und Jakob tat ein Gelübde und sprach: Wird Gott mit mir sein und mich behüten auf dem Wege, den ich reise, und mir Brot zu essen geben und Kleider anzuziehen 21 und mich mit Frieden wieder heim zu meinem Vater bringen, so soll der mein Gott sein. 22 Und dieser Stein, den ich aufgerichtet habe zu einem Steinmal, soll ein Gotteshaus werden; und von allem, was du mir gibst, will ich dir den Zehnten geben.

Jakob dient um Lea und Rahel

29 1 Da machte sich Jakob auf den Weg und ging in das Land, das im Osten liegt, 2 und sah sich um, und siehe, da war ein Brunnen auf dem Felde; und siehe, drei Herden Schafe lagen dabei, denn von dem Brunnen pflegten sie die Herden zu tränken. Und ein großer Stein lag vor dem Loch des Brunnens. 3 Und sie pflegten die Herden alle dort zu versammeln und den Stein von dem Brunnenloch zu wälzen und die Schafe zu tränken und taten alsdann den Stein wieder vor das Loch an seine Stelle. 4 Und Jakob sprach zu ihnen: Liebe Brüder, wo seid ihr her? Sie antworteten: Wir sind von Haran. 5 Er sprach zu ihnen: Kennt ihr auch Laban, den Sohn Nahors? Sie antworteten: Ja, wir kennen ihn. 6 Er sprach: Geht es ihm auch gut? Sie antworteten: Es geht ihm gut; und siehe, da kommt seine Tochter Rahel mit den Schafen. 7 Er sprach: Es ist noch hoher Tag und ist noch nicht Zeit, das Vieh einzutreiben; tränkt die Schafe und geht hin und weidet sie. 8 Sie antworteten: Wir können es nicht, bis alle Herden zusammengebracht sind und wir den Stein von des Brunnens Loch wälzen und dann die Schafe tränken. 9 Als er noch mit ihnen redete, kam Rahel mit den Schafen ihres Vaters, denn sie hütete die Schafe. 10 Als Jakob aber Rahel sah, die Tochter Labans, des Bruders seiner Mutter, und die Schafe Labans, des Bruders seiner Mutter, trat er hinzu und wälzte den Stein von dem Loch des Brunnens und tränkte die Schafe Labans, des Bruders seiner Mutter. 11 Und er küßte Rahel und weinte laut 12 und sagte ihr, daß er ihres Vaters Verwandter wäre und Rebekkas Sohn. Da lief sie und sagte es ihrem Vater. 13 Als aber Laban hörte von Jakob, seiner Schwester Sohn,

lief er ihm entgegen und herzte und
küßte ihn und führte ihn in sein
Haus. Da erzählte er Laban alles, was
sich begeben hatte. 14 Da sprach
Laban zu ihm: Fürwahr, du bist von
meinem Gebein und Fleisch. Und als
er nun einen Monat lang bei ihm ge-
wesen war, 15 sprach Laban zu Jakob:
Zwar bist du mein Verwandter, aber
solltest du mir darum umsonst die-
nen? Sage an, was soll dein Lohn
sein? 16 Laban aber hatte zwei Töch-
ter; die ältere hieß Lea, die jüngere Ra-
hel. 17 Aber Leas Augen waren ohne
Glanz, Rahel dagegen war schön von
Gestalt und von Angesicht. 18 Und
Jakob gewann Rahel lieb und sprach:
Ich will dir sieben Jahre um Rahel,
deine jüngere Tochter, dienen.
19 Laban antwortete: Es ist besser, ich
gebe sie dir als einem anderen; bleib
bei mir. 20 So diente Jakob um Rahel
sieben Jahre, und es kam ihm vor, als
wären's einzelne Tage, so lieb hatte er
sie. 21 Und Jakob sprach zu Laban:
Gib mir nun meine Braut; denn die
Zeit ist da, daß ich zu ihr gehe. 22 Da
lud Laban alle Leute des Ortes ein
und machte ein Hochzeitsmahl.
23 Am Abend aber nahm er seine
Tochter Lea und brachte sie zu Jakob;
und er ging zu ihr. 24 Und Laban gab
seiner Tochter Lea seine Magd Silpa
zur Leibmagd. 25 Am Morgen aber,
siehe, da war es Lea. Und Jakob
sprach zu Laban: warum hast du mir
das angetan? Habe ich dir nicht um
Rahel gedient? Warum hast du mich
denn betrogen? 26 Laban antwortete:
Es ist nicht Sitte in unserm Lande,
daß man die jüngere weggebe vor der
älteren. 27 Halte mit dieser die Hoch-
zeitswoche, so will ich dir die andere
auch geben für den Dienst, den du bei
mir noch weitere sieben Jahre leisten
sollst. 28 Das tat Jakob und hielt die
Hochzeitswoche. Da gab ihm Laban
seine Tochter Rahel zur Frau. 29 Und
er gab seiner Tochter Rahel seine
Magd Bilha zur Leibmagd. 30 So ging
Jakob auch zu Rahel ein und hatte Ra-
hel lieber als Lea; und er diente bei
ihm noch weitere sieben Jahre.

Jakobs Kinder

32 Und Lea ward schwanger und ge-
bar einen Sohn; den nannte sie Ruben
und sprach: Der Herr hat angesehen
mein Elend; nun wird mich mein
Mann lieb haben. 33 Und sie ward
abermals schwanger und gebar einen
Sohn und sprach: Der Herr hat ge-
hört, daß ich ungeliebt bin, und hat
mir diesen auch gegeben. Und
nannte ihn Simeon. 34 Abermals
ward sie schwanger und gebar einen
Sohn und sprach: Nun wird mein
Mann mir doch zugetan sein, denn
ich habe ihm drei Söhne geboren.
Darum nannte sie ihn Levi. 35 Zum
viertenmal ward sie schwanger und
gebar einen Sohn und sprach: Nun
will ich dem Herrn danken. Darum
nannte sie ihn Juda.

30 22 Gott gedachte aber an Rahel und erhörte sie und machte sie fruchtbar. 23 Da ward sie schwanger und gebar einen Sohn und sprach: Gott hat meine Schmach von mir genommen; 24 und sie nannte ihn Josef und sprach: Der Herr wolle mir noch einen Sohn dazu geben!

Jakob kommt zu Reichtum

25 Als nun Rahel den Josef geboren hatte, sprach Jakob zu Laban: Laß mich ziehen und reisen an meinen Ort und in mein Land. 26 Gib mir meine Frauen und meine Kinder, um die ich dir gedient habe, daß ich ziehe; denn du weißt, wie ich dir gedient habe. 27 Laban sprach zu ihm: Laß mich Gnade vor deinen Augen finden. Ich spüre, daß mich der Herr segnet um deinetwillen. 28 Bestimme den Lohn. 31 Jakob sprach: Du sollst mir gar nichts geben; sondern wenn du mir tun willst, was ich dir sage, so will ich deine Schafe wieder weiden

und hüten. 32 Was nun bunt und gefleckt sein wird, das soll mein Lohn sein. 37 Und Jakob nahm frische Stäbe von Pappeln, Mandelbäumen und Platanen und schälte weiße Streifen daran aus, so daß an den Stäben das Weiße bloß wurde, 38 und legte die Stäbe, die er geschält hatte, in die Tränkrinnen, wo die Herden hinkommen mußten zu trinken, daß sie da empfangen sollten, wenn sie zu trinken kämen. 39 So empfingen die Herden über den Stäben und brachten Sprenklige, Gefleckte und Bunte. 43 Daher wurde der Mann über die Maßen reich, so daß er viele Schafe, Mägde und Knechte, Kamele und Esel hatte.

Jakobs Flucht

31 1 Und es kamen vor ihn die Reden der Söhne Labans, daß sie sprachen: Jakob hat alles Gut unseres Vaters an sich gebracht, und nur von unseres Vaters Gut hat er solchen Reichtum zuwege gebracht. 2 Und Jakob sah an das Angesicht Labans, und siehe, er war gegen ihn nicht mehr wie zuvor. 3 Und der Herr sprach zu Jakob: Zieh wieder in deiner Väter Land und zu deiner Verwandtschaft; ich will mit dir sein. 4 Da sandte Jakob hin und ließ rufen Rahel und Lea aufs Feld zu seiner Herde 5 und sprach zu ihnen: Ich sehe an eures Vaters Angesicht, daß er gegen mich nicht ist wie zuvor; aber der Gott meines Vaters ist mit mir gewesen. 6 Und ihr wißt, daß ich aus allen meinen Kräften eurem Vater gedient

habe. 14 Da antworteten Rahel und Lea: Wir haben kein Teil noch Erbe in unseres Vaters Hause. 15 Haben wir ihm doch gegolten wie Fremde, denn er hat uns verkauft und unseren Kaufpreis verzehrt. 16 Fürwahr, der ganze Reichtum, den Gott unserm Vater entzogen hat, gehört uns und unsern Kindern. Alles nun, was Gott dir gesagt hat, das tu! 17 Da machte sich Jakob auf und lud seine Kinder und Frauen auf die Kamele 18 und führte weg all sein Vieh und alle seine Habe, die er in Mesopotamien erworben hatte, daß er käme zu Isaak, seinem Vater, ins Land Kanaan. 19 Laban aber war gegangen, seine Herde zu scheren. Und Rahel stahl ihres Vaters Hausgott. 20 Und Jakob täuschte Laban, den Aramäer, damit, daß er ihm nicht ansagte, daß er ziehen wollte. 21 So floh er mit allem, was sein war, machte sich auf und fuhr über den Euphrat und richtete seinen Weg nach dem Gebirge Gilead. 22 Am dritten Tage wurde Laban angesagt, daß Jakob geflohen wäre. 23 Und er nahm seine Brüder zu sich und jagte ihm nach, sieben Tagereisen weit, und ereilte ihn auf dem Gebirge Gilead. 43 Laban sprach zu Jakob: Die Töchter sind meine Töchter, und die Kinder sind meine Kinder, und die Herden sind meine Herden, und alles, was du siehst, ist mein. Was kann ich heute für meine Töchter oder ihre Kinder tun, die sie geboren haben? 44 So komm nun und laß uns einen Bund schließen, ich und du, der ein Zeuge sei zwischen mir und dir. 45 Da nahm Jakob einen Stein und richtete ihn auf zu einem Mal. 46 Laban aber sprach zu seinen Brüdern: Leset Steine auf! Und sie nahmen Steine und machten davon einen Haufen und aßen daselbst auf dem Steinhaufen. 47 Und Laban nannte ihn Jegar-Sahaduta, Jakob aber nannte ihn Gal-Ed. 54 Und Jakob schwor ihm bei dem Schrecken Isaaks, dem Gott seines Vaters. 48 Da sprach Laban: Der Herr wache als Späher über mir und dir, wenn wir voneinander gegangen sind, 50 daß du meine Töchter nicht bedrückst oder andere Frauen dazu nimmst zu meinen Töchtern. Es ist hier kein Mensch bei uns; siehe aber, Gott ist der Zeuge zwischen mir und dir.

Jakob rüstet sich zur Begegnung mit Esau

32 1 Am Morgen aber stand Laban früh auf, küßte seine Enkel und Töchter und segnete sie und zog hin und kam wieder an seinen Ort. 2 Jakob aber zog seinen Weg. Und es begegneten ihm die Engel Gottes. 3 Und als er sie sah, sprach er: Hier ist Gottes Heerlager, und nannte diese Stätte Mahanajim. 4 Jakob aber schickte Boten zu seinem Bruder Esau ins Land Seïr, in das Gebiet von Edom, 5 und befahl: So

sprecht zu Esau, meinem Herrn:
Dein Knecht Jakob läßt dir sagen: Ich
bin bisher bei Laban lange in der
Fremde gewesen [6]und habe Rinder
und Esel, Schafe, Knechte und
Mägde, und habe ausgesandt, es dir,
meinem Herrn, anzusagen, damit ich
Gnade vor deinen Augen fände. [7]Die
Boten kamen zu Jakob zurück und
sprachen: Wir kamen zu deinem
Bruder Esau, und er zieht dir entge-
gen mit vierhundert Mann. [8]Da

fürchtete sich Jakob sehr und teilte
das Volk, das bei ihm war, und die
Schafe und die Rinder und die Ka-
mele in zwei Lager [9]und sprach:
Wenn Esau über das eine Lager
kommt und macht es nieder, so wird
das andere entrinnen. [10]Weiter
sprach Jakob: Gott meines Vaters
Abraham und Gott meines Vaters
Isaak, [11]Jahve! Ich bin zu gering aller
Barmherzigkeit und aller Treue, die
du an deinem Knechte getan hast;
denn ich hatte nicht mehr als diesen
Stab, als ich hier über den Jordan
ging, und nun sind aus mir zwei La-
ger geworden. [12]Errette mich von
der Hand meines Bruders, von der
Hand Esaus. [14]Er nahm von dem,
was er erworben hatte, ein Geschenk
für seinen Bruder Esau: [15]zweihun-
dert Ziegen, zwanzig Böcke, zwei-
hundert Schafe, zwanzig Widder
[16]und dreißig säugende Kamele mit
ihren Füllen, vierzig Kühe und zehn
junge Stiere, zwanzig Eselinnen und
zehn Esel, [17]und tat sie unter die
Hand seiner Knechte, je eine Herde
besonders, und sprach zu ihnen:
Geht vor mir her und laßt Raum zwi-
schen einer Herde und der andern.
[18]Und er gebot dem ersten und
sprach: Wenn dir mein Bruder Esau
begegnet und dich fragt: Wem ge-
hörst du an und wo willst du hin und
wessen Eigentum ist das, was du vor
dir hertreibst?, [19]sollst du sagen: Es
gehört deinem Knechte Jakob, der
sendet es als Geschenk seinem Herrn
Esau und zieht hinter uns her. [22]So
ging das Geschenk vor ihm her; er
aber blieb diese Nacht im Lager.

Jakobs Kampf am Jabbok. Sein neuer Name

[23]Und Jakob stand auf in der Nacht
und nahm seine beiden Frauen und
die beiden Mägde und seine elf Söhne
und zog an die Furt des Jabbok,
[24]nahm sie und führte sie über das
Wasser, so daß hinüberkam, was er

hatte, 25 und blieb allein zurück. Da
rang ein Mann mit ihm, bis die Mor-
genröte anbrach. 26 Und als er sah,
daß er ihn nicht übermochte, schlug
er ihn auf das Gelenk seiner Hüfte,
und das Gelenk der Hüfte Jakobs
wurde über dem Ringen mit ihm
verrenkt. 27 Und er sprach: Laß mich
gehen, denn die Morgenröte bricht
an. Aber Jakob anwortete: Ich lasse
dich nicht, du segnest mich denn.

28 Jener sprach: Wie heißest du? Er
antwortete: Jakob. 29 Er sprach: Du
sollst nicht mehr Jakob heißen, son-
dern Israel; denn du hast mit Gott
und mit Menschen gekämpft und
hast gewonnen. 30 Und Jakob fragte
ihn und sprach: sage doch, wie hei-
ßest du? Er aber sprach: Warum
fragst du, wie ich heiße? Und er seg-
nete ihn daselbst. 31 Und Jakob
nannte die Stätte Pnuël; denn, sprach
er, ich habe Gott von Angesicht gese-
hen, und doch wurde mein Leben ge-
rettet.

Jakobs Versöhnung mit Esau

33 1 Jakob hob seine Augen auf
und sah seinen Bruder Esau
kommen mit vierhundert Mann.
Und er verteilte seine Kinder auf Lea
und auf Rahel und auf die beiden
Leibmägde 2 und stellte die Mägde
mit ihren Kindern vornean und Lea
mit ihren Kindern dahinter und Ra-
hel mit Josef zuletzt. 3 Und er ging
vor ihnen her und neigte sich sieben-
mal zur Erde, bis er zu seinem Bruder
kam. 4 Esau aber lief ihm entgegen
und herzte ihn und fiel ihm um den
Hals und küßte ihn, und sie weinten.
5 Und Esau hob seine Augen auf und
sah die Frauen mit den Kindern und
sprach: Wer sind diese bei dir? Er ant-
wortete: Es sind die Kinder, die Gott
deinem Knecht beschert hat. 6 Und
die Mägde traten herzu mit ihren
Kindern und neigten sich vor ihm.
7 Lea trat auch herzu mit ihren Kin-
dern, und sie neigten sich vor ihm.
Danach traten Josef und Rahel herzu,
und sie neigten sich auch vor ihm.
8 Und Esau sprach: Was willst du mit
all den Herden, denen ich begegnet
bin? Er antwortete: Daß ich Gnade
fände vor meinem Herrn. 9 Esau
sprach: Ich habe genug, mein Bru-
der; behalte, was du hast. 10 Jakob
antwortete: Ach nein! Hab ich Gnade
gefunden vor dir, so nimm mein Ge-
schenk von meiner Hand; denn ich
sah dein Angesicht, als sähe ich Got-
tes Angesicht, und du hast mich

freundlich angesehen. [11]Nimm doch
diese Segensgabe von mir an, die ich
dir zugebracht habe; denn Gott hat
sie mir beschert, und ich habe von al-
lem genug. So nötigte er ihn, daß er
sie nahm. [12]Und Esau sprach: Laß
uns aufbrechen und fortziehen; ich
will mit dir ziehen. [13]Er aber sprach
zu ihm: Mein Herr weiß, daß ich
zarte Kinder bei mir habe, dazu säu-
gende Schafe und Kühe; wenn sie
auch nur einen Tag übertrieben wür-
den, würde mir die ganze Herde ster-
ben. [14]Mein Herr ziehe vor seinem
Knechte her. Ich will gemächlich
hintennach treiben, wie das Vieh und
die Kinder gehen können, bis ich
komme zu meinem Herrn nach Seïr.
[15]Esau sprach: So will ich doch bei
dir lassen etliche von meinen Leuten.
Er antwortete: Ist das denn nötig?
Laß mich nur Gnade vor meinem
Herrn finden. [16]So zog Esau an je-
nem Tage wiederum seines Weges
nach Seïr.

Jakob siedelt sich bei Sichem an

[17]Und Jakob zog nach Sukkot und
baute sich ein Haus und machte sei-
nem Vieh Hütten; daher heißt die
Stätte Sukkot. [18]Danach kam Jakob
wohlbehalten zu der Stadt Sichem,
die im Lande Kanaan liegt, nachdem
er aus Mesopotamien gekommen
war, und lagerte vor der Stadt [19]und
kaufte das Land, wo er sein Zelt auf-
geschlagen hatte, von den Söhnen
Hamors, des Vaters Sichems, um
hundert Goldstücke [20]und errichtete
dort einen Altar und nannte ihn
»Gott ist der Gott Israels«.

Jakobs Segen über seine Söhne

49 [1]Und Jakob berief seine Söhne
und sprach: Versammelt euch,
daß ich euch verkünde, was euch be-
gegnen wird in künftigen Zeiten.
[2]Kommt zuhauf und höret zu, ihr
Söhne Jakobs, und höret euren Vater
Israel. [3]*Ruben*, mein erster Sohn bist
du, meine Kraft und der Erstling
meiner Stärke, der Oberste in der
Würde und der Oberste in der
Macht. [4]Weil du aufwalltest wie
Wasser, sollst du nicht der Oberste
sein; denn du bist auf deines Vaters
Lager gestiegen, daselbst hast du
mein Bett entweiht, das du bestiegst.
[5]Die Brüder *Simeon* und *Levi*, ihre

Schwerter sind mörderische Waffen. 6 Meine Seele komme nicht in ihren Rat, und mein Herz sei nicht in ihrer Versammlung; denn in ihrem Zorn haben sie Männer gemordet, und in ihrem Mutwillen haben sie Stiere gelähmt. 7 Verflucht sei ihr Zorn, daß er so heftig ist, und ihr Grimm, daß er so grausam ist. Ich will sie versprengen in Jakob und zerstreuen in Israel. 8 *Juda*, du bist's! Dich werden deine Brüder preisen. Deine Hand wird deinen Feinden auf dem Nacken sein, vor dir werden deines Vaters Söhne sich verneigen. 9 Juda ist ein junger Löwe. Du bist hochgekommen, mein Sohn, vom Raube. Wie ein Löwe hat er sich hingestreckt und wie eine Löwin sich gelagert. Wer will ihn aufstören? 10 Es wird das Zepter von Juda nicht weichen noch der Stab des Herrschers von seinen Füßen, bis daß der Held komme, und ihm werden die Völker anhangen. 11 Er wird seinen Esel an den Weinstock binden und seiner Eselin Füllen an die edle Rebe. Er wird sein Kleid in Wein waschen und seinen Mantel in Traubenblut. 12 Seine Augen sind dunkel von Wein und seine Zähne weiß von Milch. 13 *Sebulon* wird am Gestade des Meeres wohnen und am Gestade der Schiffe und reichen bis Sidon. 14 *Issachar* wird ein knochiger Esel sein und sich lagern zwischen den Sattelkörben. 15 Und er sah die Ruhe, daß sie gut ist, und das Land, daß es lieblich ist; da hat er seine Schultern geneigt, zu tragen, und ist ein fronpflichtiger Knecht geworden. 16 *Dan* wird Richter sein in seinem Volk wie nur irgend ein Stamm in Israel. 17 Dan wird eine Schlange werden auf dem Wege und eine Otter auf dem Steige und das Pferd in die Fersen beißen, daß sein Reiter zurückfalle. 18 Herr, ich warte auf dein Heil! 19 *Gad* wird gedrängt werden von Kriegshaufen, er aber drängt ihnen nach auf der Ferse. 20 *Assers* Brot wird fett sein, und er wird leckere Speise wie für Könige geben. 21 *Naftali* ist ein schneller Hirsch, er gibt schöne Rede. 22 *Josef* wird wachsen, er wird wachsen wie ein Baum an der Quelle, daß die Zweige emporsteigen über die Mauer. 23 Und wiewohl ihn die Schützen erzürnen und gegen ihn kämpfen und ihn verfolgen, 24 so bleibt doch sein Bogen fest und seine Arme und Hände stark durch die Hände des Mächtigen in Jakob, durch ihn, den Hirten und Fels Israels. 25 Von deines Vaters Gott werde dir geholfen, und von dem Allmächtigen seist du gesegnet mit Segen oben vom Himmel herab, mit Segen von der Flut, die drunten liegt, mit Segen der Brüste und des Mutterleibes. 26 Die Segnungen deines Vaters waren stärker als die Segnungen der ewigen Berge, die köstlichen Güter der ewigen Hügel. Mögen sie kommen auf das Haupt Josefs und auf den Scheitel des Geweihten unter seinen Brüdern! 27 *Benjamin* ist ein reißender

Wolf; des Morgens wird er Raub fressen und des Abends wird er Beute austeilen.

47 [27] So wohnte Israel in Ägypten im Lande Goschen, und sie hatten es inne und wuchsen und mehrten sich sehr. [28] Und Jakob lebte siebzehn Jahre in Ägyptenland, daß sein ganzes Alter wurde hundertundsiebenundvierzig Jahre.

MOSE

Einführung

Das Leben Mosis gipfelt in zwei Gottesbegegnungen am Horeb-Sinai in Midian, zuerst vor dem »brennenden Dornbusch«, wo Mose mit achtzig Jahren im Gesicht berufen wird, und ein Jahr später vor der Feuersäule des Vulkans Sinai, wo er die zehn Worte empfängt. So erscheint eine Persönlichkeit ähnlich Abraham. Sein besonderes, anschließendes vierzigjähriges Wirken erlegte ihm auf, bis zum Schilfmeer gegen die Ägypter und dann ohne Ende gegen das eigene Israel zu streiten, das die tätig-listigen Sünden seines Ahnherrn vergaß und statt dessen in Unglauben und Lahmheit versank – außer der Rotte Korach (4. Mo. 16) und den Kundschaftern Kaleb und Josua (4. Mo. 13). Dieses Volk nicht nur einmal am Schilfmeer leiblich zu erretten, sondern zwischen Sinai und Eherner Schlange unentwegt auch seelisch, das war Mosis Großtat.
Die Wanderung in der Wüste wird im 2. Mose (Exodus) und dann ab 4. Mose 10, 11 geschildert. Vierzig Jahre nach dem Auszug aus Ägypten bestieg der hundertundzwanzigjährige Mose östlich des unteren Jordans den Berg Nebo und schaute westwärts das Heilige Land, sein Ziel. Dort oben starb er: »Jahve begrub ihn gegenüber von Beth-Peor. Niemand kennt sein Grab« (5. Mo. 24, 6).

Israel wird bedrängt

2. MOSE

1 [6]Als Josef gestorben war und alle
seine Brüder und alle, die zu der
Zeit gelebt hatten, [7]wuchsen die
Nachkommen Israels und zeugten
Kinder und mehrten sich und wurden überaus stark, so daß von ihnen
das Land voll ward. [8]Da kam ein
neuer König auf in Ägypten, der
wußte nichts von Josef [9]und sprach
zu seinem Volk: Siehe, das Volk Israel ist mehr und stärker als wir.
[10]Wohlan, wir wollen sie mit List
niederhalten, daß sie nicht noch mehr

werden. [11]Man setzte Fronvögte
über sie, die sie mit Zwangsarbeit be-
drücken. Und sie bauten dem Pharao
die Städte Pitom und Ramses als
Vorratsstädte. [15]Und der König
sprach zu den hebräischen Hebam-
men: [16]Wenn ihr den hebräischen
Frauen helft bei der Geburt und seht,
daß es ein Sohn ist, so tötet ihn; ist's
aber eine Tochter, so laßt sie leben.

Moses Geburt

2 [1]Und es ging hin ein Mann vom
Hause Levi und nahm ein Mäd-
chen aus dem Hause Levi zur Frau.
[2]Und sie ward schwanger und gebar
einen Sohn. Und als sie sah, daß es
ein feines Kind war, verbarg sie ihn
drei Monate. [3]Als sie ihn aber nicht
länger verbergen konnte, machte sie
ein Kästlein von Rohr und verklebte
es mit Erdharz und Pech und legte
das Kind hinein und setzte das Käst-
lein in das Schilf am Ufer des Nils.
[4]Aber seine Schwester stand von
ferne, um zu erfahren, wie es ihm er-
gehen würde. [5]Und die Tochter des
Pharao ging hinab und wollte baden
im Nil, und ihre Gespielinnen gingen
am Ufer hin und her. Und als sie das
Kästlein im Schilf sah, sandte sie ihre
Magd hin und ließ es holen. [6]Und als
sie es auftat, sah sie das Kind, und
siehe, das Knäblein weinte. Da jam-
merte es sie, und sie sprach: Es ist
eins von den hebräischen Kindlein.
[7]Da sprach seine Schwester zu der
Tochter des Pharao: Soll ich hinge-
hen und eine der hebräischen Frauen
rufen, die da stillt, daß sie dir das
Kindlein stille? [8]Die Tochter des
Pharao sprach zu ihr: Geh hin. Das
Mädchen ging hin und rief die Mut-
ter des Kindes. [9]Da sprach die Toch-
ter des Pharao zu ihr: Nimm das
Kindlein mit und stille es mir, ich will
es dir lohnen. Die Frau nahm das
Kind und stillte es. [10]Und als das
Kind groß war, brachte sie es der
Tochter des Pharao, und es ward ihr
Sohn, und sie nannte ihn Mose; denn
sie sprach: Ich habe ihn aus dem Was-
ser gezogen.

Flucht nach Midian

[11]Zu der Zeit, als Mose groß gewor-
den war, ging er hinaus zu seinen

Brüdern und sah ihren Frondienst und nahm wahr, daß ein Ägypter einen seiner hebräischen Brüder schlug. 12 Da schaute er sich nach allen Seiten um, und als er sah, daß kein Mensch da war, erschlug er den Ägypter und verscharrte ihn im Sande. 13 Am andern Tage ging er wieder hinaus und sah zwei hebräische Männer miteinander streiten und sprach zu dem, der im Unrecht war: Warum schlägst du deinen Nächsten? 14 Er aber sprach: Wer hat dich zum Aufseher oder Richter über uns gesetzt? Willst du mich auch umbringen, wie du den Ägypter umgebracht hast? Da fürchtete sich Mose und sprach: Wie ist das bekannt geworden? 15 Und es kam vor den Pharao. Der trachtete, Mose zu töten.

Aber Mose floh und hielt sich auf im Lande Midian. Und er setzte sich nieder bei einem Brunnen. 16 Der Priester aber in Midian hatte sieben Töchter; die kamen, Wasser zu schöpfen, und füllten die Rinnen, um die Schafe ihres Vaters zu tränken. 17 Da kamen Hirten und stießen sie weg. Mose aber stand auf und half

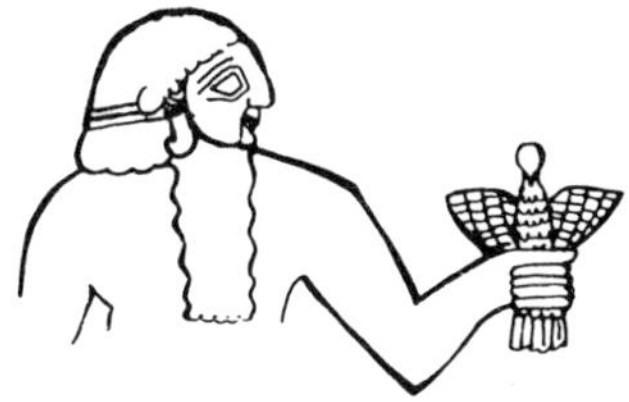

und tränkte ihre Schafe. 18 Und als sie zu ihrem Vater Reguël kamen, sprach er: Warum seid ihr heute so bald gekommen? 19 Sie sprachen: Ein ägyptischer Mann stand uns bei gegen die Hirten und schöpfte für uns und tränkte die Schafe. 20 Er sprach zu seinen Töchtern: Wo ist er? Warum habt ihr den Mann draußen gelassen? Ladet ihn doch ein, mit uns zu essen. 21 Und Mose willigte ein, bei dem Mann zu bleiben. Und er gab Mose seine Tochter Zippora zur Frau. 22 Die gebar einen Sohn, und er nannte ihn Gerschom; denn, sprach er, ich bin ein Fremdling geworden im fremden Lande. 23 Lange Zeit aber danach starb der König von Ägypten. Und die Israeliten seufzten über ihre Knechtschaft und schrien.

24 Und Gott erhörte ihr Wehklagen und gedachte seines Bundes mit Abraham, Isaak und Jakob.

Moses Berufung

3 [1] Mose aber hütete die Schafe Ji-
tros, seines Schwiegervaters, des
Priesters in Midian, und trieb die
Schafe über die Steppe hinaus und
kam an den Berg Gottes, den Horeb.
[2] Und der Engel des HERRN erschien
ihm in einer feurigen Flamme aus
dem Dornbusch. Und er sah, daß der
Busch im Feuer brannte und doch
nicht verzehrt wurde. [3] Da sprach er:
Ich will hingehen und die wunder-
same Erscheinung besehen, warum
der Busch nicht verbrennt. [4] Als aber
der HERR sah, daß er hinging, um zu
sehen, rief Gott ihn aus dem Busch
und sprach: Mose, Mose! Er antwor-
tete: Hier bin ich. [5] Gott sprach: Tritt
nicht herzu, zieh deine Schuhe von
deinen Füßen; denn der Ort, darauf
du stehst, ist heiliges Land! [6] Ich bin
der Gott deines Vaters, der Gott Ab-
rahams, der Gott Isaaks und der Gott
Jakobs. Und Mose verhüllte sein An-
gesicht; denn er fürchtete sich, Gott
anzuschauen. [7] Und der HERR sprach:
Ich habe das Elend meines Volks in
Ägypten gesehen und ihr Geschrei
über ihre Bedränger gehört; und
habe ihre Leiden erkannt. [8] Und ich
bin herniedergefahren, daß ich sie er-
rette aus der Ägypter Hand und sie
herausführe in ein Land, darin Milch
und Honig fließt, in das Gebiet der
Kanaaniter, Hetiter, Amoriter, Peri-
siter, Hiwiter und Jebusiter. [10] So geh
nun hin, ich will dich zum Pharao
senden, damit du mein Volk, die Is-
raeliten, aus Ägypten führst. [11] Mose
sprach zu Gott: Wer bin ich, daß ich
zum Pharao gehe und führe die Isra-
eliten aus Ägypten? [12] Er sprach: Ich
will mit dir sein. Und das soll dir das
Zeichen sein, daß ich dich gesandt
habe: Wenn du mein Volk aus Ägyp-
ten geführt hast, werdet ihr Gott op-
fern auf diesem Berge. [13] Mose
sprach zu Gott: Siehe, wenn ich zu
den Israeliten komme und spreche zu
ihnen: Der Gott eurer Väter hat mich
zu euch gesandt! und sie mir sagen
werden: Wie ist sein Name?, was soll
ich ihnen sagen? [14] Gott sprach zu
Mose: Ich bin, der ich bin. So sollst
du zu den Israeliten sagen: »Ich bin«

hat mich zu euch gesandt. [15] Der
HERR, der Gott eurer Väter, der Gott
Abrahams, der Gott Isaaks, der Gott
Jakobs, hat mich zu euch gesandt.
Das ist mein Name auf ewig, mit
dem man mich anrufen soll von Ge-
schlecht zu Geschlecht. [16] Darum geh
hin und versammle die Ältesten von
Israel und sprich zu ihnen: Der HERR,
der Gott eurer Väter, ist mir erschie-
nen, der Gott Abrahams, der Gott
Isaaks, der Gott Jakobs, [17] und hat ge-

sagt: Ich will euch aus dem Elend
Ägyptens führen in ein Land, darin
Milch und Honig fließt. 18 Und sie
werden auf dich hören. Danach sollst
du mit den Ältesten Israels hineinge-
hen zum König von Ägypten und zu
ihm sagen: Der HERR, der Gott der
Hebräer, ist uns erschienen. So laß
uns nun gehen drei Tagereisen weit
in die Wüste, daß wir opfern dem
HERRN, unserm Gott. 19 Aber ich
weiß, daß euch der König von Ägyp-
ten nicht wird ziehen lassen, er werde
denn gezwungen durch eine starke
Hand. 20 Daher werde ich meine
Hand ausstrecken und Ägypten
schlagen mit all den Wundern, die ich
darin tun werde. Danach wird er
euch ziehen lassen.

4 1 Mose antwortete und sprach:
Siehe, sie werden mir nicht glau-
ben und nicht auf mich hören, son-
dern werden sagen: Der HERR ist dir
nicht erschienen. 2 Der HERR sprach
zu ihm: Was hast du da in deiner
Hand? Er sprach: Einen Stab. 3 Der
HERR sprach: Wirf ihn auf die Erde.
Und er warf ihn auf die Erde; da
ward er zur Schlange, und Mose floh
vor ihr. 4 Aber der HERR sprach zu
ihm: Strecke deine Hand aus und er-
hasche sie beim Schwanz. Da
streckte er seine Hand aus und ergriff
sie, und sie ward zum Stab in seiner
Hand. 5 Und der HERR sprach:
Darum werden sie glauben, daß dir
erschienen ist Jahve, der Gott ihrer
Väter, der Gott Abrahams, der Gott
Isaaks, der Gott Jakobs. 6 Und der
HERR sprach weiter zu ihm: Stecke
deine Hand in den Bausch deines Ge-
wandes. Und er steckte sie hinein.
Und als er sie wieder herauszog,
siehe, da war sie aussätzig wie
Schnee. 7 Und er sprach: Tu sie wie-
der in den Bausch deines Gewandes.
Und er tat sie wieder hinein. Und als
er sie herauszog, siehe, da war sie
wieder wie sein anderes Fleisch.
8 Und der HERR sprach: Wenn sie dir
nun nicht glauben und nicht auf dich
hören werden bei dem einen Zei-
chen, so werden sie dir doch glauben
bei dem andern Zeichen. 9 Wenn sie
aber diesen zwei Zeichen nicht glau-
ben und nicht auf dich hören werden,
so nimm Wasser aus dem Nil und
gieß es auf das trockene Land; dann
wird das Wasser Blut werden.
10 Mose aber sprach zu dem HERRN:
Ach, mein Herr, ich bin von jeher
nicht beredt gewesen, auch jetzt
nicht, seitdem du mit deinem Knecht
redest; denn ich habe eine schwere
Zunge. 11 Der HERR sprach zu ihm:
Wer hat dem Menschen den Mund
geschaffen? Oder wer hat den Stum-
men oder Tauben oder Sehenden
oder Blinden gemacht? Habe ich's
nicht getan, der HERR? 12 So geh nun
hin: Ich will mit deinem Munde sein
und dich lehren, was du sagen sollst.

Rückkehr nach Ägypten

18 Mose ging hin und kam wieder zu
Jitro, seinem Schwiegervater, und
sprach zu ihm: Laß mich doch gehen,
daß ich wieder zu meinen Brüdern
komme, die in Ägypten sind, und
sehe, ob sie noch leben. Jitro sprach
zu ihm: Geh hin mit Frieden. 27 Und
der HERR sprach zu Aaron: Geh hin
Mose entgegen in die Wüste. Und er
ging hin und begegnete ihm am
Berge Gottes und küßte ihn. 28 Und
Mose tat Aaron kund alle Worte des
HERRN, der ihn gesandt hatte, und
alle Zeichen, die er ihm befohlen

hatte. 29 Und sie gingen hin und ver-
sammelten alle Ältesten der Israeli-
ten. 30 Und Aaron sagte alle Worte,
die der HERR mit Mose geredet hatte,
und Mose tat die Zeichen vor dem
Volk. 31 Und das Volk glaubte. Und
als sie hörten, daß der HERR sich der
Israeliten angenommen und ihr
Elend angesehen habe, neigten sie
sich und beteten an.

5 1 Danach gingen Mose und Aaron
hin und sprachen zum Pharao: So
spricht der HERR, der Gott Israels:

Laß mein Volk ziehen, daß es mir ein
Fest halte in der Wüste. 2 Der Pharao
antwortete: Wer ist der Jahve, daß ich
ihm gehorchen müsse und Israel zie-
hen lasse? Ich weiß nichts von dem,
will auch Israel nicht ziehen lassen.
Gehet hin an eure Dienste! 6 Darum
befahl der Pharao am selben Tage den
Vögten des Volks und ihren Aufse-
hern und sprach: 7 Ihr sollt dem Volk
nicht mehr Häcksel geben, daß sie
Ziegel machen, wie bisher; laßt sie
selbst hingehen und Stroh dafür zu-
sammenlesen. 8 Aber die Zahl der
Ziegel, die sie bisher gemacht haben,
sollt ihr ihnen gleichwohl auferlegen
und nichts davon ablassen, denn sie
gehen müßig; darum schreien sie und
sprechen: Wir wollen hinziehen und
unserm Gott opfern.

Moses erstes Wunder vor dem Pharao

7 1 Der HERR sprach zu Mose:
Siehe, ich habe dich zum Gott ge-
setzt für den Pharao, und Aaron, dein
Bruder, soll dein Phrophet sein. 2 Du
sollst alles reden, was ich dir gebieten

werde; aber Aaron, dein Bruder, soll es vor dem Pharao reden, damit er die Israeliten aus seinem Lande ziehen lasse. 3 Aber ich will das Herz des Pharao verhärten und viele Zeichen und Wunder tun in Ägyptenland. 4 Und der Pharao wird nicht auf euch hören. Dann werde ich meine Hand auf Ägypten legen und durch große Gerichte meine Heerscharen, mein Volk Israel, aus Ägyptenland führen. 5 Und die Ägypter sollen innewerden, daß ich der HERR bin, wenn ich meine Hand über Ägypten ausstrekken und die Israeliten aus ihrer Mitte wegführen werde. 7 Und Mose war achtzig Jahre und Aaron dreiundachtzig Jahre alt, als sie mit dem Pharao redeten. 8 Und der HERR sprach zu Mose und Aaron: 9 Wenn der Pharao zu euch sagen wird: Weist euch aus durch ein Wunder!, so sollst du zu Aaron sagen: Nimm deinen Stab und wirf ihn hin vor dem Pharao, daß er zur Schlange werde! 10 Da gingen Mose und Aaron hinein zum Pharao und taten, wie ihnen der HERR geboten hatte. Und Aaron warf seinen Stab hin vor dem Pharao und vor seinen Großen, und er ward zur Schlange. 11 Da ließ der Pharao die Weisen und Zauberer rufen, und die ägyptischen Zauberer taten ebenso mit ihren Künsten: 12 Ein jeder warf seinen Stab hin, da wurden Schlangen daraus. Aber Aarons Stab verschlang ihre Stäbe. 13 Aber das Herz des Pharao wurde verstockt.

Zehn Plagen läßt der Herr dann auf Ägypten fallen, von der Verwandlung von Wasser in Blut über Ungeziefer und Pest bis zum Tode aller Erstgeburt im Lande (2. Mo. 7–12). – Erst beim Tod des Kronprinzen befahl Pharao zu Aaron und Mose: »Ziehet hin in die Wüste und dienet eurem Jahve und bittet um Segen für mich« (Kap. 12, 31–32). – Vorher hatte Israel nach göttlicher Anweisung Passa gefeiert (Kap. 12, 11–20).

Passa

12 1 Der HERR aber sprach zu Mose und Aaron in Ägyptenland: 2 Dieser (Frühjahrs-)Monat soll bei euch der erste Monat sein, und von ihm an sollt ihr die Monate des Jahres zählen. 3 Sagt der ganzen Gemeinde Israel: Am zehnten Tage dieses Monats nehme jeder Hausvater ein Lamm, je ein Lamm für ein Haus. 4 Wenn aber in einem Hause für ein Lamm zu wenige sind, so nehme er's mit seinem Nachbarn, der seinem Hause am nächsten wohnt, bis es so viele sind, daß sie das Lamm aufessen können. 5 Ihr sollt aber ein solches Lamm nehmen, an dem kein Fehler

ist, ein männliches Tier, ein Jahr alt.
Von den Schafen und Ziegen sollt
ihr's nehmen 6 und sollt es verwahren
bis zum vierzehnten Tag des Monats.
Da soll es die ganze Gemeinde Israel
schlachten gegen Abend. 7 Und sie
sollen von seinem Blut nehmen und
beide Pfosten an der Tür und die
obere Schwelle damit bestreichen an
den Häusern, in denen sie's essen,
8 und sollen das Fleisch essen in der-
selben Nacht, am Feuer gebraten,
und ungesäuertes Brot dazu, und sol-
len es mit bitteren Kräutern essen.

9 Ihr sollt es weder roh essen noch mit
Wasser gekocht, sondern am Feuer
gebraten mit Kopf, Schenkeln und
inneren Teilen. 10 Und ihr sollt nichts
davon übriglassen bis zum Morgen;
wenn aber etwas übrigbleibt bis zum
Morgen, sollt ihr's mit Feuer ver-
brennen. 11 So sollt ihr's aber essen:
Um eure Lenden sollt ihr gegürtet
sein und eure Schuhe an euren Füßen
haben und den Stab in der Hand und
sollt es essen als die, die hinwegeilen;
es ist des HERRN Passa. 12 Denn ich
will in derselben Nacht durch Ägyp-
tenland gehen und alle Erstgeburt
schlagen in Ägyptenland unter
Mensch und Vieh. 15 Sieben Tage
sollt ihr ungesäuertes Brot essen.
Schon am ersten Tag sollt ihr den
Sauerteig aus euren Häusern tun.
Wer gesäuertes Brot ißt, vom ersten
Tag an bis zum siebenten, der soll
ausgerottet werden aus Israel. 16 Am
ersten Tag soll heilige Versammlung
sein, und am siebenten soll auch hei-
lige Versammlung sein. Keine Arbeit
sollt ihr dann tun; nur was jeder zur
Speise braucht, das allein dürft ihr
euch zubereiten.

Heiligung der Erstgeburt

13 1 Und der HERR redete mit
Mose und sprach: 2 Heilige mir
alle Erstgeburt bei den Israeliten; al-
les, was zuerst den Mutterschoß
durchbricht bei Mensch und Vieh,
das ist mein. 3 Da sprach Mose zum
Volk: Gedenket an diesen Tag, an
dem ihr aus Ägypten, aus der
Knechtschaft, gezogen seid, denn der
HERR hat euch mit mächtiger Hand
von dort herausgeführt; darum sollst
du nicht gesäuertes Brot essen.
4 Heute zieht ihr aus, im Monat Abib
(März – April). 15 Denn als der Pha-
rao hartnäckig war und uns nicht zie-
hen ließ, erschlug der HERR alle Erst-
geburt in Ägyptenland, von der Erst-
geburt des Menschen bis zur Erstge-
burt des Viehs. Darum opfere ich
dem HERRN alles Männliche, das zu-

erst den Mutterschoß durchbricht, aber die Erstgeburt meiner Söhne löse ich aus. [16] Und das soll dir wie ein Zeichen auf deiner Hand sein und wie ein Merkzeichen zwischen deinen Augen; denn der HERR hat uns mit mächtiger Hand aus Ägypten geführt.

Die Wolken- und Feuersäule

[17] Als nun der Pharao das Volk hatte ziehen lassen, führte sie Gott nicht den Weg durch das Land der Philister, der am nächsten war; denn Gott dachte, es könnte das Volk gereuen, wenn sie Kämpfe vor sich sähen, und sie könnten wieder nach Ägypten umkehren. [18] Darum ließ er das Volk einen Umweg machen und führte es durch die Wüste zum Schilfmeer. Und Israel zog wohlgeordnet aus Ägyptenland. [19] Und Mose nahm mit sich die Gebeine Josefs; denn dieser hatte den Söhnen Israels einen Eid abgenommen und gesprochen: Gott wird sich gewiß euer annehmen; dann führt meine Gebeine von hier mit euch fort. [20] So zogen sie aus von Sukkot und lagerten sich in Etam am Rande der Wüste. [21] Und der HERR zog vor ihnen her, am Tage in einer Wolkensäule, um sie den rechten Weg zu führen, und bei Nacht in einer Feuersäule, um ihnen zu leuchten, damit sie Tag und Nacht wandern konnten.

Israel zieht durchs Schilfmeer

14 [5] Als es dem König von Ägypten angesagt wurde, daß das Volk geflohen war, wurde sein Herz verwandelt und das Herz seiner Großen gegen das Volk, und sie sprachen: Warum haben wir das getan und haben Israel ziehen lassen, so daß sie uns nicht mehr dienen? [6] Und er spannte seinen Wagen an und nahm sein Volk mit sich [7] und nahm sechshundert auserlesene Wagen mit Kämpfern. [9] Und die Ägypter jagten

ihnen nach mit Rossen, Wagen und ihren Männern und mit dem ganzen Heer des Pharao und holten sie ein, als sie sich gelagert hatten am Meer bei Pi-Hahirot vor Baal-Zefon. [10] Und als der Pharao nahe herankam, hoben die Israeliten ihre Augen auf, fürchteten sich sehr und schrien zu dem HERRN [11] und sprachen zu Mose: Waren nicht Gräber in Ägypten, daß du uns wegführen mußtest, damit wir in der Wüste sterben? [13] Da sprach Mose zum Volk: [14] Der HERR wird für euch streiten, und ihr werdet stille sein. [19] Da erhob sich der

Engel Gottes, der vor dem Heer Isra-
els herzog, und stellte sich hinter sie.
Und die Wolkensäule vor ihnen er-
hob sich und trat hinter sie 20 und kam
zwischen das Heer der Ägypter und
das Heer Israels. Und dort war die
Wolke finster, und hier erleuchtete sie
die Nacht, und so kamen die Heere
die ganze Nacht einander nicht nä-
her. 21 Als nun Mose seine Hand über
das Meer reckte, ließ es der Herr zu-
rückweichen durch einen starken
Ostwind die ganze Nacht und
machte das Meer trocken, und die
Wasser teilten sich. 22 Und die Israeli-
ten gingen hinein mitten ins Meer auf
dem Trockenen, und das Wasser war
ihnen eine Mauer zur Rechten und
zur Linken. 23 Und die Ägypter folg-
ten und zogen hinein ihnen nach, alle
Rosse des Pharao, seine Wagen und
Männer, mitten ins Meer. 24 Als nun
die Zeit der Morgenwache kam,
schaute der Herr auf das Heer der
Ägypter aus der Feuersäule und der
Wolke und brachte einen Schrecken
über ihr Heer. 25 Da sprachen die
Ägypter: Laßt uns fliehen vor Israel;
der Herr streitet für sie wider Ägyp-
ten. 26 Aber der Herr sprach zu
Mose: Recke deine Hand aus über
das Meer, daß das Wasser wieder-
komme und herfalle über die Ägyp-
ter, über ihre Wagen und Männer.
27 Da reckte Mose seine Hand aus
über das Meer, und das Meer kam ge-
gen Morgen wieder in sein Bett, und
die Ägypter flohen ihm entgegen. So

stürzte der Herr sie mitten ins Meer.
28 Und das Wasser kam wieder und
bedeckte Wagen und Männer, das
ganze Heer des Pharao, das ihnen
nachgefolgt war ins Meer, so daß
nicht einer von ihnen übrigblieb.

15 Da sang Mose dieses Lied:
»Für Jahve singe ich,
denn er tat Herrliches.
Roß und Mann hat er ins Meer gestürzt!

Die Wagen Pharaos
warf er ins Wasser,
des Königs Garde
versenkte er im Schilf.

Der Sturm türmte die Flut,
aufbrach die Tiefe.
Der Feind gedachte:
Nachjagen werde ich.

Da kam ein anderer Wind,
das Meer bedeckte die Garde,
wie Blei versank sie.
– Jahve bleibt unser König ewiglich!«

Mirjam reigte mit den Frauen zu diesem Gesange und wiederholte:
»Herrlich handelt Jahve:
Roß und Mann hat er ins Meer gestürzt.«

Israel in Mara

[22] Mose ließ Israel ziehen vom Schilf-
meer hinaus zu der Wüste Schur.
Und sie wanderten drei Tage und
fanden kein Wasser. [23] Da kamen sie
nach Mara; aber sie konnten das Was-
ser von Mara nicht trinken, denn es
war bitter. Daher nannte man den
Ort Mara. [24] Da murrte das Volk wi-
der Mose und sprach: Was sollen wir
trinken? [25] Er schrie zu dem HERRN,
und der HERR zeigte ihm ein Holz;
das warf er ins Wasser, da wurde es
süß. Dort gab er ihnen Gesetz und
Recht und [26] sprach: Wirst du der
Stimme des HERRN, deines Gottes
gehorchen und tun, was recht ist vor
ihm, so will ich dir keine der Krank-
heiten auferlegen, die ich den Ägyp-
tern auferlegt habe; denn ich bin der
HERR, dein Arzt. [27] Und sie kamen
nach Elim; da waren zwölf Wasser-
quellen und ziebzig Palmen. Und sie
lagerten sich dort am Wasser.

Speisung mit Wachteln und Manna

16 [1] Von Elim zogen sie aus, und
die ganze Gemeinde der Israeli-
ten kam in die Wüste Sin, die zwi-
schen Elim und Sinai liegt, am fünf-
zehnten Tage des zweiten Monats,
nachdem sie von Ägypten ausgezo-
gen waren. [2] Und es murrte die ganze
Gemeinde wider Mose und Aaron in
der Wüste. [3] Und sie sprachen:
Wollte Gott, wir wären in Ägypten
gestorben durch des HERRN Hand, als
wir bei den Fleischtöpfen saßen und
hatten Brot die Fülle; aber ihr habt
uns herausgeführt in diese Wüste,
daß diese ganze Gemeinde an Hunger
sterbe. [4] Da sprach der HERR zu
Mose: Siehe, ich will euch Brot vom
Himmel regnen lassen, und das Volk
soll hinausgehen und täglich sam-
meln, was es für den Tag bedarf.
[5] Am sechsten Tage aber wird's dop-
pelt soviel sein, wie sonst. [6] Mose
und Aaron sprachen zu Israel: Am
Abend sollt ihr innewerden, daß
euch der HERR aus Ägyptenland ge-
führt hat. Gegen Abend sollt ihr
Fleisch zu essen haben und am Mor-
gen von Brot satt werden und sollt
innewerden, daß ich, der HERR, euer
Gott bin. [13] Und am Abend kamen
Wachteln herauf und bedeckten das
Lager. Und am Morgen lag Tau rings
um das Lager. [14] Und als der Tau weg
war, siehe, da lag's in der Wüste rund

und klein wie Reif auf der Erde.
15 Und als es die Israeliten sahen,
sprachen sie untereinander: Man hu?
(Was ist das?) Denn sie wußten nicht,
was es war. Mose aber sprach zu ih-
nen: Es ist das Brot, das euch der
HERR zu essen gegeben hat.

Sabbat

19 Und Mose sprach zu ihnen: Nie-
mand lasse etwas davon übrig bis
zum nächsten Morgen. 20 Aber sie
gehorchten Mose nicht. Und etliche
ließen davon übrig bis zum nächsten
Morgen; da wurde es voller Würmer
und stinkend. 21 Sie sammelten aber
alle Morgen, soviel ein jeder zum Es-
sen brauchte. Wenn aber die Sonne
heiß schien, zerschmolz es. 22 Und
am sechsten Tage sammelten sie dop-
pelt soviel Brot, je zwei Krüge voll
für einen. Und alle Vorsteher der Ge-
meinde kamen hin und verkünde-
ten's Mose. 23 Und er sprach zu ih-
nen: Das ist's, was der HERR gesagt
hat: Morgen ist Ruhetag, heiliger
Sabbat für den HERRN. Was ihr bak-
ken wollt, das backt, und was ihr ko-
chen wollt, das kocht; was aber übrig
ist, das legt beiseite, daß es aufgeho-
ben werde bis zum nächsten Mor-
gen. 24 Und sie legten's beiseite bis
zum nächsten Morgen, wie Mose ge-
boten hatte. Da wurde es nicht stin-
kend, und war auch kein Wurm
darin. 25 Da sprach Mose: Eßt dies
heute, denn heute ist der Sabbat des
HERRN; ihr werdet heute nichts fin-
den auf dem Felde. 26 Sechs Tage sollt
ihr sammeln; aber der siebente Tag
ist der Sabbat, an dem wird nichts da
sein. 33 Und Mose sprach zu Aaron:
Nimm ein Gefäß und tu Manna hin-
ein, den zehnten Teil eines Scheffels,
und stelle es hin vor den HERRN, daß
es aufbewahrt werde für eure Nach-
kommen. 35 Und die Israeliten aßen
Manna vierzig Jahre lang, bis sie in
bewohntes Land kamen; bis an die
Grenze des Landes Kanaan.

Massa und Meriba

17 1 Und die ganze Gemeinde der
Israeliten zog aus der Wüste
Sin weiter ihre Tagereisen, wie ihnen
der HERR befahl, und sie lagerten sich
in Refidim. Da hatte das Volk kein
Wasser zu trinken. 2 Und sie haderten
mit Mose. 4 Mose schrie zum HERRN.
5 Der HERR sprach zu ihm: Tritt hin
vor das Volk und nimm einige von
den Ältesten Israels mit dir und nimm
deinen Stab in deine Hand, mit dem
du den Nil schlugst, und geh hin.
6 Siehe, ich will dort vor dir stehen auf
dem Fels am Horeb. Da sollst du an
den Fels schlagen, so wird Wasser her-
auslaufen, daß das Volk trinke. Und
Mose tat so vor den Augen der Älte-
sten von Israel. 7 Da nannte er den Ort
Massa und Meriba, weil die Israeliten
dort gehadert und den HERRN ver-
sucht und gesagt hatten: Ist der HERR
unter uns oder nicht?

Sieg über Amalek

8 Da kam Amalek und kämpfte gegen Israel in Refidim. 9 Da sprach Mose zu Josua: Erwähle uns Männer, zieh aus und kämpfe gegen Amalek. Morgen will ich oben auf dem Hügel stehen mit dem Stab Gottes in meiner Hand. 10 Und Josua tat, wie Mose ihm sagte, und kämpfte gegen Amalek. Mose aber und Aaron und Hur gingen auf die Höhe des Hügels. 11 Und wenn Mose seine Hand emporhielt, siegte Israel; wenn er aber seine Hand sinken ließ, siegte Amalek. 12 Aber Mose wurden die Hände schwer; darum nahmen die beiden einen Stein und legten ihn hin, daß er sich daraufsetzte. Aaron aber und Hur stützten ihm die Hände, auf jeder Seite einer. So blieben seine Hände erhoben, bis die Sonne unterging. 13 Und Josua überwältigte Amalek und sein Volk durch des Schwertes Schärfe. 14 Und der HERR sprach zu Mose: Schreibe dies zum Gedächtnis in ein Buch und präge es Josua ein; denn ich will Amalek unter dem Himmel austilgen, daß man seiner nicht mehr gedenke. 15 Und Mose baute einen Altar und nannte ihn: Der HERR mein Feldzeichen. 16 Und er sprach: Die Hand an den Thron des HERRN! Der HERR führt Krieg gegen Amalek von Kind zu Kindeskind.

Jitros Besuch

18 1 Und Jitro, der Priester in Midian, Moses Schwiegervater, hörte alles, was Gott an Mose und seinem Volk Israel getan hatte, daß der HERR Israel aus Ägypten geführt hatte. 2 Da nahm er mit sich Zippora, die Frau des Mose, die er zurückgesandt hatte, 3 samt ihren beiden Söhnen; von denen hieß einer Gerschom, denn Mose sprach: Ich bin ein Gast geworden in fremdem Lande, 4 und der andere Eliëser, denn er sprach: Der Gott meines Vaters ist meine Hilfe gewesen und hat mich errettet vor dem Schwert des Pharao. 5 Als nun Jitro, Moses Schwiegervater, und seine Söhne und seine Frau zu ihm in die Wüste kamen, an den Berg Gottes, wo er sich gelagert hatte, 6 ließ er Mose sagen: Ich, Jitro, dein Schwiegervater, bin zu dir gekommen und deine Frau und ihre beiden Söhne mit ihr. 7 Da ging Mose hinaus ihm entgegen und neigte sich vor ihm und küßte ihn. Und als sie sich untereinander gegrüßt hatten, gingen sie in das Zelt. 8 Da erzählte Mose seinem Schwiegervater alles; 9 Jitro aber freute sich. 12 Und Jitro, Moses Schwiegervater, brachte Gott ein Brandopfer und Schlachtopfer dar. Da kamen Aaron und alle Ältesten von Israel, um mit Moses Schwiegervater das Mahl zu halten vor Gott.

Ankunft am Sinai

19 1 Am ersten Tag des dritten
Monats nach dem Auszug der
Israeliten aus Ägyptenland, genau
auf den Tag, kamen sie in die Wüste
Sinai 2 und lagerten sich dort in der
Wüste gegenüber dem Berge. 3 Und
Mose stieg hinauf zu Gott. Und der
HERR rief ihm vom Berge zu und
sprach: So sollst du sagen zu dem
Hause Jakob. 4 Ihr habt gesehen, was
ich mit den Ägyptern getan habe und
wie ich euch getragen habe auf Ad-
lerflügeln und euch zu mir gebracht.
5 Werdet ihr nun meiner Stimme ge-
horchen und meinen Bund halten, so
sollt ihr mein Eigentum sein vor allen
Völkern; denn die ganze Erde ist
mein. 6 Und ihr sollt mir ein König-
reich von Priestern und ein heiliges
Volk sein. 7 Mose kam und berief die
Ältesten des Volks und legte ihnen
alle diese Worte vor, die ihm der
HERR geboten hatte. 8 Und alles Volk
antwortete einmütig und sprach: Al-
les, was der HERR geredet hat, wollen
wir tun. 10 Und der HERR sprach zu
Mose: Geh hin zum Volk und heilige
sie heute und morgen, daß sie ihre
Kleider waschen 11 und bereit seien
für den dritten Tag; denn am dritten
Tage wird der HERR vor allem Volk
herabfahren auf den Berg Sinai. Sage
ihnen: Hütet euch, auf den Berg zu
steigen; denn wer den Berg anrührt,
der soll des Todes sterben. 16 Als nun
der dritte Tag kam und es Morgen
ward, da erhob sich ein Donnern und
Blitzen und eine dichte Wolke auf
dem Berge und der Ton einer sehr
starken Posaune. Das ganze Volk
aber, das im Lager war, erschrank.
17 Und Mose führte das Volk aus dem
Lager Gott entgegen, und es trat un-
ten an den Berg. 18 Der ganze Berg
Sinai aber rauchte, weil der HERR auf
den Berg herabfuhr im Feuer; und
der Rauch stieg auf wie der Rauch
von einem Schmelzofen, und der
ganze Berg bebte. 19 Und der Po-
saune Ton ward immer stärker. Und
Mose redete, und Gott antwortete
ihm laut.

Die Zehn Worte

20 1 Und Gott redete alle diese
Worte: 2 Ich bin der HERR, dein
Gott, der ich dich aus Ägyptenland,
aus der Knechtschaft, geführt habe.
3 Du sollst keine anderen Götter ha-
ben neben mir.
4 Du sollst dir kein Bildnis noch ir-
gendein Gleichnis machen, weder
von dem, was oben im Himmel,
noch von dem, was unten auf Erden,
noch von dem, was im Wasser unter
der Erde ist:
5 Bete sie nicht an und diene ihnen
nicht! Denn ich, der HERR, dein Gott,
bin ein eifernder Gott, der die Misse-
tat der Väter heimsucht bis ins dritte
und vierte Glied an den Kindern de-
rer, die mich hassen, 6 aber Barmher-

zigkeit erweist an vielen Tausenden,
die mich lieben und meine Gebote
halten.
7 Du sollst den Namen des HERRN,
deines Gottes, nicht mißbrauchen;
denn der HERR wird den nicht unge-
straft lassen, der seinen Namen miß-
braucht.
8 Gedenke des Sabbattages, daß du
ihn heiligest. 9 Sechs Tage sollst du
arbeiten und alle deine Werke tun.
10 Aber am siebenten Tage ist der
Sabbat des HERRN, deines Gottes. Da
sollst du keine Arbeit tun, auch nicht
dein Sohn, deine Tochter, dein
Knecht, deine Magd, dein Vieh, auch
nicht dein Fremdling, der in deiner
Stadt lebt.
11 Denn in sechs Tagen hat der HERR
Himmel und Erde gemacht und das
Meer und alles, was darinnen ist, und
ruhte am siebenten Tage. Darum
segnete der HERR den Sabbattag und
heiligte ihn.
12 Du sollst deinen Vater und deine
Mutter ehren, auf daß du lange lebest
in dem Lande, das dir der HERR, dein
Gott, geben wird.
13 Du sollst nicht töten.
14 Du sollst nicht ehebrechen.
15 Du sollst nicht stehlen.
16 Du sollst nicht falsch Zeugnis re-
den wider deinen Nächsten.
17 Du sollst nicht begehren deines
Nächsten Haus. Du sollst nicht be-
gehren deines Nächsten Weib,
Knecht, Magd, Rind, Esel noch alles,
was dein Nächster hat.
18 Und alles Volk wurde Zeuge von
dem Donner und Blitz und dem Ton
der Posaune und dem Rauchen des
Berges. Als sie aber solches sahen,
flohen sie und blieben in der Ferne
stehen 19 und sprachen zu Mose: Rede
du mit uns, wir wollen hören; aber
laß Gott nicht mit uns reden, wir
könnten sonst sterben. 20 Mose aber
sprach zum Volk: Fürchtet euch
nicht, denn Gott ist gekommen, euch
zu versuchen, damit ihr's vor Augen
habt, wie er zu fürchten sei, und ihr
nicht sündigt. 21 So stand das Volk
von ferne, aber Mose nahte sich dem
Dunkel, darinnen Gott war.

Gottesdienst

22 Und der HERR sprach zu ihm: So
sollst du den Israeliten sagen: Ihr habt
gesehen, daß ich mit euch vom Him-
mel geredet habe. 23 Darum sollt ihr
euch keine andern Götter neben mir
machen, weder silberne noch gol-
dene sollt ihr euch machen. 24 Einen
Altar von Erde mache mir, auf dem
du dein Brandopfer und Dankopfer,
deine Schafe und Rinder opferst. An
jenem Ort, wo ich meines Namens
gedenken lasse, da will ich zu dir
kommen und dich segnen. 25 Und
wenn du mir einen steinernen Altar
machen willst, sollst du ihn nicht von
behauenen Steinen bauen; denn
wenn du mit deinem Eisen darüber
kommst, so wirst du ihn entweihen.

26 Du sollst auch nicht auf Stufen zu meinem Altar hinaufsteigen, daß nicht deine Blöße aufgedeckt werde vor ihm.

Empfang der Tafeln

24 12 Und der HERR sprach zu Mose: Komm herauf zu mir auf den Berg und bleib daselbst, daß ich dir gebe die steinernen Tafeln; Gesetz und Gebot, die ich geschrieben habe, um sie zu unterweisen. 13 Da machte sich Mose auf mit seinem Diener Josua und stieg auf den Berg Gottes. 15 Als nun Mose auf den Berg kam, bedeckte die Wolke den Berg, 16 und die Herrlichkeit des HERRN ließ sich nieder auf dem Berg Sinai, und die Wolke bedeckte ihn sechs Tage; und am siebenten Tage erging der Ruf des HERRN an Mose aus der Wolke. 17 Und die Herrlichkeit des HERRN war anzusehen wie ein verzehrendes Feuer auf dem Gipfel des Berges vor den Israeliten. 18 Und Mose ging mitten in die Wolke hinein und stieg auf den Berg und blieb auf dem Berge vierzig Tage und vierzig Nächte.

25 8 Und sie sollen mir ein Heiligtum machen, daß ich unter ihnen wohne. 9 Genau nach dem Bild, das ich dir von der Wohnung und ihrem ganzen Gerät zeige, sollt ihr's machen.

Der goldene Stier

32 1 Als aber das Volk sah, daß Mose ausblieb und nicht wieder von dem Berge zurückkam, sammelte es sich gegen Aaron und sprach zu ihm: Auf, mach uns einen Gott, der vor uns hergehe! Denn wir wissen nicht, was diesem Mann Mose widerfahren ist, der uns aus Ägyptenland geführt hat. 2 Aaron sprach zu ihnen: Reißet ab die goldenen Ohrringe an den Ohren eurer Frauen, eurer Söhne und eurer Töchter und bringt sie zu mir. 3 Da riß alles Volk sich die goldenen Ohrringe von den Ohren und brachte sie zu Aaron. 4 Und er nahm sie von ihren Händen und bildete das Gold in einer Form und machte ein gegossenes Kalb.

Und sie sprachen: Das ist dein Gott, Israel, der dich aus Ägyptenland geführt hat! 5 Als das Aaron sah, baute er einen Altar vor ihm und ließ ausrufen und sprach: Morgen ist des HERRN Fest. 6 Und sie standen früh am Morgen auf und opferten Brandopfer und brachten dazu Dankopfer dar. Danach setzte sich das Volk, um zu essen und zu trinken, und sie standen auf, um ihre Lust zu treiben.

Moses Fürbitte

7 Der HERR sprach aber zu Mose:
Geh, steig hinab; denn dein Volk, das
du aus Ägyptenland geführt hast, hat
schändlich gehandelt. Sehe, daß es
ein halsstarriges Volk. 10 Und nun laß
mich, daß mein Zorn gegen sie ent-
brenne und sie vertilge: Dafür will
ich dich zum großen Volk machen.
11 Mose aber flehte vor dem HERRN,
seinem Gott, und sprach: Ach, HERR,
warum will dein Zorn entbrennen
über dein Volk, das du mit großer
Kraft und starker Hand aus Ägypten-
land geführt hast? 13 Gedenke an
deine Knechte Abraham, Isaak und
Israel, denen du bei dir selbst ge-
schworen und verheißen hast: Ich
will eure Nachkommen mehren wie
die Sterne am Himmel, und dies
ganze Land, das ich verheißen habe,
will ich euren Nachkommen geben,
und sie sollen es besitzen für ewig.
14 Da gereute den HERRN das Unheil,
das er seinem Volk zugedacht hatte.
19 Als Mose aber nahe zum Lager kam
und das Kalb und das Tanzen sah,
entbrannte sein Zorn, und er warf die
Tafeln aus der Hand und zerbrach sie
unten am Berge 20 und nahm das
Kalb, das sie gemacht hatten, und
ließ es im Feuer zerschmelzen und
zermalmte es zu Pulver und streute es
aufs Wasser und gab es den Israeliten
zu trinken.

Neue Tafeln

34 1 Und der HERR sprach zu
Mose: Haue dir zwei steinerne
Tafeln zu, wie die ersten waren, daß
ich die Worte darauf schreibe, die auf
den ersten Tafeln standen, welche du
zerbrochen hast. 2 Und sei morgen
bereit, daß du früh auf den Berg Sinai
steigest und dort zu mir tretest auf
dem Gipfel des Berges. 3 Und laß nie-
mand mit dir hinaufsteigen; es soll
auch niemand gesehen werden auf
dem ganzen Berge. Auch kein Schaf

und Rind laß weiden gegen diesen
Berg hin. 4 Und Mose hieb zwei stei-
nerne Tafeln zu, wie die ersten wa-

ren, und stand am Morgen früh auf und stieg auf den Berg Sinai, wie ihm der HERR geboten hatte, und nahm die zwei steinernen Tafeln in seine Hand. [5] Da kam der HERR hernieder in einer Wolke, und Mose trat daselbst zu ihm und rief den Namen des HERRN an. [6] Und der HERR ging vor seinem Angesicht vorüber, und er rief aus: HERR, HERR, Gott, barmherzig und gnädig und geduldig und von großer Gnade und Treue, [7] der da Tausenden Gnade bewahrt und vergibt Missetat, Übertretung und Sünde, aber ungestraft läßt er niemand, sondern sucht die Missetat der Väter heim an Kindern und Kindeskindern bis ins dritte und vierte Glied! [28] Und er war allda bei dem HERRN vierzig Tage und vierzig Nächte und aß kein Brot und trank kein Wasser. Und er schrieb auf die Tafeln die Worte des Bundes, die Zehn Worte. [29] Als nun Mose vom Berge Sinai herabstieg, hatte er die zwei Tafeln des Gesetzes in seiner Hand und wußte nicht, daß die Haut seines Angesichts glänzte, weil er mit Gott geredet hatte. [30] Als aber Aaron und ganz Israel sahen, daß die Haut seines Angesichts glänzte, fürchteten sie sich, ihm zu nahen. [33] Da legte er eine Decke auf sein Angesicht.

Die Stifthütte

40 [20] Und das Gesetz legte er in die Lade und tat die Stangen an die Lade und setzte den Gnadenthron oben auf die Lade [21] und brachte die Lade in die Wohnung und hängte den Vorhang auf und verhüllte so die Lade des Gesetzes, wie ihm der HERR geboten hatte, [22] und setzte den Tisch

in die Stiftshütte an die Seite der Wohnung nach Norden, außen vor dem Vorhang, [23] und legte die Schaubrote auf vor dem HERRN [24] und setzte den Leuchter hinein gegenüber dem Tisch an die Seite der Wohnung nach Süden [25] und setzte die Lampen auf vor dem HERRN. [26] Und er setzte

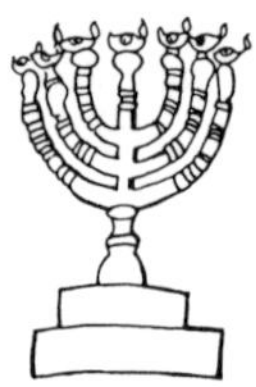

den goldenen Altar hinein vor den Vorhang [27] und räucherte darauf mit wohlriechendem Räucherwerk [28] und hängte die Decke in die Tür der Wohnung. [29] Und den Brandopferaltar setzte er vor die Tür der Wohnung der Stiftshütte und opferte darauf Brandopfer und Speiseopfer. 30 Und

das Becken setzte er zwischen die Stiftshütte und den Altar und tat Wasser hinein zum Waschen. 31 Und Mose, Aaron und seine Söhne wuschen ihre Hände und Füße darin. 32 Denn sie müssen sich waschen, wenn sie in die Stiftshütte gehen oder hinzutreten zum Altar, wie der HERR es Mose geboten hatte. 33 Und er richtete den Vorhof auf rings um Wohnung und Altar und hängte die Decke in das Tor des Vorhofs. Also vollendete Mose das ganze Werk. 34 Da bedeckte die Wolke die Stiftshütte, und die Herrlichkeit des HERRN erfüllte die Wohnung. 35 Und Mose konnte nicht in die Stiftshütte hineingehen, weil die Wolke darauf ruhte und die Herrlichkeit des HERRN die Wohnung erfüllte. 36 Und immer, wenn die Wolke sich erhob von der Wohnung, brachen die Israeliten auf, solange ihre Wanderung währte. 37 Wenn sich aber die Wolke nicht erhob, so zogen sie nicht weiter bis zu dem Tag, an dem sie sich erhob. 38 Denn die Wolke des HERRN war bei Tage über der Wohnung, und bei Nacht ward sie voll Feuers vor den Augen des ganzen Hauses Israel, solange die Wanderung währte.

Aufbruch vom Sinai

4. MOSE

10 11 Am zwanzigsten Tage im zweiten Monat des zweiten Jahres erhob sich die Wolke von der Wohnung des Gesetzes. 12 Und die Israeliten brachen auf aus der Wüste Sinai, und die Wolke machte halt in der Wüste Paran. 13 So brachen sie zum ersten Male auf nach dem Wort des HERRN durch Mose. 17 Dann zerlegte man die Wohnung, und es brachen auf die Söhne Gerschon und Merari und trugen die Wohnung.

Mirjam wird aussätzig

12 1 Da redeten Mirjam und Aaron gegen Mose um seiner Frau willen, der Kuschiterin, die er genommen hatte. Er hatte sich nämlich eine kuschitische Frau genommen. 2 Und sie sprachen: Redet denn der HERR allein durch Mose? Redet er nicht auch durch uns? Und der HERR hörte es. 3 Aber Mose war ein sehr demütiger Mensch, mehr als alle Menschen auf Erden. 4 Und sogleich sprach der HERR zu Mose und zu Aaron und zu Mirjam: Geht hinaus, ihr drei, zu der Stiftshütte! Und sie gin-

gen alle drei hinaus. 5 Da kam der
HERR hernieder in der Wolkensäule
und trat in die Tür der Stiftshütte und
rief Aaron und Mirjam, und die gin-
gen beide hin. 6 Und er sprach: Hört
meine Worte: Ist jemand unter euch
ein Prophet des HERRN, dem will ich
mich kundmachen in Gesichten oder
will mit ihm reden in Träumen.
7 Aber so steht es nicht mit meinem
Knecht Mose; ihm ist mein ganzes
Haus anvertraut. 8 Von Mund zu
Mund rede ich mit ihm, nicht durch
dunkle Worte oder Gleichnisse, und
er sieht den HERRN in seiner Gestalt.
Warum habt ihr euch denn nicht ge-
fürchtet, gegen meinen Knecht Mose
zu reden? 9 Und der Zorn des HERRN
entbrannte gegen sie, und er wandte
sich weg; 10 auch wich die Wolke von
der Stiftshütte. Und siehe, [a] da war
Mirjam aussätzig wie Schnee. Und
Aaron wandte sich zu Mirjam und
wird gewahr, daß sie aussätzig ist, *(a
5. Mose 24, 9)* 11 und sprach zu Mose:
Ach mein Herr, laß die Sünde nicht
auf uns bleiben, mit der wir töricht
getan und uns versündigt haben.
14 Der HERR sprach: Laß sie abgeson-
dert sein sieben Tage außerhalb des
Lagers; danach soll sie wieder aufge-
nommen werden. 15 So wurde Mir-
jam sieben Tage abgesondert außer-
halb des Lagers. Und das Volk zog
nicht weiter, bis Mirjam wieder auf-
genommen wurde. 16 Danach brach
das Volk von Hazerot auf und lagerte
sich in der Wüste Paran.

Kundschafter

13 1 Und der HERR redete mit
Mose und sprach: 2 Sende
Männer aus, die das Land Kanaan er-
kunden, das ich den Israeliten geben
will, aus jedem Stamm ihrer Väter je
einen Mann, lauter Älteste. 3 Da ent-
sandte Mose aus der Wüste Paran
nach dem Wort des HERRN lauter
Männer, die Häupter waren unter
den Israeliten, von jedem Stamme
zwei, 16 darunter Hoschea, Sohn
Nuns; den nannte Mose Josua. 17 Als
sie nun Mose aussandte, das Land
Kanaan zu erkunden, sprach er zu ih-
nen: Zieht da hinauf ins Südland und
geht auf das Gebirge 18 und seht euch
das Land an, wie es ist, und das Volk,
das darin wohnt, ob's stark oder
schwach, wenig oder viel ist; 19 und
was es für ein Land ist, darin sie woh-
nen, ob's gut oder schlecht ist; und
was es für Städte sind, in denen sie
wohnen, ob sie in Zeltdörfern oder

festen Städten wohnen; 20 und wie
der Boden ist, ob fett oder mager,
und ob Bäume da sind oder nicht.
Seid mutig und bringt mit von den
Früchten des Landes. Es war aber
eben um die Zeit der ersten Wein-

trauben. 22 Sie gingen hinauf ins Süd-
land und kamen bis nach Hebron; da
lebten Ahiman, Scheschai und Tal-
mai, die Söhne Anaks. Hebron aber
war erbaut worden sieben Jahre vor
Zoan in Ägypten. 23 Und sie kamen
bis an den Bach Eschkol und schnit-
ten dort eine Rebe ab mit einer Wein-
traube und trugen sie zu zweien auf
einer Stange, dazu auch Granatäpfel

und Feigen. 24 Der Ort heißt Bach
Eschkol nach der Traube, die die Is-
raeliten dort abgeschnitten hatten.
25 Und nach vierzig Tagen, als sie das
Land erkundet hatten, kehrten sie
um, 26 gingen hin und kamen zu
Mose und Aaron und zu der ganzen
Gemeinde der Israeliten in die Wüste
Paran nach Kadesch und brachten ih-
nen und der ganzen Gemeinde
Kunde, wie es stand, und ließen sie
die Früchte des Landes sehen. 27 Und
sie erzählten ihnen und sprachen: Wir
sind in das Land gekommen, in das
ihr uns sandtet; es fließt wirklich
Milch und Honig darin, und dies sind
seine Früchte. 28 Aber stark ist das
Volk, das darin wohnt, und die
Städte sind befestigt und sehr groß:
33 Wir sahen dort auch Riesen, Anaks
Söhne aus dem Geschlecht der Rie-
sen, und wir waren in unsern Augen
wie Heuschrecken und waren es auch
in ihren Augen.

14 1 Da fuhr die ganze Gemeinde
auf und schrie, und das Volk
weinte die ganze Nacht. 2 Und alle Is-
raeliten murrten gegen Mose und
Aaron, und die ganze Gemeinde
sprach zu ihnen: Ach daß wir in
Ägyptenland gestorben wären oder
noch in dieser Wüsten stürben! 6 Und
Josua, der Sohn Nuns, und Kaleb,
der Sohn Jefunnes, die auch das Land
erkundet hatten, zerrissen ihre Klei-
der 7 und sprachen zu der ganzen Ge-
meinde der Israeliten: Das Land, das
wir durchzogen haben, um es zu er-
kunden, ist sehr gut. 8 Wenn der
HERR uns gnädig ist, so wird er uns in
dies Land bringen und es uns geben,
ein Land, darin Milch und Honig
fließt. 20 Und der HERR sprach: Ich
habe vergeben, wie du es erbeten
hast. 21 Aber so wahr ich lebe und alle
Welt der Herrlichkeit des HERRN voll
werden soll: 22 alle die Männer, die
meine Herrlichkeit und meine Zei-
chen gesehen haben, die ich getan
habe in Ägypten und in der Wüste,
und mich nun zehnmal versucht und
meiner Stimme nicht gehorcht ha-
ben, 23 von denen soll keiner das Land
sehen, das ich ihren Vätern zu geben
geschworen habe; auch keiner soll es
sehen, der mich gelästert hat. 24 Nur
meinen Knecht Kaleb, weil ein ande-

rer Geist in ihm ist und er mir treu
nachgefolgt ist, den will ich in das
Land bringen, in das er gekommen
ist, und seine Nachkommen sollen es
einnehmen, 25 während die Amaleki-
ter und Kanaaniter in der Ebene
wohnen bleiben. Morgen wendet
euch und zieht in die Wüste auf dem
Wege zum Schilfmeer! 31 Eure Kin-
der aber, von denen ihr sagtet: Sie
werden ein Raub sein, die will ich
hineinbringen, daß sie das Land ken-
nenlernen, das ihr verwerft. 32 Aber
eure eigenen Leiber sollen in dieser
Wüste verfallen. 33 Und eure Kinder
sollen Hirten sein in der Wüste vier-
zig Jahre und eure Untreue tragen,
bis eure Leiber aufgerieben sind in
der Wüste. 34 Nach der Zahl der vier-
zig Tage, in denen ihr das Land er-
kundet habt – je ein Tag soll ein Jahr
gelten –, sollt ihr vierzig Jahre eure
Schuld tragen, auf daß ihr innewer-
det, was es sei, wenn ich die Hand ab-
ziehe. 35 Ich, der HERR, habe es ge-
sagt, und wahrlich, das will ich auch
tun.

Mirjam stirbt

20 1 Und die ganze Gemeinde der
Israeliten kam in die Wüste
Zin im ersten Monat, und das Volk
lagerte sich in Kadesch. Und Mirjam
starb dort und wurde dort begraben.

Haderwasser in der Wüste Zin

2 Und die Gemeinde hatte kein Was-
ser, und sie versammelten sich gegen
Mose und Aaron. 3 Und das Volk ha-
derte mit Mose und sprach: Ach daß
wir umgekommen wären, als unsere
Brüder umkamen vor dem HERRN!
4 Warum habt ihr die Gemeinde des
HERRN in diese Wüste gebracht, daß
wir hier sterben mit unserm Vieh?
5 Und warum habt ihr uns aus Ägyp-
ten geführt an diesen bösen Ort, wo
man nicht säen kann, wo weder Fei-
gen noch Weinstöcke noch Granat-
äpfel sind und auch kein Wasser zum
Trinken ist? 6 Da gingen Mose und
Aaron von der Gemeinde hinweg zur
Tür der Stiftshütte und fielen auf ihr
Angesicht, und die Herrlichkeit des
HERRN erschien ihnen. 7 Und der
HERR redete mit Mose und sprach:
8 Nimm den Stab und versammle die
Gemeinde, du und dein Bruder Aa-
ron, und redet zu dem Felsen vor ih-
ren Augen; der wird sein Wasser ge-
ben. So sollst du ihnen Wasser aus
dem Felsen hervorbringen und die
Gemeinde tränken und ihr Vieh
(durch das Wort). 9 Da nahm Mose
den Stab, der vor dem HERRN lag,
wie er ihm geboten hatte. 10 Und
Mose und Aaron versammelten die
Gemeinde vor dem Felsen, und er
sprach zu ihnen: Höret, ihr Unge-
horsamen, werden wir euch wohl
Wasser hervorbringen können aus
diesem Felsen? 11 Und Mose erhob

seine Hand und schlug den Felsen mit
dem Stab zweimal. Da kam viel Was-
ser heraus, so daß die Gemeinde trin-
ken konnte und ihr Vieh. 12 Der HERR
aber sprach zu Mose und Aaron: Weil
ihr nicht an mich geglaubt habt und
mich nicht geheiligt habt vor den Is-
raeliten, darum sollt ihr diese Ge-
meinde nicht ins Land bringen, das
ich ihnen geben werde. 13 Das ist das
Haderwasser, wo die Israeliten mit
dem HERRN haderten und er sich hei-
lig an ihnen erwies.

Aarons Tod

22 Und die Israeliten brachen auf von
Kadesch und kamen mit der ganzen
Gemeinde an den Berg Hor. 23 Und
der HERR redete mit Mose und Aaron
am Berge Hor an der Grenze des Lan-
des der Edomiter und sprach: 24 Aa-
ron soll versammelt werden zu sei-
nen Vätern; denn er soll nicht in das
Land kommen, das ich den Israeliten
gegeben habe, weil ihr meinem
Munde ungehorsam gewesen seid
beim Haderwasser. 25 Nimm aber
Aaron und seinen Sohn Eleasar und
führe sie auf den Berg Hor 26 und zieh
Aaron seine Kleider aus und zieh sie
seinem Sohn Eleasar an. Und Aaron
soll dort zu seinen Vätern versam-
melt werden und sterben. 27 Da tat
Mose, wie ihm der HERR geboten
hatte, und sie stiegen auf den Berg
Hor vor der ganzen Gemeinde.
28 Und Mose zog Aaron seine Kleider
aus und zog sie seinem Sohn Eleasar
an. Und Aaron starb dort oben auf
dem Berge. Mose aber und Eleasar
stiegen herab vom Berge. 29 Und als
die ganze Gemeinde sah, daß Aaron
tot war, beweinten sie ihn dreißig
Tage, das ganze Haus Israel.

Die eherne Schlange

21 4 Da brachen sie auf von dem
Berge Hor in Richtung auf das
Schilfmeer, um das Land der Edomi-
ter zu umgehen. Und das Volk
wurde verdrossen auf dem Wege
5 und redete wider Gott und wider
Mose: Warum hast du uns aus Ägyp-
ten geführt, daß wir sterben in der
Wüste? Denn es ist kein Brot noch
Wasser hier, und uns ekelt vor dieser
mageren Speise. 6 Da sandte der HERR
feurige Schlangen unter das Volk; die
bissen das Volk, daß viele aus Israel
starben. 7 Da kamen sie zu Mose und
sprachen: Wir haben gesündigt, daß
wir wider den HERRN und wider dich

geredet haben. Bitte den HERRN, daß er die Schlangen von uns nehme. Und Mose bat für das Volk. [8] Da sprach der HERR zu Mose: Mache dir eine eherne Schlange und richte sie an einer Stange hoch auf. Wer gebissen ist und sieht sie an, der soll leben. [9] Da machte Mose eine eherne Schlange und richtete sie hoch auf. Und wenn jemanden eine Schlange biß, so sah er die eherne Schlange an und blieb leben.

Josua wird Nachfolger

27 [12] Und der HERR sprach zu Mose: Steig auf dies Gebirge Abarim und besiehe das Land, das ich den Kindern Israel geben werde. [13] Und wenn du es gesehen hast, sollst du dich sammeln zu deinem Volk, wie dein Bruder Aaron versammelt ist, [14] dieweil ihr meinem Wort ungehorsam gewesen seid in der Wüste Zin bei dem Hader der Gemeinde, da ihr mich heiligen solltet durch das Wasser vor ihnen. Das ist das Haderwasser zu Kadesch in der Wüste Zin. [15] Und Mose redete mit dem HERRN und sprach: [16] Der HERR, der Gott der Geister alles Fleisches, wolle einen Mann setzen über die Gemeinde, [17] der vor ihnen her aus- und eingehe und sie aus- und einführe, daß die Gemeinde des HERRN nicht sei wie die Schafe ohne Hirten. [18] Und der HERR sprach zu Mose: Nimm Josua zu dir, den Sohn Nuns, einen Mann, in dem der Geist ist, und lege deine Hände auf ihn [19] und stelle ihn vor den Priester Eleasar und vor die ganze Gemeinde und gebiete ihm vor ihren Augen, [20] und lege von deiner Herrlichkeit auf ihn, daß ihm gehorche die ganze Gemeinde der Kinder Israel. [21] Und er soll treten vor den Priester Eleasar, der soll für ihn ratfragen durch die Weise des Lichts vor dem HERRN. Nach desselben Mund sollen aus- und einziehen er und alle Kinder Israel mit ihm und die ganze Gemeinde. [22] Mose tat, wie ihm der HERR geboten hatte, und nahm Josua und stellte ihn vor den Priester Eleasar und vor die ganze Gemeinde [23] und legte seine Hand auf ihn und gebot ihm, wie der HERR mit Mose geredet hatte.

Mose stirbt auf Berg Nebo

5. MOSE

34 [1] Und Mose stieg aus dem Jordantal der Moabiter auf den Berg Nebo, den Gipfel des Gebirges Pisga, gegenüber Jericho. Und der HERR zeigte ihm das ganze Land: Gilead bis nach Dan [2] und das ganze Naftali und das ganze Land Ephraim und Manasse und das ganze Land Juda bis an das Meer im Westen [3] und das Südland und die Gegend am Jordan, die Ebene von Jericho, der

Palmenstadt, bis nach Zoar. [4] Und der HERR sprach zu ihm: Dies ist das Land, von dem ich Abraham, Isaak und Jakob geschworen habe: Ich will es deinen Nachkommen geben. – Du hast es mit deinen Augen gesehen, aber du sollst nicht hinübergehen.
[5] So starb Mose, der Knecht des HERRN, daselbst im Lande Moab nach dem Wort des HERRN. [6] Und er begrub ihn im Tal, im Lande Moab gegenüber Bet-Peor. Und niemand hat sein Grab erfahren bis auf den heutigen Tag. [7] Und Mose war hundertundzwanzig Jahre alt, als er starb. Seine Augen waren nicht schwach geworden, und seine Kraft war nicht verfallen. [8] Und Israel beweinte Mose im Jordantal der Moabiter dreißig Tage.

Jesus verwirklicht alle wichtigen Stationen des Mose-Lebens bei sich selbst: 1. Der Kindermord durch den Pharao erneut sich durch Herodes; 2. die Bilder vom wandernden Volk Israel übertragen sich auf Jesu Person unter dem Prophetenwort: »Aus Ägypten habe ich (Jahve) meinen Sohn gerufen« (Hosea 11, 11 = Matth. 2, 15). Des Volkes Abschiedskult in Ägypten, Passa, macht Jesus zu seinem Abschied im letzten Abendmahl, womit er zugleich den Keim zum christlichen Hauptgottesdienst, zur Messe, legt. Israels Zug durch das Schilfmeer ähnelt Jesu Taufe im Jordan. Gottes Offenbarung im brennenden Dornbusch als der »ejéh aschér ejéh«: »ich bin, der ich bin«, entfaltet sich gemäß Johannes 4–15 zu sieben Ich-bin-Worten Christi.

Die Zehn Worte vom Sinai werden in Jesu Mund zur Bergpredigt (Matth. 5–7). Die ersten vier ersetzt er hier durch eine Himmelsleiter von neun Seligpreisungen, die neun Hierarchien von den Seraphim bis herab zu den Engeln entsprechen. Die zweite Tafel beginnt er schon mit dem fünften Gebot und folgt ihr bis zum zehnten, das beweglichen Besitz sichert; es geht vom Leben zur Ehe, Freiheit, Rechtsprechung und zum Eigentum. Dem modernen Irrtum, im siebten Gebot statt auf Menschenraub schon auf Ding-Eigentum zu schauen, folgt Jesus nicht. Auch Mose kommt nach den Zehn Worten in 2. Mo. 21 sofort auf die Beschränkung der Sklaverei zurück. Die Lüge im achten Gebot; Zeugnis vor Gericht, würde heute einer verfeinerten Behandlung bedürfen; wir sind da negativ weiterentwickelt.

Die eherne Schlange, von Mose gegen Ende seines Wirkens aufgerichtet (4. Mo. 21, 5), wird in Jesu Rede (Joh. 3, 14) zum Vorausbild seines Kreuzes. Die Feuersäule und den wasserspendenden Fels reißt schon Mose vom Orte ihres Ursprungs ab; die Säule erscheint bereits am Schilfmeer. Das treibt Paulus weiter, indem nach ihm der wasserspendende Fels als Bild des himmlischen Christus die ganze vierzigjährige Wüstenwanderung begleitete (1. Kor. 10, 4).

Die Zehn Worte von 2. Mo. 20 werden mehrfach wiederholt und jeweils etwas verschieden begründet; erste Erweiterungen bringt das »Bundesbuch« (2. Mo. 21–24). Im ganzen werden es 614 Gebote. Auf die Zehn Worte folgt die Schau des Urbildes der Stiftshütte oder des Tempels (Kap. 25–31), dann der Tanz um den goldenen Stier (Kap. 32) und endlich der »kultische Dekalog« mit vier großen Jahresfesten (Kap. 34).

Jesus übernahm auch die spätere Zusammenfassungen der Zehn Worte, für die erste Tafel die Formel, welche schon der ältere Hillel († 10 nach Chr.) zum allgemeinen Bekenntnis der Juden machte: »Śemá Jisraél: Jahvé ..., Höre Israel, Jahve ist unser Gott, Jahve ist einer. Du sollst Jahve, deinen Gott, lieben von ganzem Herzen, von ganzer Seele und aus allen deinen Kräften« (5. Mo. 6, 4); und für die zweite Tafel: »Du sollst deinen Nächsten lieben wie dich selbst« (3. Mo. 19, 18).

Die Bergpredigt allein würde Jesus zum Zweiten Mose machen gemäß dessen Wort an Israel: »Einen Propheten wie mich wird Jahve, dein Gott, dir erwecken aus dir und deinen Brüdern. Dem sollt ihr gehorchen« (5. Mo. 18, 15). – R. Otto in »Reich Gottes und Menschensohn«, 1933, entnahm dem Buche »Henoch«, daß zu Jesus Zeit eine einflußreiche Gruppe (wohl Essener) mit Hesekiel statt eines Zweiten Mose den Zweiten Adam als »Menschensohn« erwartete. Diesen neuen Titel zog Jesus an sich; das war nach der Bergpredigt erstaunlich.

Das Apostelkonzil in Jerusalem (Acta 15) unter Jakobus, »dem Gerechten«, dem Bruder des Herrn, beschloß im Jahre 50: Christen aus Israel sollen weiter an den Bund Gottes vom Sinai gebunden sein (2. Mo. 19). Dazu zählte man auch dessen Erneuerungen durch Josua

(24. 25) und Josia (2. Könige 23, 3) nebst Abrahams älterem Bunde im Zeichen der Beschneidung (1. Mo. 15, 18; 17, 10) und einer bundähnlichen Weisung an Noah (1. Mo. 9, 13) sowie einer solchen an Adam (1. Mo. 1, 1, 29), zu dessen Speise allein Kraut und Frucht bestimmt waren. Jakobus bezog selbstverständlich auch die Weissagung des Propheten Jeremia beim Untergang Jerusalems im Jahre 587 v. Chr. ein, die den Namen Neues Testament – beríth chadaschah – prägte: »Es kommt die Zeit, da ich (Jahve) mit dem Hause Israel und dem Hause Juda einen NEUEN BUND schließe. Der wird nicht so wie der mit den Vätern (am Sinai) sein; denn dann werde ich mein Gesetz (statt auf Tafeln) in der Menschen Herzen schreiben, daß sie alle selbst mich erkennen, große und kleine« (Jeremia 31, 31 f.). Christen »aus den (anderen) Völkern« sollten sich nur Noahs Bunde (1. Mo. 9, 12) mit Einehe, bildlosem Eingottglauben und der Meidung von Blut und Ersticktem (nicht ausgeblutetem Fleisch) unterwerfen. Die Speise-Pflicht ist anfangs bei Heidenchristen beachtet worden.
Den Schlangenmythos mit der Austreibung aus dem Paradies beachtete die ganze Christenheit, was Juden nie streng taten. Adams Ungehorsam im Pradies wird an keiner anderen Stelle des Alten Testamentes erwähnt! Nur außerkanonisch, beim späten »Jesus Sirach« 25, 31 (123 v. Chr.), heißt es: »Die Sünde kommt von einem Weibe«. Und die ebenso späte »Weisheit Salomos« sagt: »Durch den Neid Satans ist der Tod in die Welt gekommen«, wobei Satan die Schlange in Genesis 3, 1 meint. Statt Jesus von Nazareth als Neuen Moses, wozu die Bergpredigt ihn hätte machen können, erlebte die Christenheit ihn als Neuen Adam oder »Menschensohn«! Der menschheitsbezogene Schlangenmythos erwies sich als stärker denn der Bund Mosis.

DAVID

Die Bücher Josua, Richter und Samuel

Von dem Nationalhelden Josua mit der hohen Tugend Tatkraft erhielt Christus seinen irdischen Namen in griechischer Form: Jesus. Aber die Besetzung des Heiligen Landes im 13. Jahrhundert, wovon das Buch dieses Namens erzählt, und die jeweils entstehenden schollenförmigen Staaten, von denen die Bücher »Richter« und »1. Samuel« berichten, kommen wohl in Pauli Reden und Briefen, aber nicht im Munde Jesu vor. – David (»Liebling« Gottes) wird von Jesus als sein Ahnherr anerkannt. Seine Stammbäume bei Matthäus und Lukas sind sich in dieser Abkunft einig, und die Anrede »Sohn Davids« nahm Jesus als Höflichkeit des Sprechers entgegen. Nur den Anspruch politischer Nachfolge, auf den hin der Hohe Priester ihn am Ende anklagte, lehnte er ab; er wandelte den Titel ganz ins Geistige, wie sein Wort vor Pilatus zeigt: »Du sagst es, ich bin ein König. Ich bin dazu geboren und in die Welt gekommen, daß ich für die Wahrheit zeugen soll. Wer aus der Wahrheit ist, der höret meine Stimme«. Antwort: »Was ist Wahrheit?« (Joh. 18, 37–38). Daß der Königsanspruch sich in der Gemeinde durchsetzte: Messias, Christus, der Gesalbte, ist gegenüber der im Leben durchgängigen Selbstbezeichnung Jesu als »Menschensohn« erstaunlich.

Das erste Buch Samuel berichtet vorzüglich von dem Seher dieses Namens, der Israel im 11. Jahrhundert v. Chr. gut und glücklich geführt hat. Zwei Könige hat er diesem Volke bestimmt und gesalbt: Saul und David. Aus der Geschichte ist Samuel nicht wegzudenken; in der Rede Jesu aber kommt er nicht vor.

David

Mose bekannte vor dem Pharao als ein Gotteswort: »Israel ist mein erstgeborener Sohn« (2. Mo. 5,22), was damals hieß: Hier bildet sich zwischen den großen Nationen ein kleines Volk, auf das es künftig ankommt. Diese Auszeichnung zieht (dreihundert Jahre später) Samuel über dem Haupt eines jungen Oberhirten von Schafen in Bethlehem mit Namen David zusammen (1. Sam. 16), ihn gleichzeitig mit Öl zum künftigen König salbend. Das war eine Ermutigung; aber jeden Schritt zur Krone mußte David sich erstreiten. Er machte Jerusalem zur Hauptstadt Israels (2. Sam. 5) und dann auch zu dessen einem Kultort (2. Sam. 6). Beides hob er nicht auf, als er vor Absalom floh (2. Sam. 15). Dem alten König erweiterte sein Hausprophet Nathan die Verheißung auf einen königlichen Nachkommen (2. Sam. 7) als auf einen vollkommenen König, »den Gesalbten: meschíah«.
Jesus erkannte alle diese Bestimmungen innerlich an und ertrug sie, auch als sie sich zur Ursache seines Todes wandelten.

David wird zum König gesalbt

1. BUCH SAMUEL

16 1 Und der HERR sprach zu Samuel: Wie lange trägst du Leid
um Saul, den ich verworfen habe,
daß er nicht mehr König sei über Israel? Fülle dein Horn mit Öl und geh
hin: ich will dich senden zu dem
Bethlehemiter Isai; denn unter seinen
Söhnen hab ich mir einen zum König
ersehen. 2 Samuel aber sprach: Wie
kann ich hingehen? Saul wird's erfahren und mich töten. Der HERR
sprach: Nimm eine junge Kuh mit
dir und sprich: Ich bin gekommen,
dem HERRN zu opfern. 3 Und du
sollst Isai zum Opfer laden. Da will
ich dich wissen lassen, was du tun
sollst, daß du mir den salbest, den ich
dir nennen werde. 4 Samuel tat, wie
ihm der HERR gesagt hatte, und kam
nach Bethlehem. Da entsetzten sich

die Ältesten der Stadt und gingen
ihm entgegen und sprachen: Bedeutet dein Kommen Heil? 5 Er sprach:
Ja, es bedeutet Heil! Ich bin gekom-

men, dem HERRN zu opfern; heiligt euch und kommt mit mir zum Opfer. Und er heiligte den Isai und seine Söhne und lud sie zum Opfer. [6]Als sie nun kamen, sah er den Eliab an und dachte: Fürwahr, da steht vor dem HERRN sein Gesalbter. [7]Aber der HERR sprach zu Samuel: Sieh nicht an sein Aussehen und seinen hohen Wuchs; ich habe ihn verworfen. Ein Mensch sieht, was vor Augen ist; der HERR aber sieht das Herz. [8]Da rief Isai den Abinadab und ließ ihn an Samuel vorübergehen. Und er sprach:

Auch diesen hat der HERR nicht erwählt. [9]Da ließ Isai vorübergehen Schamma. Er aber sprach: Auch diesen hat der HERR nicht erwählt. [10]So ließ Isai seine sieben Söhne an Samuel vorübergehen; aber Samuel sprach zu Isai: Der HERR hat keinen von ihnen erwählt. [11]Und Samuel sprach zu Isai: Sind das die Knaben alle? Er aber sprach: Es ist noch übrig der jüngste; er hütet die Schafe. Da sprach Samuel zu Isai: laß ihn holen; denn wir werden uns nicht setzen, bis er hierherkommt. [12]Da sandte er hin und ließ ihn holen. Und er war bräunlich, mit schönen Augen und von guter Gestalt. Und der HERR sprach: Auf, salbe ihn, denn der ist's. [13]Da nahm Samuel sein Ölhorn und salbte ihn mitten unter seinen Brüdern. Und der Geist des HERRN geriet über David von dem Tag an. Samuel aber ging zurück nach Rama.

David kommt an Sauls Hof

[14]Der Geist des HERRN aber wich von Saul, und ein böser Geist ängstigte ihn. [15]Da sprachen die Großen Sauls zu ihm: Siehe, ein böser Geist ängstigt dich. [16]Unser Herr befehle seinen Knechten, daß sie einen Mann suchen, der auf der Harfe gut spielen kann, damit er spiele, wenn der böse Geist über dich kommt, und es besser mit dir werde. [17]Da sprach Saul zu seinen Leuten: Seht euch um nach einem Mann, der des Saitenspiels kundig ist, und bringt ihn zu mir. [18]Da antwortete einer der jungen Männer und sprach: Ich habe gesehen einen Sohn Isais, des Bethlehemiters, der ist des Saitenspiels kundig, ein tapferer Mann und tüchtig zum Kampf, verständig in seinen Reden und schön gestaltet, und der HERR ist mit ihm. [19]Da sandte Saul Boten zu Isai und ließ ihm sagen: Sende zu mir deinen Sohn David, der bei den Schafen ist. [20]Da nahm Isai einen Esel und Brot und einen Schlauch Wein und ein Ziegenböcklein und sandte es Saul durch seinen Sohn David. [21]So kam David zu Saul und diente vor ihm. Und Saul gewann ihn lieb, und

er wurde sein Waffenträger. 22 Und
Saul sandte zu Isai und ließ ihm sa-
gen: Laß David mir dienen, denn er
hat Gnade gefunden vor meinen Au-
gen. 23 Sooft nun der böse Geist über
Saul kam, nahm David die Harfe und
spielte. So wurde es Saul leichter,
und der böse Geist wich von ihm.

David und Goliat

17 1 Die Philister sammelten ihre
Heere zum Kampf und kamen
zusammen bei Socho in Juda und la-
gerten sich zwischen Socho und
Aseka bei Efes-Dammim. 2 Und Saul
und die Männer Israels kamen zu-
sammen und lagerten sich im Eich-
grund und rüsteten sich zum Kampf
gegen die Philister. 3 Und die Phili-
ster standen auf einem Berge jenseits
und die Israeliten auf einem Berge
diesseits, so daß das Tal zwischen ih-
nen war. 4 Da trat aus den Reihen der
Philister ein »Riese« *als Vorkämpfer*
heraus mit Namen Goliat aus Gat.
5 Der hatte einen ehernen Helm auf
seinem Haupt und einen Schuppen-

panzer an, und das Gewicht seines
Panzers war fünftausend Lot Erz,
6 und hatte eherne Schienen an seinen
Beinen und einen ehernen Wurfspieß
auf seiner Schulter. 7 Und der Schaft
seines Spießes war wie ein Weber-
baum, und die eiserne Spitze seines
Spießes wog sechshundert Lot, und
sein Schildträger ging vor ihm her.
8 Und er stellte sich hin und rief dem
Herr Israels zu: Erwählt einen unter
euch, der zu mir herabkommen soll.
9 Erschlägt er mich, so wollen wir
eure Knechte sein; erschlage ich ihn,
so sollt ihr unsere Knechte sein und
uns dienen. 11 Als Saul und ganz Israel
diese Rede des Philisters hörten, ent-
setzten sie sich und fürchteten sich
sehr. 15 Und David ging ab und zu
von Saul hinweg nach Bethlehem,
um die Schafe seines Vaters zu hüten.
16 Aber der Philister kam heraus früh-
morgens und abends und stellte sich
hin, vierzig Tage lang. 17 Isai aber
sprach zu seinem Sohn David:
Nimm für deine Brüder diesen
Scheffel geröstete Körner und diese
zehn Brote und bringe sie ins Lager;
18 und diese zehn frischen Käse bringe
dem Hauptmann und sieh nach dei-
nen Brüdern, ob's ihnen gut geht,

und bringe auch ein Unterpfand von
ihnen mit. 19 Saul und sie und alle
Männer Israels sind im Eichgrund
und kämpfen gegen die Philister.
20 Da machte sich David früh am
Morgen auf und kam zum Lager.
23 Da kam der Riese mit Namen Go-
liat, der Philister von Gat, und redete
dieselben Worte, und David hörte es.
24 Und wer von Israel den Mann sah,
fürchtete sich sehr. 26 Da sprach Da-
vid zu den Männern, die bei ihm
standen: Was wird man dem geben,
der diesen Philister erschlägt? Und
40 David nahm seinen Stab und
wählte fünf glatte Steine aus dem
Bach und tat sie in die Hirtentasche,
nahm die Schleuder und ging dem
Philister entgegen. 41 Der Philister
aber kam immer näher an David
heran, und sein Schildträger ging vor
ihm her. 42 Als er David anschaute,
verachtete er ihn; denn der war noch
jung, und er war bräunlich und
schön. 43 Und der Philister sprach:
Bin ich denn ein Hund, daß du mit
Stecken zu mir kommst? Und er
fluchte David bei seinem Gotte.
49 David nahm einen Stein, schleu-
derte und traf den Philister an die
Stirn, daß der Stein in seine Stirn fuhr
und er zur Erde fiel. 50 So überwand
David den Philister mit Schleuder
und Stein und tötete ihn.

Das Siegeslied

18 6 Es begab sich aber, als David
zurückkam vom Sieg über die
Philister, daß die Frauen aus allen
Städten Israels herausgingen mit Ge-
sang und Reigen dem König Saul
entgegen unter Jauchzen, mit Pauken
und mit Zimbeln. 7 Und die Frauen
sangen im Reigen und sprachen: Saul
hat tausend erschlagen, aber David
zehntausend. 8 Da ergrimmte Saul,
das Wort mißfiel ihm, und er sprach:
Sie haben David zehntausend gege-
ben und mir tausend; ihm wird noch
das Königtum zufallen. 9 Und Saul
sah David scheel an von dem Tage an
und hinfort. 10 Am andern Tage kam
der böse Geist von Gott über Saul,
und er geriet in Raserei in seinem
Hause; David aber spielte auf den
Saiten mit seiner Hand, wie er täglich
zu tun pflegte. Und Saul hatte einen
Spieß in der Hand 11 und zückte den

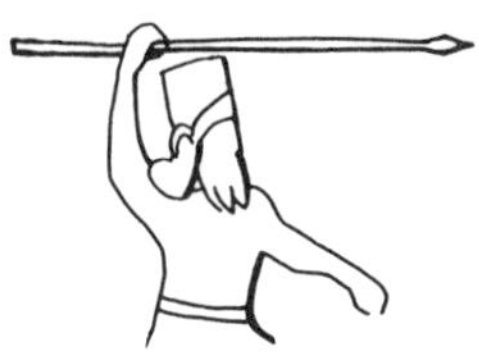

Spieß und dachte: Ich will David an
die Wand spießen. David aber wich
ihm zweimal aus. 12 Und Saul fürch-
tete sich vor David; denn der HERR
war mit ihm, aber von Saul war er
gewichen. 13 Da entfernte ihn Saul
aus seiner Nähe und setzte ihn zum
Obersten über tausend Mann. Und

David zog aus und ein vor dem Kriegsvolk 14 und richtete all sein Tun recht aus, und der HERR war mit ihm. 15 Als nun Saul sah, daß David alles so gut gelang, graute es ihm vor David. 16 Aber ganz Israel und Juda hatte David lieb, denn er zog aus und ein vor ihnen her.

David gewinnt Sauls Tochter zur Frau

17 Und Saul sprach zu David: Siehe, meine älteste Tochter Merab will ich dir zur Frau geben; sei nur ein tapferer Mann und führe des HERRN Kriege. Denn Saul dachte: Meine Hand soll nicht gegen ihn sein, sondern die Hand der Philister. 18 David aber antwortete Saul: Wer bin ich? Und was ist meine Sippe, das Geschlecht meines Vaters, in Israel, daß ich des Königs Schwiegersohn werden soll? 19 Als aber die Zeit kam, daß Merab, die Tochter Sauls, David gegeben werden sollte, wurde sie dem Adriël von Mehola zur Frau gegeben. 20 Aber Michal, Sauls Tochter, hatte David lieb. Als das Saul angesagt wurde, war es ihm recht. 21 Und Saul sagte sich: Ich will sie ihm geben, damit sie ihm zum Fallstrick wird und die Hände der Philister gegen ihn sind. Und Saul sprach zu David: Heute in zwei Jahren kannst du mein Schwiegersohn werden. 22 Und die Zeit war noch nicht um, da machte sich David auf und zog hin mit seinen Männern und erschlug unter den Philistern zweihundert Mann. Und David brachte ihre Vorhäute dem König in voller Zahl, um des Königs Schwiegersohn zu werden. Da gab ihm Saul seine Tochter Michal zur Frau. 23 Als aber Saul sah und merkte, daß der HERR mit David war und daß seine Tochter Michal ihn liebhatte, 24 da fürchtete sich Saul noch mehr vor David und wurde sein Feind sein Leben lang.

David flieht zu Samuel

19 18 David aber floh und konnte entrinnen und kam zu Samuel nach Rama und sagte ihm alles, was ihm Saul angetan hatte. Und er ging mit Samuel, und sie blieben zu Najot. 19 Und es wurde Saul angesagt: Siehe, David ist zu Najot in Rama. 20 Da sandte Saul Boten, um David zu holen. Und sie sahen die Schar der Propheten in Verzückung und Samuel an ihrer Spitze. Da kam der Geist Gottes auf die Boten Sauls, so daß auch sie in Verzückung gerieten. 21 Als das Saul angesagt wurde, sandte er andere Boten; die gerieten auch in Verzückung. Da sandte er die dritten Boten; die gerieten auch in Verzückung. 22 Da ging er selbst nach Rama. Und als er zum großen Brunnen kam, der in Sechu ist, fragte er: Wo sind Samuel und David? Da wurde ihm gesagt: Siehe, zu Najot in

Rama. 23 Und er machte sich von
dort auf nach Najot in Rama. Und
der Geist Gottes kam auch über ihn,
und er ging einher in Verzückung,
bis er nach Najot in Rama kam. 24 Da
zog auch er seine Kleider aus und war
in Verzückung vor Samuel und fiel
hin und lag nackt den ganzen Tag
und die Nacht. Daher sagt man: Ist
Saul auch unter den Propheten?

David wird Führer einer Streifschar

22 1 David ging von da hinweg
und rettete sich in die Höhle
Adullam. Als das seine Brüder hör-
ten und das ganze Haus seines Vaters,
kamen sie zu ihm dahin. 2 Und es
sammelten sich bei ihm allerlei Män-
ner, die in Not und Schulden und
verbitterten Herzen waren, und er
wurde ihr Oberster; und es waren bei
ihm etwa vierhundert Mann. 3 Und
David ging von da nach Mizpe ins
Land der Moabiter und sprach zum
König von Moab: Laß meinen Vater
und meine Mutter bei euch bleiben,
bis ich erfahre, was Gott mit mir tun
wird. 4 Und er brachte sie vor den
König von Moab, und sie blieben bei
ihm, solange David auf der Bergfeste
war. 5 Aber der Prophet Gad sprach
zu David: Bleib nicht auf der Bergfe-
ste, sondern geh hin ins Land Juda.
Da ging David weg und kam nach
Jaar-Heret.

David bei den Philistern

27 1 David aber dachte in seinem
Herzen: Ich werde doch eines
Tages Saul in die Hände fallen; es gibt
nichts besseres für mich, als daß ich
entrinne ins Philisterland. Dann wird
Saul davon ablassen, mich fernerhin
zu suchen im ganzen Gebiet Israels,
und ich werde seinen Händen entrin-
nen. 2 Und David machte sich auf
und zog hin mit den sechshundert
Mann, die bei ihm waren, zu
Achisch, dem Sohn Maochs, dem
König von Gat. 3 Und David blieb
bei Achisch in Gat mit seinen Män-
nern, ein jeder mit seinem Hause;
David auch mit seinen beiden
Frauen, Ahinoam, der Jesreeliterin,
und Abigajil, Nabals Frau, der Kar-
meliterin. 4 Und als Saul angesagt
wurde, daß David nach Gat geflohen
sei, suchte er ihn nicht mehr. 5 Und
David sprach zu Achisch: Hab ich
Gnade vor deinen Augen gefunden,
so mag man mir einen Wohnort ge-
ben in einer der Städte auf dem
Lande, daß ich darin wohne; warum
soll dein Knecht in der Königsstadt
bei dir wohnen? 6 Da gab ihm
Achisch an diesem Tage Ziklag. Da-
her gehört Ziklag den Königen von
Juda bis auf diesen Tag. 7 Die Zeit
aber, die David im Philisterlande
wohnte, war ein Jahr und vier Mo-
nate. 8 David zog hinauf mit seinen
Männern und fiel ins Land der Ge-
schuriter und Girsiter und Amaleki-

ter ein; denn diese waren von alters
her die Bewohner des Landes bis hin
nach Schur und Ägyptenland. 9 Und
sooft David in das Land einfiel, ließ
er weder Mann noch Frau leben und
nahm mit Schafe, Rinder, Esel, Ka-
mele und Kleider und kehrte wieder
zurück. Kam er dann zu Achisch
10 und Achisch sprach: Wo seid ihr
heute eingefallen?, so sprach David:
In das Südland Judas, oder: In das
Südland der Jerachmeeliter, oder: In
das Südland der Keniter.

Das Bogenlied
Davids Klagelied über Saul und Jonatan

2. BUCH SAMUEL

1 1 Nach dem Tode Sauls, als David
aus der Schlacht mit den Amale-
kitern zurückgekommen und zwei
Tage in Ziklag geblieben war, 17 sang
er dies Klagelied über Saul und Jona-
tan, seinen Sohn, 18 und befahl, man
solle die Leute von Juda *das Bogenlied*
lehren. Siehe, es steht geschrieben im
Buch des Redlichen: 19 Die Edelsten
in Israel sind auf deinen Höhen er-
schlagen. Wie sind die Helden gefal-
len! 20 Sagt's nicht an in Gat, verkün-
det's nicht auf den Gassen in Aschke-
lon, daß sich nicht freuen die Töchter
der Philister, daß nicht frohlocken
die Töchter der Unbeschnittenen.
21 Ihr Berge von Gilboa, es soll weder
tauen noch regnen auf euch, ihr trü-
gerischen Gefilde; denn daselbst ist
der Helden Schild verworfen, der
Schild Sauls, als sei er nicht gesalbt
mit Öl. 22 Der Bogen Jonatans hat nie
gefehlt, und das Schwert Sauls ist nie
leer zurückgekommen von dem Blut
der Erschlagenen und vom Mark der
Helden. 23 Saul und Jonatan, geliebt
und einander zugetan, im Leben und
im Tod nicht geschieden; schneller
waren sie als die Adler und stärker als
die Löwen. 24 Ihr Töchter Israel, wei-
net über Saul, der euch kleidete mit
kostbarem Purpur und euch
schmückte mit goldenen Kleinoden
an euren Kleidern. 25 Wie sind die Hel-
den gefallen im Streit! Jonatan ist auf
deinen Höhen erschlagen! 26 Es ist mir
leid um dich, mein Bruder Jonatan,
ich habe große Freude und Wonne an
dir gehabt; deine Liebe ist mir wun-
dersamer gewesen, als Frauenliebe
ist. 27 Wie sind die Helden gefallen und
die Streitbaren umgekommen.

David wird König über Juda, Isch-Boschet über Israel

2 1 Bald danach befragte David den
HERRN und sprach: Soll ich hinauf
in eine der Städte Judas ziehen? Und
der HERR sprach zu ihm: Zieh hinauf!
David sprach: Wohin? Er sprach:
Nach Hebron. 2 So zog David dort-
hin, 4 und die Männer Judas kamen
und salbten dort David zum König
über das Haus Juda.

David wird König über ganz Israel

5 1 Und es kamen alle Stämme Israels zu David nach Hebron und sprachen: Siehe, wir sind von deinem Gebein und deinem Fleisch. 2 Schon früher, als Saul über uns König war, führtest du Israel ins Feld und wieder heim. Dazu hat der HERR dir gesagt: Du sollst mein Volk Israel weiden und sollst Fürst sein über Israel. 3 Und es kamen alle Ältesten in Israel zum König nach Hebron. Und der König David schloß mit ihnen einen Bund in Hebron vor dem HERRN, und *sie salbten David zum König über Israel.* 4 *Dreißig Jahre* war David alt, als er König wurde, und regierte vierzig Jahre. 5 Zu Hebron regierte er sieben Jahre und sechs Monate über Juda, und zu Jerusalem regierte er *dreiunddreißig Jahre über Israel und Juda.*

David erobert Jerusalem

6 Und der König zog mit seinen Männern vor Jerusalem gegen die Jebusiter, die im Lande wohnten. Sie aber sprachen zu David: Du wirst nicht hier hereinkommen, sondern Blinde und Lahme werden dich abwehren. Damit meinten sie, daß David nicht dort hineinkommen könnte. 7 David aber eroberte die Burg Zion; das ist Davids Stadt. 8 Da sprach David an diesem Tage: Wer die Jebusiter schlägt und durch den Schacht hinaufsteigt und die Lahmen und Blinden erschlägt, die David verhaßt sind, der soll Hauptmann und Oberster sein. Da stieg Joab, der Sohn der Zeruja, zuerst hinauf und wurde Hauptmann. Daher spricht man: Laß keinen Blinden und Lahmen ins Haus! 9 So wohnte David auf der Burg und nannte sie »Stadt Davids«.

Und David baute ringsumher, vom Millo an nach innen zu. 10 Und Davids Macht nahm immer mehr zu, und der HERR, der Gott Zebaoth, war mit ihm. 11 Und Hiram, der König von Tyrus, sandte Boten zu David mit Zedernholz, dazu Zimmerleute und Steinmetzen, daß sie David ein Haus bauten. 12 Und David erkannte,

daß der HERR ihn zum König über Is-
rael bestätigt und sein Königtum er-
höht hatte um seines Volkes Israel
willen. 13 Und David nahm mehr
Frauen in Jerusalem. 14 Dies sind die
Namen der Söhne, die ihm zu Jerusa-
lem geboren sind: Schammua,
Schobab, Nathan, Salomo, 15 Jibhar,
Elischua, Nefeg, Jafia, 16 Elischama,
Eljada, Elifelet.

David holt die Bundeslade nach Jerusalem

6 1 Und David sammelte abermals
die ganze junge Mannschaft in Is-
rael, dreißigtausend Mann, 2 und
machte sich auf und zog mit dem
ganzen Volk, das bei ihm war, nach
Baala in Juda, um die Lade Gottes
von dort heraufzuholen; diese ist ge-
nannt nach dem Namen des HERRN
Zebaoth, der über den Cherubim
thront. 13 Und als die Träger mit der
Lade des HERRN sechs Schritte gegan-
gen waren, opferte man einen Stier
und ein fettes Kalb. 14 Und David
tanzte mit aller Macht vor dem
HERRN her und war umgürtet mit ei-
nem leinenen Priesterschurz. 18 Und
als David die Brandopfer und Dank-
opfer beendet hatte, segnete er das
Volk in dem Namen des HERRN Ze-
baoth. 20 Als aber David heimkam,
seinem Haus den Segensgruß zu
bringen, ging Michal, die Tochter
Sauls, heraus ihm entgegen und
sprach: Wie herrlich ist heute der Kö-
nig von Israel gewesen, als er sich vor
den Mägden seiner Männer entblößt
hat, wie sich die losen Leute entblö-
ßen! 21 David aber sprach zu Michal:
Ich will vor dem HERRN tanzen, der
mich erwählt hat vor deinem Vater
und vor seinem ganzen Hause, um
mich zum Fürsten zu bestellen über
das Volk des HERRN, über Israel.
23 Aber Michal, Sauls Tochter, hatte
kein Kind bis an den Tag ihres Todes.

Gottes Verheißung für Davids Königtum

7 1 Als nun der König in seinem
Hause saß und der HERR ihm
Ruhe gegeben hatte vor allen seinen
Feinden umher, 2 sprach er zu dem
Propheten Nathan: Sieh doch, ich
wohne in einem Zedernhause, und
die Lade Gottes unter Zeltdecken.
4 In der Nacht aber kam das Wort des
HERRN zu Nathan: So spricht Jahve:
8 Ich habe dich genommen von den
Schafhürden, damit du Fürst über
mein Volk Israel sein sollst. – 11 So
will ich dir ein Haus bauen. 12 Wenn
deine Zeit um ist und du dich zu dei-
nen Vätern schlafen legst, will ich dir
einen Nachkommen erwecken, der
von deinem Leibe kommen wird;
dem will ich sein Königtum bestäti-
gen. 13 Der soll meinem Namen ein
Haus bauen, und ich will seinen Kö-
nigsthron bestätigen ewiglich (zeital-

terlang). 14 Ich will sein Vater sein,
und er soll mein Sohn sein. Wenn er
sündigt, will ich ihn mit Menschen-
ruten und mit menschlichen Schlä-
gen strafen: 15 aber meine Gnade soll
nicht von ihm weichen, wie ich sie
habe weichen lassen von Saul, den
ich vor dir weggenommen habe.
16 Aber dein Haus und dein König-
tum sollen beständig sein in Ewigkeit
vor mir, und dein Thron soll ewig-
lich bestehen. 17 Als Nathan alle diese
Worte und dies Gesicht David gesagt
hatte, 18 kam der König David und
setzte sich vor dem HERRN nieder und
sprach: Wer bin ich, Herr HERR, und
was ist mein Haus, daß du mich bis
hierher gebracht hast?

Absaloms Aufruhr

15 1 Und es begab sich danach,
daß Absalom sich einen Wagen
anschaffte und Rosse und fünfzig
Mann, die seine Leibwache waren.
2 Auch machte sich Absalom des
Morgens auf und trat an den Weg bei
dem Tor. Und wenn jemand einen
Rechtshandel hatte und deshalb zum
König vor Gericht gehen wollte, rief
ihn Absalom zu sich und sprach: Aus
welcher Stadt bist du? Wenn der
dann sprach: Dein Knecht ist aus
dem und dem Stamm Israels, 3 so
sprach Absalom zu ihm: Siehe, deine
Sache ist gut und recht; aber du hast
keinen beim König, der dich hört.

4 Und Absalom sprach: Oh, wer setzt
mich zum Richter im Lande, daß je-
dermann zu mir käme, der eine Sache
und Gerichtshandel hat, damit ich
ihm zum Recht hülfe! 5 Und wenn je-
mand ihm nahte und vor ihm nieder-
fallen wollte, so streckte er seine
Hand aus und ergriff ihn und küßte
ihn. 6 So stahl Absalom das Herz der
Männer Israels. 7 Nach vier Jahren
sprach Absalom zum König: Ich will
hingehen und mein Gelübde in He-
bron erfüllen, das ich dem HERRN ge-
lobt habe. 8 Denn dein Knecht hat ein
Gelübde getan, als ich in Geschur in
Aram wohnte, und gesprochen:
Wenn mich der HERR nach Jerusalem
zurückbringt, so will ich dem HERRN
einen Gottesdienst halten. 9 Der Kö-
nig sprach zu ihm: Geh hin mit Frie-
den! Und er machte sich auf und ging
nach Hebron. 10 Absalom aber hatte
heimlich Boten ausgesandt in alle
Stämme Israels und sagen lassen:
Wenn ihr den Schall der Posaune
hört, so ruft: Absalom ist König ge-
worden zu Hebron. 11 Es gingen aber
mit Absalom zweihundert Mann von
Jerusalem, die geladen waren, und sie
gingen ohne Argwohn und wußten
nichts von der Sache. 12 Als aber Ab-
salom die Opfer darbrachte, sandte

er auch zu Ahitofel, dem Giloniter, Davids Ratgeber, und ließ ihn holen aus seiner Stadt Gilo. Und die Verschwörung wurde stark, und es sammelte sich immer mehr Volk um Absalom.

David verläßt Jerusalem

13 Da kam einer, der sagte es David an und sprach: Jedermanns Herz in Israel hat sich Absalom zugewandt. 14 David aber sprach zu allen seinen Großen, die bei ihm in Jerusalem waren: Auf, laßt uns fliehen! 16 Der König aber ließ zehn Nebenfrauen zurück, um das Haus zu bewahren. 17 Und als der König und alles Volk, das ihm nachfolgte, hinauskamen, blieben sie stehen beim letzten Hause. 18 Und alle seine Großen blieben an seiner Seite; aber alle Kreter und Pleter, auch alle Gatiter, sechshundert Mann, die von Gat ihm nachgefolgt waren, zogen an dem König vorüber. 23 Und das ganze Land weinte mit lauter Stimme, während das ganze Kriegsvolk vorüberzog. Und der König ging über den Bach Kidron, und das ganze Kriegsvolk zog weiter auf dem Wege, der zur Wüste geht. 24 Und siehe, Zadok war auch da und alle Leviten, die bei ihm waren, und sie trugen die Lade des Bundes Gottes und stellten sie nieder. Und Abjatar brachte Opfer dar, bis das ganze Kriegsvolk aus der Stadt vorübergezogen war. 25 Aber der König sprach zu Zadok: Bringe die Lade Gottes in die Stadt zurück. Werde ich Gnade finden vor dem HERRN, so wird er mich zurückbringen, daß ich sie und ihre Stätte wiedersehe. 27 Und der König sprach zu dem Priester Zadok: Wohlan, du und Abjatar, kehrt zurück in die Stadt mit Frieden und mit euch eure beiden Söhne, Ahimaaz, dein Sohn, und Jonatan, der Sohn Abjatars! 28 Siehe, ich will warten bei den Furten in der Wüste, bis von euch Botschaft zu mir kommt. 30 David aber ging den Ölberg hinan und weinte, und sein Haupt war verhüllt, und er ging barfuß. Auch alle vom Volk, die bei ihm waren, hatten ihr Haupt verhüllt und gingen hinan und weinten. 31 Und als David gesagt wurde, daß Ahitofel im Bund mit Absalom sei, sprach er: HERR, mache den Ratschlag Ahitofels zur Torheit!

16 15 Aber Absalom und alles Volk, die Männer Israels, kamen nach Jerusalem und Ahitofel mit ihm. 16 Als aber Huschai, der Arkiter, Davids Freund, zu Absalom hineinkam, rief er Absalom zu: Es lebe der König! Es lebe der König! 17 Absalom aber sprach zu Huschai: Ist das deine Liebe zu deinem Freunde? Warum bist du nicht mit deinem Freunde gezogen? 18 Huschai aber sprach zu Absalom: Nein, sondern wen der HERR erwählt und dies Volk

und alle Männer in Israel, zu dem ge-
höre ich und bei dem will ich bleiben.

17 [1]Und Ahitofel sprach zu Ab-
salom: Ich will zwölftausend
Mann auswählen und mich aufma-
chen und David nachjagen in dieser
Nacht, [2]will ihn überfallen, solange
er matt und verzagt ist. Wenn ich ihn
dann erschrecke, und das ganze
Kriegsvolk, das bei ihm ist, flieht,
will ich den König allein erschlagen
[3]und das ganze Kriegsvolk zu dir zu-
rückbringen. [4]Die Rede gefiel Absa-
lom gut und allen Ältesten in Israel.
[5]Aber Absalom sprach: Laßt doch
auch Huschai, den Arkiter, rufen und
hören, was er dazu sagt. [6]Und als
Huschai hinein zu Absalom kam,
sprach Absalom zu ihm: Das und das
hat Ahitofel geredet; sage du, sollen
wir's tun oder nicht? [7]Da sprach Hu-
schai zu Absalom: Es ist kein guter
Rat, den Ahitofel diesmal gegeben
hat. [8]Und Huschai sprach weiter: Du
kennst deinen Vater und seine Leute,
daß sie stark sind und zornigen Ge-
müts wie eine Bärin auf dem Felde,
der die Jungen geraubt sind. Dazu ist
dein Vater ein Kriegsmann und wird
seinen Leuten keine Nachtruhe gön-
nen. [9]Siehe, er hat sich jetzt vielleicht
verkrochen in irgendeiner Schlucht
oder sonst einem Versteck. Wenn's
dann geschähe, daß gleich zu Anfang
einige unter ihnen fallen, und es
käme das Gerücht auf: Das Heer, das
Absalom nachfolgt, ist geschlagen
worden, [10]so würde jedermann ver-
zagt werden, auch wenn er ein Krie-
ger ist und ein Herz hat wie ein
Löwe. Denn es weiß ganz Israel, daß
dein Vater ein Held ist und seine
Leute tapfere Krieger sind. [11]Darum
rate ich, daß du zu dir versammelst
ganz Israel von Dan bis Beerscheba,
so viel wie der Sand am Meer, und
daß du selbst mit ihnen ziehst. [12]So
wollen wir ihn überfallen, wo wir
ihn finden, und wollen über ihn
kommen, wie der Tau auf die Erde
fällt, daß wir von ihm und allen sei-
nen Männern nicht einen einzigen
übrig lassen.
[14]Da sprachen Absalom und jeder-
mann in Israel: Der Rat Huschais, des
Arkiters, ist besser als Ahitofels Rat.
So schickte es der HERR, daß der
kluge Rat Ahitofels verhindert
wurde, damit der HERR Unheil über
Absalom brächte. [15]Und Huschai
sprach zu den Priestern Zadok und
Abjatar: So und so hat Ahitofel Ab-
salom und den Ältesten in Israel gera-
ten, ich aber habe so und so geraten.
[16]So sendet nun eilends hin und laßt
David sagen: Bleibe nicht über
Nacht an den Furten der Wüste, son-
dern geh gleich hinüber, damit der
König nicht vernichtet werde und
das ganze Volk, das bei ihm ist. [17]Jo-
natan aber und Ahimaaz standen bei
der Quelle Rogel; und eine Magd
ging von Zeit zu Zeit hin und brachte
ihnen Nachricht, die sie dem König
David weitersagten; denn sie durften

sich in der Stadt nicht sehen lassen.
23 Als aber Ahitofel sah, daß sein Rat
nicht ausgeführt wurde, sattelte er
seinen Esel, machte sich auf und zog
heim in seine Stadt und bestellte sein
Haus und erhängte sich und starb
und wurde begraben in seines Vaters
Grab.

David in Mahanajim

24 Und David kam nach Mahanajim.
Aber Absalom zog über den Jordan
und alle Männer Israels mit ihm.

18 1 Und David ordnete das
Kriegsvolk, das bei ihm war,
und setzte über sie Hauptleute über
tausend und über hundert 2 und
stellte ein Drittel des Volks unter
Joab und ein Drittel unter Abischai,
den Sohn der Zeruja, Joabs Bruder,
und ein Drittel unter Ittai, den Gatiter.
5 Und der König gebot Joab und
Abischai und Ittai und sprach: Verfahrt
mir schonend mit meinem
Sohn Absalom! Und das ganze
Kriegsvolk hörte es, als der König allen
Hauptleuten Absaloms wegen
diesen Befehl gab. 6 Und als das Heer
hinauskam aufs Feld Israel entgegen,
kam es zum Kampf im Walde
Ephraim. 7 Und das Heer Israels
wurde dort geschlagen von den
Männern Davids, so daß an diesem
Tag eine große Schlacht geschah –
zwanzigtausend Mann. 9 Und Absalom
begegnete den Männern Davids
und ritt auf einem Maultier. Und als
das Maultier unter eine große Eiche
mit dichten Zweigen kam, blieb sein
Haupt an der Eiche hängen, und er
schwebte zwischen Himmel und
Erde; denn sein Maultier lief unter
ihm weg. 10 Als das ein Mann sah, tat
er's Joab kund und sprach: Siehe, ich
sah Absalom an einer Eiche hängen.
14 Da nahm Joab drei Stäbe in seine
Hand und stieß sie Absalom ins
Herz, als er noch lebend an der Eiche
hing. 15 Und zehn Knappen, Joabs
Waffenträger, umringten ihn und
schlugen ihn tot. 16 Da ließ Joab die
Posaune blasen, und das Volk jagte
Israel nicht weiter nach. 21 Und Joab
befahl dem Mohren: Geh hin und
sage dem König an, was du gesehen
hast. Und der Mohr neigte sich vor
Joab und lief hin.

19 1 Da erbebte der König und
ging hinauf in das Obergemach
des Tores und weinte, und im
Gehen rief er: Mein Sohn Absalom!
Mein Sohn, mein Sohn Absalom!
Wollte Gott, ich wäre für dich gestorben!
O Absalom, mein Sohn,
mein Sohn! 15 Und Joab wandte das
Herz aller Männer Judas wie eines
Mannes Herz, und sie sandten hin

zum König: Komm zurück, du und
alle deine Leute! 16 So kam der König
zurück. Und als er an den Jordan
kam, waren die Männer Judas nach
Gilgal gekommen, um dem König
entgegenzuziehen und den König
über den Jordan zu führen. 42 Und
siehe, da kamen alle Männer von Is-
rael zum König und sprachen zu ihm:
Warum haben dich unsere Brüder,
die Männer von Juda, gestohlen und
haben den König und sein Haus über
den Jordan gebracht und alle Männer
Davids mit ihm? 43 Da antworteten
alle Männer von Juda denen von Is-
rael: Der König steht uns doch näher;
warum zürnt ihr darüber? Meint ihr,
daß wir etwa ein Stück vom König
aufgegessen oder ihn für uns wegge-
schleppt hätten? 44 Aber es antworte-
ten die von Israel denen von Juda:
Wir haben zehnfachen Anteil am Kö-
nig und sind auch die Erstgeborenen
vor euch. Warum habt ihr uns denn
so gering geachtet? Und haben wir
nicht zuerst davon geredet, uns un-
sern König zurückzuholen? Aber die
von Juda redeten noch heftiger als die
von Israel.

David findet den Tempelplatz

24 1 Und der Zorn des HERRN ent-
brannte abermals gegen Israel,
und er reizte David gegen das Volk
und sprach: Geh hin, *zähle Israel und
Juda*! 2 Und der König sprach zu Joab
und zu den Hauptleuten, die bei ihm
waren: Gehet umher in allen Stäm-
men Israels von Dan bis Beerscheba
und zählt das Kriegsvolk, damit ich
weiß, wieviel ihrer sind. 3 Joab sprach
zu dem König: Der HERR, dein Gott,
tue zu diesem Volk, wie es jetzt ist,
noch hundertmal soviel hinzu, daß
mein Herr, der König, seiner Augen
Lust daran habe; aber warum ver-
langt es meinen Herrn, den König,
solches zu tun? 4 Aber des Königs
Wort stand fest gegen Joab und die
Hauptleute des Heeres. 8 So durchzo-
gen sie das ganze Land und kamen
nach neun Monaten und zwanzig Ta-
gen nach Jerusalem zurück. 9 Und
Joab gab dem König die Summe des
Volks an, das gezählt war. Und es
waren in Israel achthunderttausend
streitbare Männer, die das Schwert
trugen, und in Juda fünfhunderttau-
send Mann. 11 Und als David am
Morgen aufstand, kam des HERRN
Wort zu Gad, dem Propheten, Da-
vids Seher: 12 Geh hin und rede mit
David: So spricht der HERR: Dreierlei
lege ich dir vor; erwähle dir eins da-
von, daß ich es dir tue. 13 Gad sagte es
ihm an: Willst du, daß drei Jahre lang
Hungersnot in dein Land kommt
oder daß du drei Monate vor deinen
Widersachern fliehen mußt und sie
dich verfolgen oder daß drei Tage
Pest in deinem Lande ist? So bedenke
nun wohl, was ich antworten soll
dem, der mich gesandt hat. 14 David
sprach zu Gad: Es ist mir sehr angst,

aber laß uns in die Hand des HERRN
fallen, denn seine Barmherzigkeit ist
groß; ich will nicht in der Menschen
Hand fallen. 15 Da ließ der HERR die
Pest über Israel kommen vom Mor-
gen an bis zur bestimmten Zeit, so
daß von dem Volk starben von Dan
bis Beerscheba siebzigtausend Mann.
16 Als aber der Engel seine Hand aus-
streckte über Jerusalem, um es zu
verderben, reute den HERRN das
Übel, und er sprach zum Engel, der
das Verderben anrichtete im Volk: Es
ist genug; laß nun deine Hand ab!
Der Engel des HERRN aber war bei
der Tenne Araunas, des Jebusiters.

17 Als aber David den Engel sah, der
das Volk schlug, sprach er zum
HERRN: Siehe, ich habe gesündigt,
ich habe die Missetat getan; was ha-
ben diese Schafe getan? Laß deine
Hand gegen mich und meines Vaters
Haus sein![a] *(a 4. Mose 16, 22)* 18 Und
Gad kam zu David an jenem Tage
und sprach zu ihm: Geh hinauf und
errichte dem HERRN einen Altar auf
der Tenne Araunas, des Jebusiters.
19 Da ging David hinauf, wie Gad
nach des HERRN Gebot gesagt hatte.
24 So kaufte David die Tenne und die
Rinder für fünfzig Lot Silber. 25 Und
David baute dort dem HERRN einen
Altar und opferte Brandopfer und
Dankopfer. Und der HERR wurde
dem Land wieder gnädig, und die
Plage wich von dem Volk Israel.

Davids letzte Worte

23 1 Dies sind die letzten Worte
Davids. Es spricht David, der
Sohn Isais, es spricht der Mann, der
hoch erhoben ist, der *Gesalbte* des
Gottes Jakobs, der Liebling der Lie-
der Israels: 2 Der Geist des HERRN hat
durch mich geredet, und sein Wort
ist auf meiner Zunge. 3 Es hat der
Gott Israels zu mir gesprochen, der
Fels Israels hat geredet: Wer gerecht
herrscht unter den Menschen, wer
herrscht in der Furcht Gottes, 4 der ist
wie das Licht des Morgens, wenn die
Sonne aufgeht, am Morgen ohne
Wolken. Und wie das Gras nach dem
Regen aus der Erde bricht, 5 so ist
mein Haus fest bei Gott; denn er hat
mir einen ewigen Bund gesetzt; in al-
lem wohl geordnet und gesichert. All
mein Heil und all mein Begehren
wird er gedeihen lassen. 6 Aber die
nichtswürdigen Leute sind allesamt
wie verwehte Disteln, die man nicht
mit der Hand fassen kann; 7 sondern
wer sie angreifen will, muß Eisen
und Spieß in der Hand haben; sie
werden mit Feuer verbrannt an ihrer
Stätte.

David – Der Messias als der Gerechte und als Neuer David

Der Bund von Sinai, wahrscheinlich bald nach 1300 v. Chr. geschlossen, machte aus zwölf verwandten Stämmen das Volk Jahves. Dessen erster König David (1000 vor Christus) herrschte über dieses Volk zunächst wie andere Könige über andere Völker als Richter, bis ihm der Prophet Nathan aus dem damals bestehenden Zeltheiligtum Jahves die Botschaft brachte: »Du wolltest mir ein festes Haus bauen; nun will ich dir ein Haus bauen; ich will einem deiner Söhne dein Reich bestätigen. Dein Thron soll auf Weltzeit bestehen« (2. Sam. 7, 11–16). Thronfolger wurde Salomo. Das Haus David herrschte zu Jerusalem vierhundert Jahre.

Jüdischer und christlicher Glaube zählten zu Nathans Botschaft »Die letzten Worte Davids« (2. Sam. 23), das letzte Lied dieses Dichters auf dem Throne, der prophetische Worte seinen poetischen Inspirationen gleichstellte. Der greise König spricht: »Der Geist des Herrn hat durch mich geredet, sein Wort ist auf meiner Zunge; der Gott Israels sprach zu mir: Ein Gerechter herrsche über die Menschen ... Er wird wie das Licht sein, wenn die Sonne aufgeht. – Mit meinem Hause steht es so: Gott hat mir einen ewigen Bund gesetzt, der wird bestehen« (2. Sam. 23, 1–5). – Jakobus, der Bruder Jesu (im Jahre 50 sprachen die Judenchristen von Jerusalem durch ihn zu Paulus und Barnabas, als den Aposteln »der Völker«), trug den Titel »der Gerechte« gemäß den damals tausend Jahre alten Letzten Worten Davids.

Die innere Erfüllung dieses Namens suchte Jakobus sicher nicht in sich, sondern in Jesus; als noch lebendes Haupt der Familie aber trug er den Titel. – Wir sehen hier, daß die »Messias«-Würde, die Würde des »gesalbten« Königs, noch lebte neben der Mose-Verheißung. Wir hören heraus, was die Anrede »Sohn Davids« enthielt. Jesus war ihr gewöhnlich ausgewichen, obgleich sie zum Anstoß für sein Todesurteil wurde.

SALOMO

1. BUCH DER KÖNIGE

4 [20]Juda aber und Israel waren zahl-
reich wie der Sand am Meer, und
sie aßen und tranken und waren fröh-
lich.

5 [9]Und Gott gab Salomo sehr
große Weisheit und Verstand und
einen Geist so weit, wie Sand am
Ufer des Meeres liegt, [10]daß die
Weisheit Salomos größer war als die
Weisheit von allen, die im Osten
wohnen, und als die Weisheit der
Ägypter. [11]Und er war weiser als alle
Menschen. [12]Und er dichtete drei-
tausend Sprüche und tausendundfünf

Lieder. [15]Und Hiram, der König von
Tyrus, sandte seine Botschafter zu
Salomo; denn er hatte gehört, daß sie
ihn zum König gesalbt hatten an sei-
nes Vaters Statt. Denn Hiram liebte
David sein Leben lang. [16]Und Sa-
lomo sandte zu Hiram und ließ ihm
sagen: [17]Du weißt, daß mein Vater
David nicht ein Haus bauen konnte
dem Namen des HERRN, seines Got-
tes, um des Krieges willen, der um
ihn her war, bis der HERR seine
Feinde unter seine Füße gab. [18]Nun
aber hat mir der HERR, mein Gott,
Ruhe gegeben ringsum, so daß we-
der ein Widersacher noch ein böses
Hindernis mehr da ist. [19]Siehe, so
hab ich gedacht, dem Namen des
HERRN, meines Gottes, ein Haus zu
bauen. [20]So befiehl nun, daß man mir
Zedern im Libanon fällt, und meine
Leute sollen mit deinen Leuten sein.
Und den Lohn deiner Leute will ich
dir geben, alles, wie du es sagst. Denn
du weißt, daß bei uns niemand ist, der
Holz zu hauen versteht wie die Sido-
nier. [21]Als Hiram aber die Worte Salo-
mos hörte, freute er sich sehr und
sprach: Gelobt sei der HERR heute, der
David einen weisen Sohn gegeben hat
über dies große Volk. [31]Und der Kö-
nig gebot, große und kostbare Steine
auszubrechen, behauene Steine zum
Grund des Hauses. [32]Und die Bau-
leute Salomos und die Bauleute Hi-
rams und die Gebaliter hieben sie zu-
recht; so bereiteten sie Holz und
Steine zu, um das Haus zu bauen.

Der Bau des Tempels

6 1 Im vierhundertundachtzigsten
Jahr nach dem Auszug Israels aus
Ägyptenland, im vierten Jahr der
Herrschaft Salomos über Israel, im
Monat Siw, das ist der zweite Monat,
wurde das Haus dem HERRN gebaut.

2 Das Haus aber, das der König Sa-
lomo dem HERRN baute, war sechzig
Ellen lang, zwanzig Ellen breit und
dreißig Ellen hoch. 3 Und er baute
eine Vorhalle vor der Tempelhalle
des Hauses, zwanzig Ellen lang nach
der Breite des Hauses und zehn Ellen
breit vor dem Hause her. 4 Und er
machte am Hause Fenster mit festen
Stäben davor. 5 Und er baute einen
Umgang an der Wand des Hauses
ringsumher, so daß er um die Tem-
pelhalle und um den Chorraum her-
ging und machte Seitengemächer
ringsumher. 6 Der untere Gang war
fünf Ellen weit und der mittlere sechs
Ellen weit und der dritte sieben Ellen
weit; denn er machte Absätze außen
am Hause ringsumher, so daß die
Balken nicht in die Wände des Hau-
ses eingriffen. 7 Und als das Haus ge-
baut wurde, waren die Steine bereits
ganz zugerichtet, so daß man weder
Hammer noch Beil noch irgendein
eisernes Werkzeug beim Bauen
hörte. 9 So baute er das Haus und
vollendete es. Und er deckte das
Haus mit Balken und Tafelwerk von
Zedern. 10 Und er baute Gänge um
das ganze Haus herum, je fünf Ellen
hoch, und verband sie mit dem

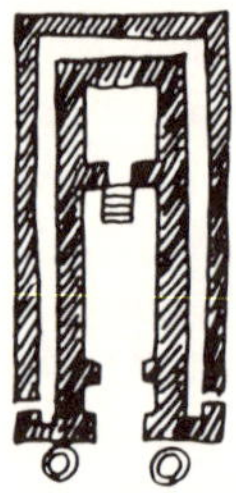

Hause durch Balken von Zedern-
holz. 27 Und er stellte die Cherubim
mitten ins Allerheiligste. Und die
Cherubim breiteten ihre Flügel aus,
so daß der Flügel des einen Cherubs
die eine Wand berührte und der Flü-
gel des andern Cherubs die andere
Wand berührte. Aber in der Mitte be-
rührte ein Flügel den andern. 28 Und
er überzog die Cherubim mit Gold.
38 So bauten sie sieben Jahre daran.

7 1 Aber an seinen Königshäusern
baute Salomo dreizehn Jahre, bis
er sie ganz vollendet hatte.

8 6 Die Priester brachten die Lade
des Bundes des HERRN an ihren
Platz in den Chorraum des Hauses, in
das Allerheiligste, unter die Flügel
der Cherubim. 7 Denn die Cherubim

breiteten die Flügel aus an dem Ort,
wo die Lade stand, und bedeckten die
Lade und ihre Stangen. 12 Da sprach
Salomo: Die Sonne hat der HERR an
den Himmel gestellt; er hat aber ge-
sagt, er wolle im Dunkel wohnen.
13 So habe ich nun ein Haus gebaut dir
zur Wohnung, eine Stätte, daß du
ewiglich da wohnest. 14 Und der Kö-
nig wandte sein Angesicht und seg-
nete die ganze Gemeinde Israel, und
die ganze Gemeinde Israel stand.
15 Und er sprach: Gelobt sei der
HERR, der Gott Israels, der durch sei-
nen Mund meinem Vater David zu-
gesagt und es durch seine Hand er-
füllt hat und gesagt: 16 Von dem Tage
an, als ich mein Volk Israel aus Ägyp-
ten führte, hab ich keine Stadt er-
wählt unter irgendeinem Stamm Is-
raels, daß mir ein Haus gebaut
würde, damit mein Name da wäre.
Jerusalem hab ich erwählt, daß mein
Name da wäre, und David hab ich er-
wählt, daß er über mein Volk Israel
Herr sein sollte. 17 Mein Vater David
hatte es zwar im Sinn, dem Namen
des HERRN, des Gottes Israels, ein
Haus zu bauen. 27 Aber sollte Gott
wirklich auf Erden wohnen? Siehe,
der Himmel und aller Himmel Him-
mel können dich nicht fassen – wie
sollte es dann dies Haus tun, das ich
gebaut habe? 28 Wende dich aber zum
Gebet deines Knechts und zu seinem
Flehen, HERR, mein Gott, damit du
hörest das Flehen und Gebet deines
Knechts heute vor dir: 29 Laß deine
Augen offen stehen über diesem
Hause Nacht und Tag.

Serubabel

Keiner der achtzehn Nachkommen Davids auf dem Thron zu Jerusalem, auch Salomo nicht, fand Jesu Beachtung, nur der eine Thronanwärter in der Niedrigkeit der babylonischen Gefangenschaft, Serubabel, der im Jahr 538 v. Chr. unter den ersten Heimkehrern war und vom Propheten Sacharia begrüßt wurde mit den Worten: »Tochter Zion freue dich! Denn siehe, dein König kommt zu dir, ein Gerechter, ein Helfer, arm. Er reitet auf einem Esel, auf dem Füllen der Eselin« (Sach. 9, 9). Diesem König in der Niedrigkeit glich Jesus auf demselben Wege von Osten her über den Ölberg seinen letzten Einzug in Jerusalem genau an und machte ihn zu einem öffentlichen Ereignis (Matth. 21 = Mk. 11 = Luk. 19 = Joh. 11).

Jesus bezieht sich nicht auf die Bücher Josua, Richter, Ruth, Könige, Chronik, Esra, Nehemia, Esther, Hiob, Sprüche Salomos und Hoheslied; oft aber auf Mose, Samuel, die Propheten und intim-persönlich auf die Psalmen.

Chronik, Esra, Nehemia

Die beiden Bücher der Chronik und die Bücher Esra und Nehemia erzählen die Stammbäume des Vorderen Orients seit Adam und Abraham und anhand dieser noch einmal die Geschichte Israels und des Tempeldienstes zu Jerusalem bis zur persischen Herrschaft (550–332 v. Chr.). Mit der Ursprünglichkeit der Bücher Samuels und der Könige können diese späten Werke sich nicht vergleichen. – Auf sie beziehen sich in wenigen Punkten neutestamentlich nur die Vorevangelien bei Matthäus und Lukas, d. h. der Stammbaum Jesu, dem ich mit allen seinen Schwierigkeiten in meinem Buch »Der Messias« nachgegangen bin. Für Jesu Verständnis des Alten Testamentes und für seine Lehre oder Leben haben diese Einzelheiten keine Bedeutung.

POETISCHE WERKE

Ruth

Ruth, Esther, Hoheslied, diese »weiblichen« Schriften, erlaubten christlichen Mystikern des Mittelalters wenigstens durch das Hohelied, eine Sammlung von Liebesliedern, ihre Gottannäherung darzustellen. Das übersteigt unsere Blicklinie, und im Gemeinsinn meidet diese Sammlung unsere Aufgabe. Dasselbe gilt für die Geschichte der jüdisch-persischen Königin Esther. Aber Davids Großmutter Ruth verdient die Betrachtung. Ruth schuf die menschliche Grundlage für Marias Worte nach der Verkündigung von Jesu Geburt durch den Erzengel: »Siehe, ich bin des Herrn Magd. Mir geschehe, wie du gesagt hast« (Luk. 1, 38).

DAS BUCH RUTH

1 1 Zu der Zeit der Richter entstand
eine Hungersnot; da zog ein
Mann von Bethlehem in Juda ins
Land der Moabiter mit seiner Frau
und seinen beiden Söhnen. 4 Die nah-
men moabitische Frauen; die eine
hieß Orpa, die andere Ruth. Und als
sie ungefähr zehn Jahre dort gewohnt
hatten, 5 starben auch die drei, so daß
die Frau beide Söhne und ihren Mann
überlebte. 6 Da machte sie sich auf
mit ihren beiden Schwiegertöchtern
und zog aus dem Land der Moabiter
wieder zurück. 7 Als sie unterwegs
waren, um ins Land Juda zurückzu-
kehren, 8 sprach sie zu ihren beiden
Schwiegertöchtern: Geht hin und
kehrt um, eine jede ins Haus ihrer
Mutter! Der HERR tue an euch Barm-
herzigkeit, wie ihr an den Toten und
an mir getan habt. 9 Der HERR gebe
euch, daß ihr Ruhe findet, eine jede in
ihres Mannes Hause! 13 Mein Los ist
zu bitter für euch. 14 Da erhoben sie
ihre Stimme und weinten noch mehr.
Und Orpa küßte ihre Schwieger-
mutter, Ruth aber blieb bei ihr. 15 Sie
aber sprach: Siehe, deine Schwägerin
ist umgekehrt zu ihrem Volk und zu
ihrem Gott; kehre auch du um.

[16]Ruth antwortete: Rede mir nicht
ein, daß ich dich verlassen und von
dir umkehren sollte. Wo du hin
gehst, da will ich auch hingehen; wo
du bleibst, da bleibe ich auch. Dein
Volk ist mein Volk, und dein Gott ist
mein Gott. [17]Wo du stirbst, da sterbe
ich auch, da will ich auch begraben
werden. Der Herr tue mir dies und
das, nur der Tod wird mich und dich
scheiden. [18]Als sie nun sah, daß sie
festen Sinnes war, mit ihr zu gehen,
ließ sie ab, ihr zuzureden. [19]So gin-
gen die beiden miteinander. [22]Es war
aber um die Zeit, da die Gerstenernte
anging, als Noomi mit ihrer Schwie-
gertochter Ruth, der Moabiterin, zu-
rückkam vom Moabiterland nach
Bethlehem.

2 [1]Es war aber ein Mann, ein Ver-
wandter des Mannes der Noomi,
von dem Geschlecht Elimelechs, mit
Namen Boas; der war ein angesehe-
ner Mann. [2]Und Ruth, die Moabite-
rin, sprach zu Noomi: Laß mich aufs
Feld gehen und Ähren auflesen, bei
einem, vor dessen Augen ich Gnade
finde. Sie aber sprach zu ihr: Geh hin,
meine Tochter! [3]Sie ging hin und las
auf, den Schnittern nach, auf dem
Felde. Und es traf sich, daß dies Feld
dem Boas gehörte. [5]Und Boas
sprach zu seinem Knecht, der über
die Schnitter gestellt war: Zu wem
gehört das Mädchen? [6]Der Knecht,
der über die Schnitter gestellt war,
antwortete und sprach: Es ist eine
Moabiterin, die mit Noomi gekom-
men ist aus dem Land der Moabiter.
[7]Sie hat gesagt: Laßt mich doch auf-
lesen und sammeln hinter den Gar-
ben den Schnittern nach, und ist ge-
kommen und dageblieben vom Mor-
gen an bis jetzt und hat nur wenig
ausgeruht. [8]Da sprach Boas zu Ruth:
Hörst du wohl, meine Tochter? Du
sollst nicht auf einen andern Acker
gehen, um aufzulesen; geh auch nicht
von hier weg, sondern halt dich zu
meinen Mägden. [9]Und sieh, wo sie
schneiden im Felde, da geh ihnen
nach.

4 [13]So nahm Boas die Ruth, daß sie
seine Frau wurde. Und als er zu
ihr einging, gab ihr der Herr, daß sie
schwanger ward, und sie gebar einen
Sohn. [16]Und Noomi nahm das Kind
und legte es auf ihren Schoß und
ward seine Wärterin. [17]Und ihre
Nachbarinnen gaben ihm einen Na-
men und sprachen: Noomi ist ein
Sohn geboren; und sie nannten ihn
Obed. Der ist der Vater Isais, wel-
cher Davids Vater ist.

Hiob

Hiobs drei Freunde, die auch Gott anspricht, und anfangs er selbst verstehen das Gottesreich, ihr Schicksal und die mosaische Gesetzesfrömmigkeit als Einheit. Hiob lernt in schweren Leiden, daß diese drei Größen ihre Ordnung nicht nebeneinander, sondern übereinander haben. Am Gottesreich wirken nicht nur Menschen, sondern auch Engel als »Söhne Gottes« mit, ja auch Satan, eine hohe Menschen-bezogene, feindliche Macht, und dazu die Menschen-abgewandten geistigen Weltmächte Behemot und Leviatan, bildlich als Nashorn und Krokodil vorgestellt. Hiobs Gewinn am Ende ist nebenher auch irdischer Art, eine Wiederherstellung; in Wahrheit ist er seine Teilhabe am Reiche Gottes. – Der vierte Freund Elihu (Kap. 32–37) vertritt den Mosaismus als beherrschende Größe und fällt auch aus dem künstlerischen Gefüge; Gott spricht ihn nicht an. Wir haben ihn darum als wahrscheinliche Einfügung fortgelassen.
Der Prophet Hesekiel (14, 15 f.) droht im Namen Gottes: »Und wenn Noah, Daniel und Hiob das sündige Israel durch ihre Gerechtigkeit decken wollten, so würden sie weder Söhne noch Töchter retten, sondern allein sich selbst.« Jeremia (15, 1) spricht so über Mose und Samuel. Hiob gehört in die kleine Reihe Gerechter, die bei der Verklärung Jesu (Matth. 17) durch Mose und Elia vertreten werden.

Hiobs Frömmigkeit und Glück

DAS BUCH HIOB

1 1 Es war ein Mann im Lande Uz
(im Osten), der hieß Hiob. Der
war fromm und rechtschaffen, got-
tesfürchtig und mied das Böse. 2 Er
zeugte sieben Söhne und drei Töch-
ter; 3 und er besaß siebentausend
Schafe, dreitausend Kamele, fünf-
hundert Joch Rinder und fünfhun-
dert Eselinnen und sehr viel Gesinde,
und er war reicher als alle, die im
Osten wohnten. 4 Und seine Söhne
gingen hin und machten ein Fest-
mahl, ein jeder in seinem Hause an

seinem Tag, und sie sandten hin und
luden ihre drei Schwestern ein, mit
ihnen zu essen und zu trinken. 5 Und
wenn die Tage des Mahles um wa-
ren, sandte Hiob hin und heiligte sie
und machte sich früh am Morgen auf
und opferte Brandopfer nach ihrer al-
ler Zahl; denn Hiob dachte: Meine
Söhne könnten gesündigt und Gott
abgesagt haben in ihrem Herzen. So
tat Hiob allezeit.

Hiobs Prüfung

6 Es begab sich aber eines Tages, da
die Gottessöhne (Engel) kamen und
vor den HERRN traten, kam auch der
Satan unter ihnen. 7 Der HERR aber
sprach zu dem Satan: Wo kommst du
her? Der Satan antwortete dem
HERRN und sprach: Ich habe die Erde
hin und her durchzogen. 8 Der HERR
sprach zum Satan: Hast du achtge-
habt auf meinen Knecht Hiob? Denn
es ist seinesgleichen nicht auf Erden,
fromm und rechtschaffen, gottes-
fürchtig und meidet das Böse. 9 Der
Satan antwortete dem HERRN und
sprach: Meinst du, daß Hiob Gott
umsonst fürchtet? 10 Hast du doch
ihn, sein Haus und alles, was er hat,
ringsumher beschützt. Du hast das
Werk seiner Hände gesegnet, und
sein Besitz hat sich ausgebreitet im
Lande. 11 Aber strecke deine Hand
aus und taste alles an, was er hat: was
gilt's, er wird dir ins Angesicht absa-
gen! 12 Der HERR sprach zum Satan:
Siehe, alles, was er hat, sei in deiner
Hand; nur an ihn selbst lege deine
Hand nicht. Da ging der Satan hinaus
von dem HERRN. 13 An dem Tage
aber, da seine Söhne und Töchter
aßen und Wein tranken im Hause ih-
res Bruders, des Erstgeborenen,
14 kam ein Bote zu Hiob und sprach:
Die Rinder pflügten, und die Eselin-
nen gingen neben ihnen auf der
Weide, 15 da fielen die aus Saba ein
und nahmen sie weg und erschlugen
die Knechte mit der Schärfe des
Schwerts, und ich allein bin entron-
nen, daß ich dir's ansagte. 16 Als der
noch redete, kam ein anderer und
sprach: Feuer Gottes fiel vom Him-
mel und traf Schafe und Knechte und
verzehrte sie, und ich allein bin ent-
ronnen, daß ich dir's ansagte. 17 Als
der noch redete, kam einer und
sprach: Die Chaldäer machten drei
Abteilungen und fielen über die Ka-
mele her und nahmen sie weg und er-
schlugen die Knechte mit der Schärfe
des Schwerts, und ich allein bin ent-
ronnen, daß ich dir's ansagte. 18 Als
der noch redete, kam einer und
sprach: Deine Söhne und Töchter
aßen und tranken im Hause ihres
Bruders, des Erstgeborenen, 19 und
siehe, da kam ein großer Wind von

der Wüste her und stieß an die vier
Ecken des Hauses; da fiel es auf die
jungen Leute, daß sie starben, und
ich allein bin entronnen, daß ich dir's
ansagte. [20] Da stand Hiob auf und
zerriß sein Kleid und schor sein
Haupt und fiel auf die Erde und
neigte sich tief [21] und sprach: Ich bin
nackt von meiner Mutter Leibe ge-
kommen, nackt werde ich wieder da-
hinfahren. Der HERR hat's gegeben,
der HERR hat's genommen; der
Name des HERRN sei gelobt! [22] In die-
sem allen sündigte Hiob nicht und tat
nichts Törichtes wider Gott.

Hiobs Frau

2 [1] Es begab sich aber eines Tages,
da die Gottessöhne kamen und
vor den HERRN traten, daß auch der
Satan unter ihnen kam und vor den
HERRN trat. [2] Da sprach der HERR zu
dem Satan: Wo kommst du her? Der
Satan antwortete dem HERRN und
sprach: Ich habe die Erde hin und her
durchzogen. [3] Der HERR sprach zu
dem Satan: Hast du acht auf meinen
Knecht Hiob gehabt? Denn es ist sei-
nesgleichen auf Erden nicht, fromm
und rechtschaffen, gottesfürchtig
und meidet das Böse und hält noch
fest an seiner Frömmigkeit; du aber
hast mich bewogen, ihn ohne Grund
zu verderben. [4] Der Satan antwortete
dem HERRN und sprach: Haut für
Haut! und alles, was ein Mann hat,
läßt er für sein Leben. [5] Aber strecke
deine Hand aus und taste sein Gebein
und Fleisch an: was gilt's, er wird dir
ins Angesicht absagen! [6] Der HERR
sprach zu dem Satan: Siehe da, er sei
in deiner Hand, doch schone sein Le-
ben! [7] Da ging der Satan hinaus vom
Angesicht des HERRN und schlug
Hiob mit bösen Geschwüren von der
Fußsohle an bis auf seinen Scheitel.
[8] Und er nahm eine Scherbe und
schabte sich und saß in der Asche.
[9] Und seine Frau sprach zu ihm:
Hältst du noch fest an deiner Fröm-
migkeit? Sage Gott ab und stirb! [10] Er
aber sprach zu ihr: Du redest, wie die
törichten Weiber reden. Haben wir
Gutes empfangen von Gott und soll-
ten das Böse nicht auch annehmen?
In diesem allen versündigte sich Hiob
nicht mit seinen Lippen.

Drei Freunde

[11] Als aber die drei Freunde Hiobs all
das Unglück hörten, das über ihn ge-
kommen war, kamen sie, ein jeder
aus seinem Ort: Elifas von Teman,
Bildad von Schuach und Zofar von
Naama. Denn sie waren eins gewor-
den hinzugehen, um ihn zu beklagen
und zu trösten. [12] Und als sie ihre Au-
gen aufhoben von ferne, erkannten
sie ihn nicht und erhoben ihre
Stimme und weinten, und ein jeder
zerriß sein Kleid, und sie warfen
Staub gen Himmel auf ihr Haupt

13 und saßen mit ihm auf der Erde sie-
ben Tage und sieben Nächte und re-
deten nichts mit ihm; denn sie sahen,
daß der Schmerz sehr groß war.

Hiobs Klage

3 1 Danach tat Hiob seinen Mund
auf und verfluchte seinen Tag.
2 Und Hiob sprach: 3 Ausgelöscht sei
der Tag, an dem ich geboren bin, und
die Nacht, da man sprach: Ein Knabe
kam zur Welt! 7 Siehe, jene Nacht sei
unfruchtbar und kein Jauchzen darin!
8 Es sollen sie verfluchen, die einen
Tag verfluchen können, und die da
kundig sind, den Leviatan zu wek-
ken!

Elifas redet:

4 1 Da hob Elifas von Teman an und
sprach: 2 Du hast's vielleicht nicht
gern, wenn man versucht, mit dir zu
reden; aber Worte zurückhalten, wer
kann's? 3 Siehe, du hast viele unter-
wiesen und matte Hände gestärkt;
4 deine Rede hat die Strauchelnden
aufgerichtet, und die bebenden Knie
hast du gekräftigt. 5 Nun es aber an
dich kommt, wirst du weich, und
nun es dich trifft, erschrickst du! 6 Ist
nicht deine Gottesfurcht dein Trost,
und die Unsträflichkeit deiner Wege
deine Hoffnung? 7 Bedenke doch:
Wo ist ein Unschuldiger umgekom-
men? Oder wo wurden die Gerech-
ten je vertilgt? 8 Wohl aber habe ich
gesehen: Die da Frevel pflügten und
Unheil säten, ernteten es auch ein.
12 Zu mir ist heimlich ein Wort ge-
kommen, und von ihm hat mein Ohr
ein Flüstern empfangen 13 beim
Nachsinnen über Gesichte in der
Nacht, wenn tiefer Schlaf über die
Leute fällt; 14 da kam mich Furcht
und Zittern an, und alle meine Ge-
beine erschraken. 15 Und ein Hauch
fuhr an mir vorüber; es standen mir
die Haare zu Berge an meinem Leibe.
16 Da stand ein Gebilde vor meinen
Augen, doch ich erkannte seine Ge-
stalt nicht; es war eine Stille, und ich
hörte eine Stimme: 17 Wie kann ein
Mensch gerecht sein vor Gott oder
ein Mann rein sein vor dem, der ihn
gemacht hat?

5 17 Siehe, selig ist der Mensch, den
Gott zurechtweist; darum wider-
setze dich der Zucht des Allmächti-
gen nicht. 18 Denn er verletzt und
verbindet; er zerschlägt, und seine
Hand heilt. 19 In sechs Trübsalen wird
er dich erretten und in sieben wird
dich kein Übel anrühren.

Hiob antwortet:

19 1 Hiob antwortete und sprach:
2 Wie lange plagt ihr meine
Seele und peinigt mich mit Worten!
4 Habe ich wirklich geirrt, so trage ich

meinen Irrtum selbst. 6 So merkt
doch endlich, daß Gott mir unrecht
getan hat. 7 Siehe, ich schreie »Ge-
walt!« und werde doch nicht gehört;
ich rufe, aber kein Recht ist da. 8 Er
hat meinen Weg vermauert, daß ich
nicht hinüber kann, und hat Finster-
nis auf meinen Steig gelegt. 9 Er hat
mir mein Ehrenkleid ausgezogen
und die Krone von meinem Haupt
genommen. 19 Alle meine Getreuen
verabscheuen mich, und die ich lieb
hatte, haben sich gegen mich ge-
wandt. 20 Mein Gebein hängt nur
noch an Haut und Fleisch, und nur
das nackte Leben brachte ich davon.
21 Erbarmt euch über mich, erbarmt
euch, meine Freunde; denn die Hand
Gottes hat mich getroffen! 23 Ach daß
meine Reden aufgeschrieben würden
24 mit einem eisernen Griffel in Blei
geschrieben, zu ewigem Gedächtnis
in einen Fels gehauen! 25 Aber ich
weiß, daß mein Erlöser lebt, und als
der letzte wird er über dem Staub sich
erheben.

Bildads Rede

25 1 Da antwortete Bildad von
Schuach und sprach: 2 Herr-
schaft und Schrecken ist bei ihm, der
Frieden schafft in seinen Höhen.
3 Wer will seine Scharen zählen? Und
über wem geht sein Licht nicht auf?
4 Und wie kann ein Mensch gerecht
sein vor Gott? Und wie kann rein
sein ein vom Weibe Geborener?
5 Siehe, auch der Mond scheint nicht
hell, und die Sterne sind nicht rein
vor seinen Augen – 6 wieviel weniger
der Mensch, eine Made, und das
Menschenkind, ein Wurm!

Hiob antwortet Bildad:

26 4 Mit wessen Hilfe redest du?
Und wessen Geist geht von dir
aus? 5 Die Schatten drunten erbeben,
das Wasser und die darin wohnen.
6 Das Totenreich ist aufgedeckt vor
ihm, und der Abgrund hat keine
Decke. 7 Er spannt den Norden aus
über dem Leeren und hängt die Erde
über das Nichts.

Das Lied von der Weisheit Gottes sagt:

28 1 Es hat das Silber seine Gänge
und das Gold seinen Ort, wo
man es läutert. 2 Eisen bringt man aus
der Erde, und aus dem Gestein
schmilzt man Kupfer. 3 Man macht
der Finsternis ein Ende, und bis ins
Letzte erforscht man das Gestein, das
im Dunkel tief verborgen liegt.
4 Man bricht einen Schacht fern von
da, wo man wohnt; vergessen, ohne
Halt für den Fuß, hängen und schwe-
ben sie, fern von den Menschen.
5 Man zerwühlt wie Feuer unten die
Erde, auf der doch oben das Brot

wächst. 6 Man findet Saphir in ihrem
Gestein, und es birgt Goldstaub.
7 Den Steig dahin hat kein Geier er-
kannt und kein Falkenauge gesehen.
12 Wo will man aber die Weisheit fin-
den? Und wo ist die Stätte der Ein-
sicht? 13 Niemand weiß, was sie wert
ist, und sie wird nicht gefunden im
Lande der Lebendigen. 14 Die Tiefe
spricht: »In mir ist sie nicht«; und das
Meer spricht: »Bei mir ist sie auch
nicht.« 15 Man kann nicht Gold für sie
geben noch Silber darwägen, sie zu
bezahlen. 21 Sie ist verhüllt vor den
Augen aller Lebendigen, auch ver-
borgen den Vögeln unter dem Him-
mel. 22 Der Abgrund und der Tod
sprechen: »Wir haben mit unsern
Ohren nur ein Gerücht von ihr ge-
hört.« 23 Gott weiß den Weg zu ihr, er
allein kennt ihre Stätte. 24 Denn er
sieht die Enden der Erde und schaut
alles, was unter dem Himmel ist.
25 Als er dem Wind sein Gewicht ge-
geben und dem Wasser sein Maß ge-
setzt, 26 als er dem Regen ein Gesetz
gegeben hat und dem Blitz und Don-
ner den Weg: 27 damals schon sah er
sie und verkündigte sie, bereitete sie
und ergründete sie 28 und sprach zum
Menschen: Siehe, die Furcht des
Herrn, das ist Weisheit, und meiden
das Böse, das ist Einsicht.

Hiobs jetziges Unglück

29 21 Früher hörten mir meine
Freunde zu und schwiegen und
warteten auf meinen Rat. 25 Wenn ich
zu ihnen kommen wollte, so mußte
ich obenan sitzen und thronte wie ein
König unter der Schar.

30 1 Jetzt aber verlachen mich, die
jünger sind als ich, deren Väter
ich nicht wert geachtet hätte, sie zu
meinen Hunden bei der Herde zu
stellen.

Die Rede des HERRN

38 1 Und der HERR antwortete
Hiob aus dem Wettersturm
und sprach: 2 Wer ist's, der den Rat-
schluß verdunkelt mit Worten ohne
Verstand? 3 Gürte deine Lenden wie
ein Mann! Ich will dich fragen, lehre
mich! 4 Wo warst du, als ich die Erde
gründete? Sage mir's, wenn du so
klug bist! 5 Weißt du, wer ihr das
Maß gesetzt hat oder wer über sie die
Richtschnur gezogen hat? 6 Worauf
sind ihre Pfeiler eingesenkt, oder wer
hat ihren Eckstein gelegt, 7 als mich
die Morgensterne miteinander lob-
ten und jauchzten alle Gottessöhne?
8 Wer hat das Meer mit Toren ver-
schlossen, als es herausbrach wie aus
dem Mutterschoß, 9 als ich's mit
Wolken kleidete und in Dunkel ein-
wickelte wie in Windeln, 10 als ich

ihm seine Grenze bestimmte mit
meinem Damm und setzte ihm Rie-
gel und Tore 11 und sprach: »Bis hier-
her sollst du kommen und nicht wei-
ter; hier sollen sich legen deine stol-
zen Wellen!«? 31 Kannst du die Bande
des Siebengestirns zusammenbinden
oder den Gürtel des Orion auflösen?
32 Kannst du die Sterne des Tierkrei-
ses aufgehen lassen zur rechten Zeit
oder die Bärin samt ihren Jungen her-
aufführen? 33 Weißt du des Himmels
Ordnungen, oder bestimmst du
seine Herrschaft über die Erde?

40 7 Gürte wie ein Mann deine
Lenden! Ich will dich fragen;
lehre mich! 8 Willst du mein Urteil
zunichte machen und mich schuldig
sprechen, daß du recht behältst?
9 Hast du einen Arm wie Gott, und
kannst du mit gleicher Stimme don-
nern wie er? 10 Schmücke dich mit
Pracht und Hoheit; zieh Majestät und
Herrlichkeit an! 11 Streu aus den Zorn
deines Grimmes; schau an alle Hoch-
mütigen und demütige sie! 12 Ja,
schau alle Hochmütigen an und
beuge sie und zertritt die Gottlosen in
Grund und Boden! 13 Verscharre sie
miteinander in der Erde, und ver-
senke sie ins Verborgene. 15 Siehe da
den Behemot, den ich geschaffen
habe wie auch dich! Er frißt Gras wie
ein Rind. 16 Siehe, welch eine Kraft ist
in seinen Lenden und welch eine
Stärke in den Muskeln seines Bauchs!
17 Sein Schwanz streckt sich wie eine
Zeder; die Sehnen seiner Schenkel
sind dicht geflochten. 18 Seine Kno-
chen sind wie eherne Röhren, seine
Gebeine wie eiserne Stäbe. 19 Er ist
das erste der Werke Gottes; der ihn
gemacht hat, gab ihm sein Schwert.
25 Kannst du den Leviatan fangen mit
der Angel und seine Zunge mit einer
Fangschnur fassen? 26 Kannst du ihm
ein Binsenseil an die Nase legen und
mit einem Haken ihm die Backen
durchbohren? 31 Kannst du mit Spie-
ßen spicken seine Haut und mit Fi-
scherhaken seinen Kopf?

41 11 Aus seinem Rachen fahren
Fackeln, und feurige Funken
schießen heraus. 12 Aus seinen Nü-
stern fährt Rauch wie von einem sie-
denden Kessel und Binsenfeuer.
13 Sein Odem ist wie lichte Lohe, und
aus seinem Rachen schlagen Flam-
men.

Hiobs Antwort auf den HERRN

42 1 Und Hiob antwortete dem
HERRN und sprach: 2 Ich er-
kenne, daß du alles vermagst, und
nichts, das du dir vorgenommen, ist
dir zu schwer. 3 »Wer ist der, der den
Ratschluß verhüllt mit Worten ohne
Verstand?« Darum hab ich unweise
geredet, was mir zu hoch ist und ich
nicht verstehe. 4 »So höre nun, laß
mich reden: ich will dich fragen,
lehre mich!« 5 Ich hatte von dir nur

vom Hörensagen vernommen; aber
nun hat mein Auge dich gesehen.
6 Darum spreche ich mich schuldig
und tue Buße in Staub und Asche.

Gott rechtfertigt Hiob gegenüber seinen Freunden

7 Als nun der HERR diese Worte mit
Hiob geredet hatte, sprach er zu Eli-
fas von Teman: Mein Zorn ist ent-
brannt über dich und über deine bei-
den Freunde; denn ihr habt nicht
recht von mir geredet wie mein
Knecht Hiob. 8 So nehmt nun sieben
junge Stiere und sieben Widder und
geht hin zu meinem Knecht Hiob
und opfert Brandopfer für euch; aber
mein Knecht Hiob soll für euch Für-
bitte tun; denn ihn will ich erhören,
daß ich nicht töricht an euch handle.
Denn ihr habt nicht recht von mir ge-
redet wie mein Knecht Hiob. 9 Da
gingen hin Elifas von Teman, Bildad
von Schuach und Zofar von Naama
und taten, wie der HERR ihnen gesagt
hatte. Und der HERR erhörte Hiob.

Hiobs Ende

10 Und der HERR wandte das Ge-
schick Hiobs, als er für seine Freunde
Fürbitte tat. Und der HERR gab Hiob
doppelt soviel, wie er gehabt hatte.

Psalmen

Unter den 150 Psalmen sind Perlen, die in unserer Auswahl fehlen. Sie besingen Gottes Schaffen in der Natur oder den Gang aller Dinge. Dazu ist ein Beispiel der 90. Psalm: »[1]Herr, du bist unsere Zuflucht für
und für. [2]Ehe denn die Berge wurden und die Erde und die Welt ge-
schaffen wurden, / bist du, Gott, von Ewigkeit zu Ewigkeit. [3]Der du
die Menschen lässest sterben / und sprichst: Kommt wieder, Men-
schenkinder! [4]Denn tausend Jahre sind vor dir wie ein Tag. [10]Unser
Leben währet siebzig Jahre, / und wenn es hoch kommt achtzig Jahre; und wenn es köstlich gewesen ist, / so ist es Mühe und Arbeit gewesen. Denn es fährt schnell dahin, / als flögen wir davon.« – Oder der 103. Psalm: »Lobe den Herrn meine Seele und was in mir ist, seinen heiligen Namen.« – der 104. Psalm erinnert an den Pharao Echnaton (1375–58) und wurde durch den Naturkenner Alexander von Humboldt (1769–1859) geliebt und bearbeitet ... – Oder Psalm 42–43, dem Augustinus sein Lebensmotto entnahm: »Cor nostrum inquietum est, donet requiescat in te (domine): Unser Herz ist unruhig, bis es ruht in Dir.« – Der 121. Psalm beginnt: »Ich hebe meine Augen auf zu den Bergen, / von welchen mir Hilfe kommt.« – Der 126. Psalm:
»[1]Wenn der Herr die Gefangenen Zions erlösen wird, / so werden wir
sein wie die Träumenden. [5]Die mit Tränen säen, / werden mit Freuden
ernten. [6]Sie gehen hin und weinen / und tragen edlen Samen.« Oder die Reihe der Psalmen (8, 16, 34, 69), welche Jesus nur streift.

1 [1]Wohl dem, der nicht wandelt im
Rat der Gottlosen / noch sitzt, wo
die Spötter sitzen, [2]sondern hat Lust
am Gesetz des HERRN / und sinnt
über seinem Gesetz Tag und Nacht!
[3]Der ist wie ein Baum, gepflanzt an

den Wasserbächen, der seine Frucht
bringt zu seiner Zeit, und seine Blät-
ter verwelken nicht. / Und was er
macht, das gerät wohl. [4]Aber so
sind die Gottlosen nicht, / sondern
wie Spreu, die der Wind verstreut.
[5]Darum bestehen die Gottlosen
nicht im Gericht / noch die Sünder in
der Gemeinde der Gerechten. [6]Denn
der HERR kennt den Weg der Ge-
rechten, / aber der Gottlosen Weg
vergeht.

Die Psalmen bei Jesu Tod

Jesu Worte am Kreuz waren nach den Evangelien sieben. Das erste überlieferte Lukas (23, 34) als Gebet für die Henker: »Vater, vergib ihnen, denn sie wissen nicht, was sie tun.« – Das zweite gibt Lukas (23, 43) als Antwort an den einen der beiden Mitgekreuzigten: »Heute noch wirst du mit mir im Paradiese sein.« – Das dritte Wort verbindet die Nächsten unterm Kreuz, zur Mutter: »Siehe dein Sohn«, zum Jünger: »Siehe deine Mutter« (Joh. 19, 26–27). – Das vierte Wort (Joh. 19, 28) bittet für sich selbst: »Mich dürstet«. Es wird im Anklang an Psalm 69, 22 gebildet: »Sie geben mir Galle zu essen und Essig zu trinken für meinen Durst!« – Das fünfte Wort (Matth. 27, 46) bringt den Anfang des 22. Psalms: »Eli, Eli – Mein Gott, mein Gott! Warum hast du mich verlassen?« Nach Kraft kann Jesus die 32 Verse dieses Psalms ganz gebetet haben. Der enthält (V. 19) auch das Prägewort zur Lage: »Meine Kleider teilen Sie; um meinen Rock werfen sie das Los.« – Das sechste Wort gibt den 6. Vers des 31. Psalms: »(Vater,) in deine Hände befehle ich meinen Geist.« – Das siebte Wort heißt: »Es ist vollbracht.«

22 EIN PSALM DAVIDS
[2]Mein Gott, mein Gott,
warum hast du mich verlassen? / Ich
schreie, aber meine Hilfe ist ferne.
[3]Mein Gott, des Tages rufe ich, doch
antwortest du nicht, / und des
Nachts, doch finde ich keine Ruhe.
[4]Du aber bist heilig, / der du thronst
über den Lobgesängen Israels. [5]Un-
sere Väter hofften auf dich; / und da
sie hofften, halfst du ihnen heraus.
[6]Zu dir schrien sie und wurden erret-
tet, / sie hofften auf dich und wurden
nicht zuschanden. [7]Ich aber bin ein
Wurm und kein Mensch, / ein Spott
der Leute und verachtet vom Volke.

8 Alle, die mich sehen, verspotten
mich, / sperren das Maul auf und
schütteln den Kopf: 9 »Er klage es
dem HERRN, der helfe ihm heraus /
und rette ihn, hat er Gefallen an
ihm.« 10 Du hast mich aus meiner
Mutter Leibe gezogen; / du ließest
mich geborgen sein an der Brust mei-
ner Mutter. 11 Auf dich bin ich ge-
worfen von Mutterleib an, / du bist
mein Gott von meiner Mutter Schoß
an. 12 Sei nicht ferne von mir, denn
Angst ist nahe; / denn es ist hier kein
Helfer. 13 Gewaltige Stiere haben
mich umgeben, / mächtige Büffel
haben mich umringt. 14 Ihren Rachen
sperren sie gegen mich auf / wie ein
brüllender und reißender Löwe.
15 Ich bin ausgeschüttet wie Wasser,
alle meine Knochen haben sich von-
einander gelöst; / mein Herz ist in
meinem Leibe wie zerschmolzenes
Wachs. 16 Meine Kräfte sind ver-
trocknet wie eine Scherbe, und
meine Zunge klebt mir am Gau-
men, / und du legst mich in des To-
des Staub. 17 Denn Hunde haben
mich umgeben, und der Bösen Rotte
hat mich umringt; / sie haben meine
Hände und Füße durchgraben. 18 Ich
kann alle meine Knochen zählen; / sie
aber schauen zu und sehen auf mich
herab. 19 Sie teilen meine Kleider un-
ter sich / und werfen das Los um
mein Gewand. 20 Aber du HERR, sei
nicht ferne; / meine Stärke, eile, mir
zu helfen! 21 Errette meine Seele vom
Schwert, / mein Leben von den Hun-
den! 22 Hilf mir aus dem Rachen des
Löwen und vor den Hörnern wilder
Stiere – / du hast mich erhört! 23 Ich
will deinen Namen kundtun meinen
Brüdern, / ich will dich in der Ge-
meinde rühmen: 24 Rühmet den
HERRN, die ihr ihn fürchtet; / ehret
ihn, ihr alle vom Hause Jakob, und
vor ihm scheuet euch, / ihr alle vom
Hause Israel! 25 Denn er hat nicht ver-
achtet noch verschmäht / das Elend
des Armen und sein Antlitz vor ihm
nicht verborgen; / und als er zu ihm
schrie, hörte er's. 26 Dich will ich
preisen in der großen Gemeinde, /
ich will mein Gelübde erfüllen vor
denen, die ihn fürchten. 27 Die Elen-
den sollen essen, daß sie satt werden;
und die nach dem HERRN fragen,
werden ihn preisen; / euer Herz soll
ewiglich leben. 28 Es werden geden-
ken und sich zum HERRN bekehren
aller Welt Enden / und vor ihm anbe-
ten alle Geschlechter der Heiden.
29 Denn des HERRN ist das Reich, /
und er herrscht unter den Heiden.
30 Ihn allein werden anbeten alle, / die
in der Erde schlafen; vor ihm werden
die Knie beugen alle, die zum Staube
hinabfuhren / und ihr Leben nicht
konnten erhalten. 31 Er wird Nach-
kommen haben, die ihm dienen, /
vom HERRN wird man verkündigen
Kind und Kindeskind. 32 Sie werden
kommen und seine Gerechtigkeit
predigen / dem Volk, das geboren
wird. Denn er hat's getan.

31 EIN PSALM DAVIDS
[2]HERR, auf dich traue ich, laß mich nimmermehr zuschanden werden, / errette mich durch deine Gerechtigkeit! [3]Neige deine Ohren zu mir, hilf mir eilends! / Sei mir ein starker Fels und eine Burg, daß du mir helfest! [4]Denn du bist mein Fels und meine Burg, / und um deines Namens willen wollest du micht leiten und führen. [5]Du wollest mich aus dem Netze ziehen, das sie mir heimlich stellten; / denn du bist meine Stärke. [6]In deine Hände befehle ich meinen Geist; / du hast mich erlöst, HERR, du treuer Gott.

In Anfechtung und Schmach

69 VON DAVID
[2]Gott, hilf mir! / Denn das Wasser geht mir bis an die Kehle. [3]Ich versinke in tiefem Schlamm, / wo kein Grund ist; ich bin in tiefe Wasser geraten, / und die Flut will mich ersäufen. [4]Ich habe mich müde geschrien, / mein Hals ist heiser. Meine Augen sind trübe geworden, / weil ich so lange harren muß auf meinen Gott. [5]Die mich ohne Grund hassen, / sind mehr, als ich Haare auf dem Haupte habe. Die mir zu Unrecht feind sind und mich verderben wollen, sind mächtig. / Ich soll zurückgeben, was ich nicht geraubt habe. [6]Gott, du kennst meine Torheit, / und meine Schuld ist dir nicht verborgen. [7]Laß an mir nicht zuschanden werden, / die deiner harren, Herr, HERR Zebaoth! Laß an mir nicht schamrot werden, / die dich suchen, Gott Israels! [8]Denn um deinetwillen trage ich Schmach, / mein Angesicht ist voller Schande. [9]Ich bin fremd geworden meinen Brüdern / und unbekannt den Kindern meiner Mutter; [10]denn der *Eifer um dein Haus* hat mich gefressen, / und die Schmähungen derer, die dich schmähen, sind auf mich gefallen. [11]Ich weine bitterlich und faste, / und man spottet meiner dazu. [12]Ich habe einen Sack angezogen, / aber sie treiben ihren Spott mit mir. [13]Die im Tor sitzen, schwatzen von mir, / und beim Zechen singt man von mir. [14]Ich aber bete zu dir, HERR, zur Zeit der Gnade; / Gott, nach deiner großen Güte erhöre mich mit deiner treuen Hilfe. [15]Errette mich aus dem Schlamm, / daß ich nicht versinke, daß ich errettet werde vor denen, die mich hassen, / und aus den tiefen Wassern; [16]daß mich die Flut nicht ersäufe und die Tiefe nicht verschlinge / und das Loch des Brunnens sich nicht über mir schließe. [17]Erhöre mich, HERR, denn deine Güte ist tröstlich; / wende dich zu mir nach deiner großen Barmherzigkeit [18]und verbirg dein Angesicht nicht vor deinem Knechte, / denn mir ist angst; erhöre mich eilends. [19]Nahe dich zu meiner Seele und erlöse sie, / erlöse mich um meiner Feinde willen. [20]Du kennst meine

Schmach, meine Schande und
Scham; / meine Widersacher sind dir
alle vor Augen. 21 Die Schmach
bricht mir mein Herz / und macht
mich krank. Ich warte, ob jemand
Mitleid habe, aber da ist niemand, /
und auf Tröster, aber ich finde keine.
22 Sie geben mir Galle zu essen / und
Essig zu trinken für meinen Durst.
23 Ihr Tisch werde ihnen zur Falle, /
zur Vergeltung und zum Strick.
24 Ihre Augen sollen finster werden,
daß sie nicht sehen, / und ihre Hüften
laß immerfort wanken. 25 Gieß deine
Ungnade über sie aus, / und dein
grimmiger Zorn ergreife sie. 26 Ihre
Wohnstatt soll verwüstet werden, /
und niemand wohne in ihren Zelten.
27 Denn sie verfolgen, den du ge-
schlagen hast, / und reden gern von
dem Schmerz dessen, den du hart ge-
troffen hast. 28 Laß sie aus einer
Schuld in die andre fallen, / daß sie
nicht kommen zu deiner Gerechtig-
keit. 29 Tilge sie aus dem Buch des Le-
bens, / daß sie nicht geschrieben ste-
hen bei den Gerechten. 30 Ich aber bin
elend und voller Schmerzen. / Gott,
deine Hilfe schütze mich! 31 Ich will
den Namen Gottes loben mit einem
Lied / und will ihn hoch ehren mit
Dank. 32 Das wird dem HERRN besser
gefallen / als ein Stier, der Hörner
und Klauen hat. 33 Die Elenden sehen
es und freuen sich, / und die Gott su-
chen, denen wird das Herz aufleben.
34 Denn der HERR hört die Armen /
und verachtet seine Gefangenen
nicht. 35 Es lobe ihn Himmel und
Erde, / die Meere mit allem, was sich
darin regt. 36 Denn Gott wird Zion
helfen und die Städte Judas bauen, /
daß man dort wohne und sie besitze.
37 Und die Kinder seiner Knechte
werden sie erben, / und die seinen
Namen lieben, werden darin bleiben.

In seiner Passion übernimmt Jesus Psalmen für das eigene Gebet. Lehrend aber stellt er bis in den Prozeß vor Pilatus anhand von Psalmen eigenes Wesen und Aufgabe so dar, daß er an die Stelle Jahves tritt. Der Christ sollte beim Psalm verharren, bis er das Recht zum Übergang auf Jesu Wort in sich fühlt, notfalls beim Psalm bleiben.

Die Ordnung entnehme ich den Ich-bin-Worten Jesu im Johannes-Evangelium vom 1. Brot (und Wasser) des Lebens (Kap. 6), 2. vom Licht der Welt (Kap. 8), und 3. dem guten Hirten (Kap. 10), 4. von Weg, Wahrheit und Leben (Kap. 14), 5. vom Weinstock (Kap. 15), 6. vom König Israels und der Menschheit (Kap. 18), 7. vom Vater (Kap. 10, 14).

Das Brot

17 EIN GEBET DAVIDS
1 Herr, höre die gerechte Sa-
che, merk auf mein Schreien, ver-
nimm mein Gebet/ von Lippen, die
nicht trügen. 2 Sprich du in meiner
Sache;/ deine Augen sehen, was
recht ist. 3 Du prüfst mein Herz und
suchst es heim bei Nacht;/ du läu-
terst mich und findest nichts. Ich
habe mir vorgenommen,/ daß mein
Mund sich nicht vergehe. 4 Im Trei-
ben der Menschen bewahre ich mich
vor gewaltsamen Wegen / durch das
Wort deiner Lippen. 5 Erhalte meinen
Gang auf deinen Wegen, / daß meine
Tritte nicht gleiten. 13 Herr, mache
dich auf, tritt ihm gegen und demü-
tige ihn!/ Errette mich vor dem
Gottlosen mit deinem Schwert,
14 vor den Leuten, Herr, mit deiner
Hand,/ vor den Leuten dieser Welt,
die ihr Teil haben schon im Leben, /
denen du den Bauch füllst mit deinen
Gütern, deren Söhne auch noch satt
werden/ und ihren Kindern ein Üb-
riges hinterlassen. 15 Ich aber will
schauen dein Antlitz in Gerechtig-
keit,/ ich will satt werden, wenn ich
erwache, an deinem Bilde.

42 EINE UNTERWEISUNG
DER SÖHNE KORACH
2 Wie der Hirsch lechzt nach frischem
Wasser,/ so schreit meine Seele,
Gott, zu dir. 3 Meine Seele dürstet
nach Gott,/ nach dem lebendigen
Gott. Wann werde ich dahin kom-
men,/ daß ich Gottes Angesicht
schaue?

JOHANNES

6 28 Da fragten sie ihn: Was sollen
wir tun, daß wir Gottes Werke
wirken? 29 Jesus antwortete und
sprach zu ihnen: Das ist Gottes Werk,
daß ihr an den glaubt, den er gesandt
hat. 30 Da sprachen sie zu ihm: Was
tust du für ein Zeichen, damit wir se-
hen und dir glauben? Was für ein
Werk tust du? 31 Unsre Väter haben
in der Wüste das Manna gegessen,
wie geschrieben steht (Psalm 79, 24):
»Er gab ihnen Brot vom Himmel zu
essen.« 32 Da sprach Jesus zu ihnen:
Wahrlich, wahrlich, ich sage euch:
Nicht Mose hat euch das Brot vom
Himmel gegeben, sondern mein Va-
ter gibt euch das wahre Brot vom
Himmel. 33 Denn Gottes Brot ist das,
das vom Himmel kommt und gibt
der Welt das Leben. 34 Da sprachen sie
zu ihm: Herr, gib uns allezeit solches
Brot. 35 Jesus aber sprach zu ihnen:
Ich bin das Brot des Lebens. Wer zu
mir kommt, den wird nicht hungern;
und wer an mich glaubt, den wird
nimmermehr dürsten.

Das Licht

27 VON DAVID
1 Der Herr ist mein Licht und
mein Heil;/ vor wem sollte ich mich
fürchten? Der Herr ist meines Le-

bens Kraft;/ vor wem sollte mir grauen? [2] Wenn die Übeltäter an mich wollen,/ um mich zu verschlingen, meine Widersacher und Feinde,/ sollen sie selber straucheln und fallen. [3] Wenn sich auch ein Heer wider mich lagert,/ so fürchtet sich dennoch mein Herz nicht; wenn sich Krieg wider mich erhebt,/ so verlasse ich mich auf ihn. [7] HERR, höre meine Stimme, wenn ich rufe;/ sei mir gnädig und erhöre mich! [8] Mein Herz hält dir vor dein Wort: »Ihr sollt mein Antlitz suchen.«/ Darum suche ich auch, HERR, dein Antlitz.

JOHANNES

8 [12] Da redete Jesus abermals zu ihnen und sprach: Ich bin das Licht der Welt. Wer mir nachfolgt, der wird nicht wandeln in der Finsternis, sondern wird das Licht des Lebens haben.

Der Hirte

23 EIN PSALM DAVIDS

[1] Der HERR ist mein Hirte,/ mir wird nichts mangeln. [2] Er weidet mich auf einer grünen Aue/ und führet mich zum frischen Wasser. [3] Er erquicket meine Seele./ Er führet mich auf rechter Straße um seines Namens willen. [4] Und ob ich schon wanderte im finstern Tal,/ fürchte ich kein Unglück; denn du bist bei mir,/ dein Stecken und Stab trösten mich. [5] Du bereitest vor mir einen Tisch/ im Angesicht meiner Feinde. Du salbest mein Haupt mit Öl/ und schenkest mir voll ein. [6] Gutes und Barmherzigkeit werden mir folgen mein Leben lang,/ und ich werde bleiben im Hause des HERRN immerdar.

JOHANNES

10 [11] Ich bin der gute Hirte. Der gute Hirte läßt sein Leben für die Schafe. [12] Der Mietling aber, der nicht Hirte ist, dem die Schafe nicht gehören, sieht den Wolf kommen und verläßt die Schafe und flieht – und der Wolf stürzt sich auf die Schafe und zerstreut sie –, [13] denn er ist ein Mietling und kümmert sich nicht um die Schafe. [14] Ich bin der gute Hirte und kenne die Meinen, und die Meinen kennen mich, [15] wie mich mein Vater kennt, und ich kenne den Vater. Und ich lasse mein Leben für die Schafe. [16] Und ich habe noch andere Schafe, die sind nicht aus diesem Stall; auch sie muß ich herführen, und sie werden meine Stimme hören, und es wird eine Herde und ein Hirte werden. [27] Meine Schafe hören meine Stimme, und ich kenne sie, und sie folgen mir; [28] und ich gebe ihnen das ewige Leben, und sie werden nimmermehr umkommen, und niemand wird sie aus meiner Hand reißen.

Der Weg

1 1 Wohl dem, der nicht wandelt im
Rat der Gottlosen noch tritt auf
den Weg der Sünder / noch sitzt, wo
die Spötter sitzen, 2 sondern hat Lust
am Gesetz des HERRN und sinnt über
seinem Gesetz Tag und Nacht! 3 Der
ist wie ein Baum, gepflanzt an den
Wasserbächen, der seine Frucht
bringt zu seiner Zeit, und seine Blät-
ter verwelken nicht. / Und was er
macht, das gerät wohl. 4 Aber so sind
die Gottlosen nicht, / sondern wie
Spreu, die der Wind verstreut.
5 Darum bestehen die Gottlosen nicht
im Gericht / noch die Sünder in der
Gemeinde der Gerechten. 6 Denn der
HERR kennt den Weg der Gerechten, /
aber der Gottlosen Weg vergeht.

77 EIN PSALM ASAFS
14 Gott, dein Weg ist heilig. /
Wo ist ein so mächtiger Gott, wie du,
Gott, bist? 15 Du bist der Gott, der
Wunder tut, / du hast deine Macht
bewiesen unter den Völkern. 16 Du
hast dein Volk erlöst mit Macht, / die
Kinder Jakobs und Josefs. 17 Die Was-
ser sahen dich, Gott, die Wasser sa-
hen dich und ängstigten sich, / ja, die
Tiefen tobten. 18 Wasser ergossen
sich aus dem Gewölk, die Wolken
donnerten, / und deine Pfeile fuhren
einher. 19 Dein Donner rollte, Blitze
erhellten den Erdkreis, / die Erde er-
bebte und wankte. 20 Dein Weg ging
durch das Meer und dein Pfad durch
große Wasser; / doch niemand sah
deine Spur. 21 Du führtest dein Volk
wie eine Herde durch die Hand des
Mose und Aaron.

86 EIN GEBET DAVIDS
1 HERR, neige deine Ohren und
erhöre mich; / denn ich bin elend und
arm. 11 Weise mir, HERR, deinen
Weg, / daß ich wandle in deiner
Wahrheit; / erhalte mein Herz bei
dem einen, / daß ich deinen Namen
fürchte. 12 Ich danke dir, Herr, mein
Gott, von ganzem Herzen / und ehre
deinen Namen ewiglich. 13 Denn
deine Güte ist groß gegen mich, / du
hast mich errettet aus der Tiefe des
Todes. 14 Gott, es erheben sich die
Stolzen gegen mich, und eine Rotte
von Gewalttätern trachtet mir nach
dem Leben / und haben dich nicht
vor Augen. 15 Du aber, Herr, Gott,
bist barmherzig und gnädig, / gedul-
dig und von großer Güte und Treue.
16 Wende dich zu mir und sei mir gnä-
dig; / stärke deinen Knecht mit dei-
ner Kraft und hilf dem Sohn deiner
Magd! 17 Tu ein Zeichen an mir, / daß
du's gut mit mir meinst, daß es se-
hen, die mich hassen, und sich schä-
men, / weil du mir beistehst, HERR,
und mich tröstest.

JOHANNES

14 1 Euer Herz erschrecke nicht!
Glaubt an Gott und glaubt an
mich! 2 In meines Vaters Hause sind
viele Wohnungen. Wenn's nicht so

wäre, hätte ich dann zu euch gesagt: Ich gehe hin, euch die Stätte zu bereiten? [3] Und wenn ich hingehe, euch die Stätte zu bereiten, will ich wieder kommen und euch zu mir nehmen, damit ihr seid, wo ich bin. [4] Und wo ich hingehe, den Weg wißt ihr. [5] Spricht zu ihm Thomas: Herr, wir wissen nicht, wo du hingehst; wie können wir den Weg wissen? [6] Jesus spricht zu ihm: Ich bin der Weg und die Wahrheit und das Leben; niemand kommt zum Vater denn durch mich.

Der Weinstock

80 EIN PSALM ASAFS

[1] Du Hirte Israels, höre, der du Josef hütest wie Schafe! / Erscheine, der du thronst über den Cherubim. [8] Gott Zebaoth, tröste uns wieder; / laß leuchten dein Antlitz, so genesen wir. [9] Du hast einen Weinstock aus Ägypten geholt, / hast vertrieben die Völker und ihn eingepflanzt. [10] Du hast vor ihm Raum gemacht und hast ihn lassen einwurzeln, / daß er das Land erfüllt hat. [11] Berge sind mit seinem Schatten bedeckt / und mit seinen Reben die Zedern Gottes. [12] Du hast seine Ranken ausgebreitet bis an das Meer / und seine Zweige bis an den Strom. [13] Warum hast du denn seine Mauer zerbrochen, / daß jeder seine Früchte abreißt, der vorübergeht? [14] Es haben ihn zerwühlt die wilden Säue / und die Tiere des Feldes ihn abgeweidet. [15] Gott Zebaoth, wende dich doch! Schaue vom Himmel und sieh darein, / nimm dich dieses Weinstocks an! [16] Schütze doch, was deine Rechte gepflanzt hat, / den Sohn, den du dir großgezogen hast!

JOHANNES

15 [1a] Ich bin der wahre Weinstock, und mein Vater der Weingärtner. *(a (1–6) Ps 80, 9–12; Jes 5, 1–7; Jer 2, 21)* [2] Eine jede Rebe an mir, die keine Frucht bringt, wird er wegnehmen; und eine jede, die Frucht bringt, wird er reinigen, daß sie mehr Frucht bringe. [3] Ihr seid schon rein um des Wortes willen, das ich zu euch geredet habe.[a] *(a Kap 13, 10; 1. Petr 1, 23)* [4] Bleibt in mir und ich in euch. Wie die Rebe keine Frucht bringen kann aus sich selbst, wenn sie nicht am Weinstock bleibt, so auch ihr nicht, wenn ihr nicht in mir bleibt. [5] Ich bin der Weinstock, ihr seid die Reben. Wer in mir bleibt und ich in ihm, der bringt viel Frucht; denn ohne mich könnt ihr nichts tun.

Der König

2 [1] Warum toben die Heiden / und murren die Völker so vergeblich? [2] Die Könige der Erde lehnen sich auf, und die Herren halten Rat miteinander wider den HERRN und seinen Gesalbten: [3] »Lasset uns zerrei-

ßen ihre Bande / und von uns werfen
ihre Stricke!« 4 Aber der im Himmel
wohnt, lachet ihrer, / und der Herr
spottet ihrer. 6 »Ich aber habe meinen
König eingesetzt / auf meinem heili-
gen Berg Zion.« 7 Kundtun will ich
den Ratschluß des HERRN. Er hat zu
mir gesagt: »Du bist mein Sohn,
heute habe ich dich gezeugt.«

110 EIN PSALM DAVIDS
1 Der HERR sprach zu mei-
nem Herrn: »Setze dich zu meiner
Rechten, / bis ich deine Feinde zum
Schemel deiner Füße mache.« 2 Der
HERR wird das Zepter deiner Macht
ausstrecken aus Zion. / Herrsche mit-
ten unter deinen Feinden! 3 Wenn du
dein Heer aufbietest, wird dir dein
Volk / willig folgen in heiligem
Schmuck. Deine Söhne werden dir
geboren / wie der Tau aus der Mor-
genröte. 4 Der HERR hat geschworen,
und es wird ihn nicht gereuen: / »Du
bist ein Priester ewiglich nach der
Weise Melchisedeks.« 7 Er wird trin-
ken vom Bach auf dem Wege, / dar-
um wird er das Haupt emporheben.

JOHANNES

18 33 Da ging Pilatus wieder hinein
ins Prätorium und rief Jesus
und fragte ihn: Bist du der König der
Juden? 34 Jesus antwortete: Sagst du
das von dir aus, oder haben dir's an-
dere über mich gesagt? 35 Pilatus ant-
wortete: Bin ich ein Jude? Dein Volk
und die Hohenpriester haben dich
mir überantwortet. Was hast du ge-
tan? 36 Jesus antwortete: Mein Reich
ist nicht von dieser Welt. Wäre mein
Reich von dieser Welt, meine Diener
würden darum kämpfen, daß ich den
Juden nicht überantwortet würde;
nun aber ist mein Reich nicht von
dieser Welt. 37 Da fragte ihn Pilatus:
So bist du dennoch ein König? Jesus
antwortete: Du sagst es, ich bin ein
König. Ich bin dazu geboren und in
die Welt gekommen, daß ich die
Wahrheit bezeugen soll. Wer aus der
Wahrheit ist, der hört meine Stimme.

Der Vater

Ein schon apokalyptisch gestimmter Jesaja-Schüler (Jesaja 63, 16) sagte bereits: »Du, Jahve, bist unser Vater und Erlöser. Von alters her ist dies dein (wahrer) Name!«

73 EIN PSALM ASAFS
1 Gott ist Israels Trost / für alle,
die reinen Herzens sind. 2 Ich aber
wäre fast gestrauchelt mit meinen
Füßen; / mein Tritt wäre beinahe ge-
glitten. 3 Denn ich ereiferte mich über
die Ruhmredigen, / als ich sah, daß es
den Gottlosen so gut ging. 20 Wie ein

Traum verschmäht wird, wenn man erwacht, / so verschmähst du, HERR, ihr Bild, wenn du dich erhebst. 21 Als es mir wehe tat im Herzen / und mich stach in meinen Nieren, 22 da war ich ein Narr und wußte nichts, / ich war wie ein Tier vor dir. 23 Dennoch bleibe ich stets an dir; / denn du hältst mich bei meiner rechten Hand, 24 du leitest mich nach deinem Rat / und nimmst mich am Ende mit Ehren an. 25 Wenn ich nur dich habe, / so frage ich nichts nach Himmel und Erde. 26 Wenn mir gleich Leib und Seele verschmachtet, / so bist du doch, Gott, allezeit meines Herzens Trost und mein Teil.

JOHANNES

10 25 Die Werke, die ich tue in meines Vaters Namen, die zeugen von mir. 26 Aber ihr glaubt nicht, denn ihr seid nicht von meinen Schafen. 27 Meine Schafe hören meine Stimme, und ich kenne sie, und sie folgen mir; 28 und ich gebe ihnen das ewige Leben, und sie werden nimmermehr umkommen, und niemand wird sie aus meiner Hand reißen. 29 Mein Vater, der mir sie gegeben hat, ist größer als alles, und niemand kann sie aus des Vaters Hand reißen. 30 Ich und der Vater sind eins. 31 Da hoben die Juden abermals Steine auf, um ihn zu steinigen.

14 27 Den Frieden lasse ich euch, meinen Frieden gebe ich euch. Nicht gebe ich euch, wie die Welt gibt. Euer Herz erschrecke nicht und fürchte sich nicht. 28 Ihr habt gehört, daß ich euch gesagt habe: Ich gehe hin und komme wieder zu euch. Hättet ihr mich lieb, so würdet ihr euch freuen, daß ich zum Vater gehe; denn der Vater ist größer als ich.

PROPHETEN

Elia und Elisa

In den Jahren 870 bis 780 v. Chr. traten im Nordreich Israels mit seiner neu gegründeten Hauptstadt Samaria vorzüglich gegen die Könige Ahab und Ahasja der Prophet Elia und sein Schüler Elisa für Jahve ein. Der Versuch, diese Folge durch Gehasi fortzuführen, mißlang. – Das Wirken beider Propheten trägt zum Zeichen das Kraftbild jener Zeit: den gepanzerten Streitwagen; beide werden im Sterben verabschiedet mit dem selben Wort der Begeisterung: »Mein Vater, mein Vater! Wagen Israels und seine Rosse!« (2. Kö. 2 u. 13). Auch ihr Wirken war nicht frei von allzumenschlichen Kraftakten; und doch war es durch Ineinandergreifen von Lehre, Heilen und sogar Erwecken vom Tode so Evagelien-nahe wie keine andere Stelle des Alten Testamentes.

Elia

Reich Israel: Ahab

I. BUCH DER KÖNIGE

16 29 Im achtunddreißigsten Jahr
Asas, des Königs von Juda,
wurde Ahab, der Sohn Omris, Kö-
nig über Israel und regierte über Is-
rael zu Samaria zweiundzwanzig

Jahre; 30 und tat, was dem HERRN
mißfiel, mehr als alle, die vor ihm ge-
wesen waren. 31 Es war noch das Ge-
ringste, daß er wandelte in der Sünde
Jerobeams, des Sohnes Nebats; er
nahm sogar Isebel, die Tochter Et-
baals, des Königs der Sidonier, zur
Frau und ging hin und diente Baal
und betete ihn an 32 und richtete ihm

einen Altar auf im Tempel Baals, den
er ihm zu Samaria baute, 33 und
machte ein Bild der Aschera, so daß
Ahab mehr tat, den HERRN, den Gott
Israels, zu erzürnen, als alle Könige
von Israel, die vor ihm gewesen wa-
ren.

Elia am Bach Krit

17 1 Und es sprach Elia, der
Tischbiter, aus Tischbe in Gi-
lead zu Ahab: So wahr der HERR, der
Gott Israels, lebt, vor dem ich stehe:

es soll diese Jahre weder Tau noch
Regen kommen, ich sage es denn.
2 Da kam das Wort des HERRN zu
ihm: 3 Geh weg von hier und wende
dich nach Osten und verbirg dich am
Bach Krit, der zum Jordan fließt.
4 Und du sollst aus dem Bach trinken,
und ich habe den Raben geboten, daß

sie dich dort versorgen sollen. [5]Er
aber ging hin und tat nach dem Wort
des Herrn und setzte sich nieder am
Bach Krit, der zum Jordan fließt.
[6]Und die Raben brachten ihm Brot
und Fleisch des Morgens und des
Abends, und er trank aus dem Bach.
[7]Und es geschah nach einiger Zeit,
daß der Bach vertrocknete; denn es
war kein Regen im Lande.

Witwe zu Zarpat

[8]Da kam das Wort des Herrn zu
ihm: [9]Mach dich auf und geh nach
Zarpat, das bei Sidon liegt, und
bleibe dort; denn ich habe dort einer
Witwe geboten, dich zu versorgen.
[10]Und er machte sich auf und ging
nach Zarpat. Und als er an das Tor
der Stadt kam, siehe, da war eine
Witwe, die las Holz auf. Und er rief
ihr zu und sprach: Hole mir ein we-
nig Wasser im Gefäß, daß ich trinke!

[11]Und als sie hinging zu holen, rief er
ihr nach und sprach: Bringe mir auch
einen Bissen Brot mit! [12]Sie sprach:
So wahr der Herr, dein Gott, lebt:
ich habe nichts Gebackenes, nur eine
Handvoll Mehl im Topf und ein we-
nig Öl im Krug. Und siehe, ich hab
ein Scheit Holz oder zwei aufgelesen
und gehe heim und will mir und mei-
nem Sohn zurichten, daß wir essen –
und sterben. [13]Elia sprach zu ihr:
Fürchte dich nicht! Geh hin und
mach's, wie du gesagt hast. Doch
mache zuerst mir etwas Gebackenes
davon und bringe mir's heraus; dir
aber und deinem Sohn sollst du da-
nach auch etwas backen. [14]Denn so
spricht der Herr, der Gott Israels:
Das Mehl im Topf soll nicht verzehrt
werden, und dem Ölkrug soll nichts
mangeln bis auf den Tag, an dem der
Herr regnen lassen wird auf Erden.
[15]Sie ging hin und tat, wie Elia gesagt
hatte. Und er aß und sie auch und ihr
Sohn Tag um Tag. [16]Das Mehl im
Topf wurde nicht verzehrt, und dem
Ölkrug mangelte nichts nach dem
Wort des Herrn, das er durch Elia
geredet hatte. [17]Und nach diesen Ge-
schichten wurde der Sohn seiner
Hauswirtin krank, und seine Krank-
heit wurde so schwer, daß kein
Odem mehr in ihm blieb. [18]Und sie
sprach zu Elia: Was hab ich mit dir zu
schaffen, du Mann Gottes? Du bist
zu mir gekommen, daß meiner
Sünde gedacht und mein Sohn getö-
tet würde. [19]Er sprach zu ihr: Gib
mir deinen Sohn! Und er nahm ihn
von ihrem Schoß und ging hinauf ins
Obergemach, wo er wohnte, und
legte ihn auf sein Bett [20]und rief den
Herrn an und sprach: Herr, mein

Gott, tust du sogar der Witwe, bei
der ich ein Gast bin, so Böses an, daß
du ihren Sohn tötest? 21 Und er legte
sich auf das Kind dreimal und rief den
HERRN an und sprach: HERR, mein
Gott, laß sein Leben in dies Kind zu-
rückkehren! 22 Und der HERR erhörte
die Stimme Elias, und das Leben
kehrte in das Kind zurück, und es
wurde wieder lebendig. 23 Und Elia
nahm das Kind und brachte es hinab
vom Obergemach ins Haus und gab
es seiner Mutter und sprach: Sieh da,
dein Sohn lebt! 24 Und die Frau
sprach zu Elia: Nun erkenne ich, daß
du ein Mann Gottes bist, und des
HERRN Wort in deinem Munde ist
Wahrheit.

Auf dem Karmel

18 1 Nach einer langen Zeit kam
das Wort des HERRN zu Elia,
im dritten Jahr: Geh hin und zeige
dich Ahab, denn ich will regnen las-
sen auf die Erde. 2 Und Elia ging hin,
um sich Ahab zu zeigen. Es war aber
eine große Hungersnot in Samaria.
3 Und Ahab rief Obadja, seinen Hof-
meister – Obadja aber fürchtete den
HERRN sehr; 4 denn als Isebel die Pro-
pheten des HERRN ausrottete, nahm
Obadja hundert Propheten und ver-
steckte sie in Höhlen, hier fünfzig
und da fünfzig, und versorgte sie mit
Brot und Wasser –; 5 und Ahab
sprach zu Obadja: Wohlan, wir wol-
len durchs Land ziehen zu allen Was-
serquellen und Bächen, ob wir Gras
finden und die Rosse und Maultiere
erhalten könnten, damit nicht alles
Vieh umkommt. 6 Und sie teilten
sich ins Land, daß sie es durchzogen.
Ahab zog allein auf dem einen Weg
und Obadja auch allein auf dem an-
dern Weg. 7 Als nun Obadja auf dem
Wege war, siehe, da begegnete ihm
Elia. Und als er ihn erkannte, fiel er
auf sein Antlitz und sprach: Bist du es
nicht, Elia, mein Herr? 8 Er sprach:
Ja! Geh hin und sage deinem HERRN:
Siehe, Elia ist da! 9 Obadja aber
sprach: 13 Ist's meinem Herrn Elia
nicht angesagt, was ich getan habe,
als Isebel die Propheten des HERRN
tötete? Daß ich von den Propheten
des HERRN hundert versteckte, hier
fünfzig und da fünfzig, in Höhlen
und versorgte sie mit Brot und Was-
ser? 14 Und nun sprichst du: Geh hin,
sage deinem Herrn: Elia ist da! Dann
wird er mich töten. 15 Elia sprach: So
wahr der HERR Zebaoth lebt, vor
dem ich stehe: ich will mich ihm
heute zeigen. 16 Da ging Obadja hin
Ahab entgegen und sagte es ihm an.
Und Ahab ging hin Elia entgegen.
17 Und als Ahab Elia sah, sprach
Ahab zu ihm: Bist du nun da, der Is-
rael ins Unglück stürzt? 18 Er aber
sprach: Nicht ich stürze Israel ins
Unglück, sondern du und deines Va-
ters Haus dadurch, daß ihr des HERRN
Gebote verlassen habt und wandelt
den Baalen nach. 19 Wohlan, so sende

nun hin und versammle zu mir ganz Israel auf den Berg Karmel und die vierhundertundfünfzig Propheten Baals, auch die vierhundert Propheten der Aschera, die vom Tisch Israels essen. 20 So sandte Ahab hin zu ganz Israel und versammelte die Propheten auf den Berg Karmel. 21 Da trat Elia zu allem Volk und sprach: Wie lange hinket ihr auf beiden Seiten? Ist der HERR Gott, so wandelt ihm nach, ist's aber Baal, so wandelt ihm nach. Und das Volk antwortete ihm nichts. 22 Da sprach Elia zum Volk: Ich bin allein übriggeblieben als Prophet des HERRN, aber die Propheten Baals sind vierhundertundfünfzig Mann. 23 So gebt uns nun zwei junge Stiere und laßt sie wählen einen Stier und ihn zerstücken und aufs Holz legen, aber kein Feuer daran legen; dann will ich den andern Stier nehmen und aufs Holz legen und auch kein Feuer daran legen.

26 Und sie nahmen den Stier, den man ihnen gab, und richteten zu und riefen den Namen Baals an vom Morgen bis zum Mittag und sprachen: Baal, erhöre uns! Aber es war da keine Stimme noch Antwort. Und sie hinkten um den Altar, den sie gemacht hatten. 29 Als aber der Mittag

vergangen war, waren sie in Verzükkung bis um die Zeit, zu der man das Speiseopfer darbringt; aber da war keine Stimme noch Antwort noch einer, der aufmerkte. 30 Da sprach Elia zu allem Volk: Kommt her zu mir! Und als alles Volk zu ihm trat, baute er den Altar des HERRN wieder auf, der zerbrochen war, 31 und nahm zwölf Steine nach der Zahl der Stämme der Söhne Jakobs – zu dem das Wort des HERRN ergangen war: Du sollst Israel heißen – 32 und baute von den Steinen einen Altar im Namen des HERRN und machte um den Altar her einen Graben, so breit wie für zwei Kornmaß Aussaat, 33 und richtete das Holz zu und zerstückte den Stier und legte ihn aufs Holz. 34 Und Elia sprach: Holt vier Eimer voll Wasser und gießt es auf das

Brandopfer und aufs Holz! Und er
sprach:Tut's noch einmal! Und sie
taten's noch einmal. Und er sprach:
Tut's zum drittenmal! Und sie taten's
zum drittenmal. 35 Und das Wasser
lief um den Altar her, und der Graben
wurde auch voll Wasser. 36 Und als es
Zeit war, das Speisopfer zu opfern,
trat der Prophet Elia herzu und
sprach: HERR, Gott Abrahams,
Isaaks und Israels, laß heute kund-
werden, daß du Gott in Israel bist
und ich dein Knecht und daß ich das
alles nach deinem Wort getan habe!

37 Erhöre mich, HERR, erhöre mich,
damit dies Volk erkennt, daß du,
HERR, Gott bist und ihr Herz wieder
zu dir kehrst! 38 Da fiel das Feuer des
HERRN herab und fraß Brandopfer,
Holz, Steine und Erde und leckte das
Wasser auf im Graben. 39 Als das alles
Volk sah, fielen sie auf ihr Angesicht
und sprachen: Der HERR ist Gott, der
HERR ist Gott! 40 Elia aber sprach zu
ihnen: Greift die Propheten Baals,
daß keiner von ihnen entrinne! Und
sie ergriffen sie. Und Elia führte sie
hinab an den Bach Kischon und tö-
tete sie daselbst. 41 Und Elia sprach zu
Ahab: Zieh hinauf, iß und trink;
denn es rauscht, als wollte es sehr
regnen. 42 Und als Ahab hinaufzog,
um zu essen und zu trinken, ging Elia
auf den Gipfel des Karmel und
bückte sich zur Erde und hielt sein
Haupt zwischen seine Knie 43 und
sprach zu seinem Diener: Geh hinauf
und schaue zum Meer! Er ging hin-
auf und schaute und sprach: Es ist
nichts da. Elia sprach: Geh wieder
hin, und der Diener ging wieder hin,
siebenmal. 44 Und beim siebentenmal
sprach er: Siehe, es steigt eine kleine
Wolke auf aus dem Meer wie eines
Mannes Hand. Elia sprach: Geh hin
und sage Ahab: Spann an und fahre
hinab, damit dich der Regen nicht
aufhält! 45 Und ehe man sich's versah,
wurde der Himmel schwarz von
Wolken und Wind, und es kam ein
großer Regen. Ahab aber fuhr hinab
nach Jesreel. 46 Und die Hand des
HERRN kam über *Elia*, und er gürtete
seine Lenden und lief vor Ahab hin,
bis er kam nach Jesreel.

Elia am Horeb

19 1 Ahab sagte Isebel, was Elia ge-
tan hatte, wie er alle Propheten
Baals mit dem Schwert umgebracht
hatte. 2 Da sandte Isebel einen Boten
zu Elia und ließ ihm sagen: Die Göt-
ter sollen mir dies und das tun, wenn
ich nicht morgen um diese Zeit dir
tue, wie du diesen getan hast! 3 Da
fürchtete er sich, machte sich auf und

lief um sein Leben und kam nach
Beerscheba in Juda und ließ seinen
Diener dort. 4 Er aber ging hin in die
Wüste eine Tagereise weit und kam
und setzte sich unter einen Wachol-
der und wünschte sich zu sterben und
sprach: Es ist genug, so nimm nun,
Herr, meine Seele; ich bin nicht bes-
ser als meine Väter. 5 Und er legte
sich hin und schlief unter dem Wa-
cholder. Und siehe, ein Engel rührte
ihn an und sprach zu ihm: Steh auf
und iß! 6 Und er sah sich um, und
siehe, zu seinen Häupten lag ein ge-
röstetes Brot und ein Krug mit Was-
ser. Und als er gegessen und getrun-
ken hatte, legte er sich wieder schla-
fen. 7 Und der Engel des Herrn kam
zum zweitenmal wieder und rührte
ihn an und sprach: Steh auf und iß!
Denn du hast einen weiten Weg vor
dir. 8 Und er stand auf und aß und
trank und ging durch die Kraft der
Spreise *vierzig Tage* und vierzig
Nächte bis zum Berg Gottes, dem
Horeb. 9 Und er kam dort in eine
Höhle und blieb dort über Nacht.
Und siehe, das Wort des Herrn kam
zu ihm: Was machst du hier, Elia?
10 Er sprach: Ich habe geeifert für den
Herrn, den Gott Zebaoth; denn Is-
rael hat deinen Bund verlassen und
deine Altäre zerbrochen und deine
Propheten mit dem Schwert getötet,
und ich bin allein übriggeblieben,
und sie trachten danach, daß sie mir
mein Leben nehmen. 11 Der Herr
sprach: Geh heraus und tritt hin auf
den Berg vor den Herrn! Und siehe,
der Herr wird vorübergehen. Und
ein großer, starker Wind, der die
Berge zerriß und die Felsen zerbrach,
kam vor dem Herrn her; der Herr
aber war nicht im Winde. Nach dem
Wind aber kam ein Erdbeben; aber
der Herr war nicht im Erdbeben.

12 Und nach dem Erdbeben kam ein
Feuer; aber der Herr war nicht im
Feuer. Und nach dem Feuer kam ein
stilles, sanftes Sausen. 13 Als das Elia
hörte, verhüllte er sein Antlitz mit
seinem Mantel und ging hinaus und
trat in den Eingang der Höhle. Und
siehe, da kam eine Stimme zu ihm
und sprach: Was hast du hier zu tun,
Elia? 14 Er sprach: Ich habe für den
Herrn, den Gott Zebaoth, geeifert;
denn Israel hat deinen Bund verlas-
sen, deine Altäre zerbrochen, deine
Propheten mit dem Schwert getötet,
und ich bin allein übriggeblieben,
und sie trachten danach, daß sie mir
das Leben nehmen. 15 Aber der Herr
sprach zu ihm: Geh wieder deines
Weges durch die Wüste nach Damas-
kus und geh hinein und salbe Hasaël
zum König über Aram 16 und Jehu,

den Sohn Nimschis, zum König über
Israel und Elisa, den Sohn Schafats,
von Abel-Mehola zum Propheten an
deiner Statt. [17] Und es soll geschehen:
Wer dem Schwert Hasaëls entrinnt,
den soll Jehu töten, und wer dem
Schwert Jehus entrinnt, den soll Elisa
töten. [18] Und ich will übriglassen sie-
bentausend in Israel, alle Knie, die
sich nicht gebeugt haben vor Baal,
und jeden Mund, der ihn nicht ge-
küßt hat.

Elia findet Elisa

[19] Und Elia ging von dort weg und
fand Elisa, den Sohn Schafats, als er
pflügte mit zwölf Jochen vor sich
her, und er war selbst bei dem zwölf-
ten. Und Elia ging zu ihm und warf
seinen Mantel über ihn. [20] Und er
verließ die Rinder und lief Elia nach
und sprach: Laß mich meinen Vater
und meine Mutter küssen, dann will
ich dir nachfolgen. Er sprach zu ihm:

Wohlan, kehre um! Bedenke, was ich
dir getan habe! [21] Und Elisa wandte
sich von ihm weg und nahm ein Joch
Rinder und opferte es und mit den Jo-
chen der Rinder kochte er das Fleisch
und gab's den Leuten, daß sie aßen.
Und er machte sich auf und folgte
Elia nach und diente ihm.

Nabots Weinberg

21 [1] Nach diesen Geschichten be-
gab es sich: Nabot, ein Jesreeli-
ter, hatte einen Weinberg in Jesreel,
bei dem Palast Ahabs, des Königs

von Samaria. [2] Und Ahab redete mit
Nabot und sprach: Gib mir deinen
Weinberg; ich will mir einen Kohl-
garten daraus machen, weil er so
nahe an meinem Hause liegt. Ich will
dir einen besseren Weinberg dafür
geben, oder, wenn dir's gefällt, will
ich dir Silber dafür geben, soviel er
wert ist. [3] Aber Nabot sprach zu
Ahab: Das lasse der HERR fern von
mir sein, daß ich dir meiner Väter
Erbe geben sollte! [4] Da kam Ahab
heim voller Unmut und zornig um
des Wortes willen, das Nabot, der
Jesreeliter, zu ihm gesagt hatte: Ich
will dir meiner Väter Erbe nicht ge-

ben. Und er legte sich auf sein Bett
und wandte sein Antlitz ab und aß
nicht. 5 Da kam seine Frau Isebel zu
ihm hinein und redete mit ihm: Was
ist's, daß dein Geist so voller Unmut
ist und daß du nicht issest? 6 Er sprach
zu ihr: Ich habe mit Nabot, dem Jes-
reeliter, geredet und gesagt: Gib mir
deinen Weinberg für Geld, oder,
wenn es dir lieber ist, will ich dir ei-
nen andern dafür geben. Er aber
sprach: Ich will dir meinen Weinberg
nicht geben. 7 Da sprach seine Frau
Isebel zu ihm: Du bist doch König
über Israel! Steh auf und iß und sei
guten Mutes! Ich werde dir den
Weinberg Nabots, des Jesreeliters,
verschaffen. 8 Und sie schrieb Briefe
unter Ahabs Namen und versiegelte
sie mit seinem Siegel und sandte sie
zu den Ältesten und Oberen, die mit
Nabot in seiner Stadt wohnten.
9 Und schrieb in den Briefen: Laßt ein
Fasten ausrufen und setzt Nabot
obenan im Volk, 10 und stellt ihm
zwei ruchlose Männer gegenüber,
die da zeugen und sprechen: Du hast
Gott und den König gelästert! Und
führt ihn hinaus und steinigt ihn, daß
er stirbt. 11 Und die Ältesten und
Oberen, die mit ihm in seiner Stadt
wohnten, taten, wie ihnen Isebel ent-
boten hatte, wie sie in den Briefen ge-
schrieben hatte, die sie zu ihnen
sandte, 12 und sie ließen ein Fasten
ausrufen und ließen Nabot obenan
im Volk sitzen. 13 Da kamen die zwei
ruchlosen Männer und stellten sich
ihm gegenüber und verklagten Na-
bot vor dem Volk und sprachen: Na-
bot hat Gott und den König gelästert!
Da führten sie ihn vor die Stadt hin-
aus und steinigten ihn, daß er starb.
14 Und sie sandten zu Isebel und lie-
ßen ihr sagen: Nabot ist gesteinigt
und tot. 15 Als aber Isebel hörte, daß
Nabot gesteinigt und tot war, sprach
sie zu Ahab: Steh auf und nimm in
Besitz den Weinberg Nabots, des Jes-
reeliters, der sich geweigert hat, ihn
dir für Geld zu geben; denn Nabot
lebt nicht mehr, sondern ist tot. 16 Als
Ahab hörte, daß Nabot tot war,
stand er auf, um hinabzugehen zum
Weinberge Nabots, des Jesreeliters,
und ihn in Besitz zu nehmen.

Elia und Ahab

17 Aber das Wort des Herrn kam zu
Elia, dem Tischbiter: 18 Mach dich
auf und geh hinab Ahab, dem König
von Israel zu Samaria, entgegen –
siehe, er ist im Weinberge Nabots,
wohin er hinabgegangen ist, um ihn
in Besitz zu nehmen – 19 und rede mit
ihm und sprich: So spricht der Herr:
Du hast gemordet, dazu auch frem-
des Erbe geraubt! An der Stätte, wo
Hunde das Blut Nabots geleckt ha-
ben, sollen Hunde auch dein Blut
lecken. 20 Und Ahab sprach zu Elia:
Hast du mich gefunden, mein Feind?
Er aber sprach: Ja, ich habe dich ge-
funden, weil du dich verkauft hast,

Unrecht zu tun vor dem HERRN. [21] Siehe, ich will Unheil über dich bringen und dich vertilgen samt deinen Nachkommen und will von Ahab ausrotten, was männlich ist, bis auf den letzten Mann in Israel [22] und will dein Haus machen wie das Haus Jerobeams, des Sohnes Nebats, und wie das Haus Baschas, des Sohnes Ahijas, um des Zornes willen, daß du mich erzürnt und Israel sündigen gemacht hast. [23] Und auch über Isebel hat der HERR geredet und gesprochen: Die Hunde sollen Isebel fressen an der Mauer Jesreels. [24] Wer von Ahab stirbt in der Stadt, den sollen die Hunde fressen, und wer auf dem Felde stirbt, den sollen die Vögel unter dem Himmel fressen. [25] Es war niemand, der sich so verkauft hätte, Unrecht zu tun vor dem HERRN wie Ahab, den seine Frau Isebel verführte. [26] Und er versündigte sich dadurch über die Maßen, daß er den Götzen nachwandelte, ganz wie die Amoriter getan hatten, die der HERR vor Israel vertrieben hatte.

Elia ruft Feuer vom Himmel

2. BUCH DER KÖNIGE

1 [2] König Ahasja fiel durch das Gitter in seinem Obergemach in Samaria und wurde krank. Und er sandte Boten und sprach zu ihnen: Geht hin und befragt Baal-Sebub, den Gott von Ekron, ob ich von dieser Krankheit genesen werde. [3] Aber der Engel des HERRN redete mit Elia, dem Tischbiter: Auf und geh den Boten des Königs von Samaria entgegen und sprich zu ihnen: Ist denn nun kein Gott in Israel, daß ihr hingeht, zu befragen Baal-Sebub, den Gott von Ekron? [4] Darum spricht der HERR: Du sollst nicht mehr von dem Bett herunterkommen, auf das du dich gelegt hast, sondern sollst des Todes sterben. Und Elia ging. [5] Und als die Boten zum König zurückkamen, sprach er zu ihnen: Warum kommt ihr zurück? [6] Sie sprachen zu ihm: Es kam ein Mann herauf uns entgegen und sprach zu uns: Geht wieder hin zu dem König, der euch gesandt hat, und sprecht zu ihm: So spricht der HERR: Ist denn kein Gott in Israel, daß du hinsendest, zu befragen Baal-Sebub, den Gott von Ekron? Darum sollst du nicht mehr herunterkommen von dem Bett, auf das du dich gelegt hast, sondern sollst des Todes sterben. [7] Er sprach zu ihnen: Von welcher Art war denn der Mann, der euch begegnete und das zu euch sagte? [8] Sie sprachen zu ihm: Er hatte langes Haar und einen Ledergurt um seine Lenden. Er aber sprach: Es ist Elia, der Tischbiter. [9] Und der König sandte zu Elia einen Hauptmann über fünfzig samt seinen fünfzig Mann. Und als der zu ihm hinaufkam, siehe, da saß er oben auf dem Berge. Er aber sprach zu ihm: Du Mann Gottes, der König sagt: Du

sollst herabkommen! [10] Elia antwor-
tete dem Hauptmann über fünfzig:
Bin ich ein Mann Gottes, so falle
Feuer vom Himmel und fresse dich und
deine fünfzig Mann. Da fiel Feuer
vom Himmel und fraß ihn und seine
fünfzig Mann. [11] Und der König
sandte wiederum einen andern
Hauptmann über fünfzig zu ihm
samt seinen fünfzig Mann. Der kam
zu ihm hinauf und sprach zu ihm: Du
Mann Gottes, so spricht der König:
Komm eilends herab! [12] Elia antwor-
tete: Bin ich ein Mann Gottes, so falle
Feuer vom Himmel und fresse dich
und deine fünfzig Mann. Da fiel das
Feuer Gottes vom Himmel und fraß
ihn und seine fünfzig Mann. [13] Da
sandte der König wiederum den drit-
ten Hauptmann über fünfzig samt
seinen fünfzig Mann. Als der zu ihm
hinaufkam, beugte er seine Knie vor
Elia und flehte ihn an und sprach zu
ihm: Du Mann Gottes, laß mein Le-
ben und das Leben deiner Knechte,
dieser fünfzig, vor dir etwas gelten!
[14] Siehe, Feuer ist vom Himmel gefal-
len und hat die ersten zwei Haupt-
leute über fünfzig mit ihren fünfzig
Mann gefressen; nun aber laß mein
Leben etwas gelten vor dir. [15] Da
sprach der Engel des Herrn zu Elia:
Geh mit ihm hinab und fürchte dich
nicht vor ihm! Und er machte sich
auf und ging mit ihm hinab zum Kö-
nig. [16] Und er sprach zu ihm: So
spricht der Herr: Weil du Boten hin-
gesandt hast und hast befragen lassen
Baal-Sebub, den Gott von Ekron, als
wäre kein Gott in Israel, dessen Wort
man erfragen könnte, so sollst du
von dem Bett nicht mehr herunter-
kommen, auf das du dich gelegt hast,
sondern sollst des Todes sterben.
[17] So starb Ahasja nach dem Wort des
Herrn, das Elia geredet hatte.

Elias Himmelfahrt

2 [6] Und Elia sprach zu ihm: Bleib
du hier, denn der Herr hat mich
an den Jordan gesandt. Er aber
sprach: So wahr der Herr lebt und du
lebst: ich verlasse dich nicht. Und es
gingen die beiden miteinander. [7] Und
fünfzig von den Prophetenjüngern
gingen hin und standen von ferne;
aber die beiden standen am Jordan.
[8] Da nahm Elia seinen Mantel und
wickelte ihn zusammen und schlug
ins Wasser; das teilte sich nach beiden
Seiten, so daß die beiden auf trocke-
nem Boden hinübergingen. [9] Und als
sie hinüberkamen, sprach Elia zu
Elisa: Bitte, was ich dir tun soll, ehe
ich von dir genommen werde. Elisa
sprach: Daß mir [a] zwei Anteile von
deinem Geiste zufallen. *(a 5. Mose
21, 17)* [10] Er sprach: Du hast Schweres
erbeten. Doch wenn du mich sehen
wirst, wie ich von dir genommen
werde, so wird's geschehen; wenn
nicht, so wird's nicht sein. [11] Und als
sie miteinander gingen und redeten,
siehe, da kam ein feuriger Wagen mit

feurigen Rossen, die schieden die beiden voneinander. Und *Elia fuhr* im Wetter *gen Himmel.* 12 Elisa aber sah es und schrie: *Mein Vater, mein Vater, du Wagen Israels und sein Gespann*! und sah ihn nicht mehr. Da faßte er seine Kleider, zerriß sie in zwei Stücke 13 und hob den Mantel auf, der Elia entfallen war, und kehrte um und trat wieder an das Ufer des Jordans. 14 Und er nahm den Mantel, der Elia entfallen war, und schlug ins Wasser und sprach: Wo ist nun der HERR, der Gott Elias? und schlug ins Wasser. Da teilte es sich nach beiden Seiten, und Elisa ging hindurch. 15 Und als das die Prophetenjünger sahen, die gegenüber bei Jericho waren, sprachen sie: Der Geist Elias ruht auf Elisa.

Elisa

Elisa macht eine Quelle gesund

2. BUCH DER KÖNIGE

2 19 Und die Männer der Stadt spra-
chen zu Elisa: Siehe, es ist gut
wohnen in dieser Stadt, wie mein
Herr sieht; aber es ist böses Wasser,
und es macht unfruchtbar. 20 Er
sprach: Bringt mir her eine neue
Schale und tut Salz hinein! Und sie
brachten's ihm. 21 Da ging er hinaus
zu der Wasserquelle und warf das
Salz hinein und sprach: So spricht der
HERR: Ich habe dies Wasser gesund
gemacht; es soll hinfort weder Tod
noch Unfruchtbarkeit von ihm kom-
men. 22 So wurde das Wasser gesund
bis auf diesen Tag nach dem Wort
Elisas, das er sprach. 23 Und er ging
hinauf nach Bethel. Und als er den
Weg hinanging, kamen kleine Kna-
ben zur Stadt heraus und verspotte-
ten ihn und sprachen zu ihm: Kahl-
kopf, komm herauf! Kahlkopf,
komm herauf! 24 Und er wandte sich
um, und als er sie sah, verfluchte er
sie im Namen des HERRN. Da kamen
zwei Bären aus dem Walde und zer-
rissen zweiundvierzig von den Kin-
dern. 25 Von da ging er auf den Berg
Karmel und kehrte von da nach Sa-
maria zurück.

Elisa mehrt Öl

4 1 Und es schrie eine Frau unter den
Frauen der Prophetenjünger zu
Elisa und sprach: Dein Knecht, mein
Mann, ist gestorben. Nun kommt
der Schuldherr und will meine bei-
den Kinder nehmen zu leibeigenen
Knechten. 2 Elisa sprach zu ihr: Was
soll ich dir tun? Sage mir, was hast du
im Hause? Sie sprach: Deine Magd
hat nichts im Hause als einen Ölkrug.
3 Er sprach: Geh hin und erbitte drau-
ßen von allen deinen Nachbarinnen
leere Gefäße, aber nicht zu wenig,
4 und geh ins Haus und schließ die
Tür zu hinter dir und deinen Söhnen
und gieß in alle Gefäße; und wenn du
sie gefüllt hast, so stelle sie beiseite.
5 Sie ging hin und tat so und schloß
die Tür zu hinter sich und ihren Söh-
nen; diese brachten ihr die Gefäße
herbei, und sie goß ein. 6 Und als die
Gefäße voll waren, sprach sie zu ih-
rem Sohn: Reiche mir noch ein Gefäß
her! Er sprach zu ihr: Es ist kein Ge-
fäß mehr hier. Da stand das Öl. 7 Und
sie ging hin und sagte es dem Mann
Gottes an. Er sprach: Geh hin, ver-
kaufe das Öl und bezahle deinen
Schuldherrn; du aber und deine
Söhne, nährt euch von dem übrigen.

Elisa verheißt einen Sohn, erweckt das tote Kind

8 Und es begab sich eines Tages, daß
Elisa nach Schunem ging. Dort war
eine reiche Frau; die nötigte ihn, daß
er bei ihr aß. Und sooft er dort
durchkam, kehrte er bei ihr ein und
aß bei ihr. 9 Und sie sprach zu ihrem
Mann: Siehe, ich merke, daß dieser
Mann Gottes heilig ist, der immer
hier durchkommt. 10 Laß uns ihm
eine kleine Kammer oben machen
und Bett, Tisch, Stuhl und Leuchter
hinstellen, damit er dort einkehren
kann, wenn er zu uns kommt. 11 Und
es begab sich eines Tages, daß Elisa
dort einkehrte und sich oben in die
Kammer legte und darin schlief.
12 Danach sprach er zu seinem Diener
Gehasi: Ruf die Schunemiterin! Und
als Gehasi sie rief, trat sie vor ihn.
13 Elisa aber hatte zu Gehasi gespro-
chen: Sage ihr: Siehe, du hast uns all
diesen Dienst getan: was soll ich dir
tun? Brauchst du Fürsprache beim
König oder beim Feldhauptmann?
Sie sprach: Ich wohne sicher unter
meinen Leuten. 14 Elisa sprach: Was
soll ich dir dann tun? Gehasi sprach:
Ach, sie hat keinen Sohn, und ihr
Mann ist alt. 15 Er sprach: Ruf sie her!
Und als er sie rief, trat sie in die Tür.
16 Und er sprach: Um diese Zeit
übers Jahr sollst du einen Sohn her-
zen. Sie sprach: Ach nicht, mein
Herr, du Mann Gottes! Täusche
deine Magd nicht! 17 Und die Frau
ward schwanger und gebar einen
Sohn um dieselbe Zeit übers Jahr,
wie ihr Elisa zugesagt hatte. 18 Als
aber das Kind groß wurde, begab es
sich, daß es hinaus zu seinem Vater zu
den Schnittern ging 19 und sprach zu
seinem Vater: O mein Kopf, mein
Kopf! Er sprach zu einem Knecht:
Bringe ihn zu seiner Mutter! 20 Und
er nahm ihn und brachte ihn hinein
zu seiner Mutter, und sie setzte ihn
auf ihren Schoß bis zum Mittag; da
starb er. 21 Und sie ging hinauf und
legte ihn aufs Bett des Mannes Got-
tes, schloß zu und ging hinaus 22 und
rief ihren Mann und sprach: Schicke
mir einen der Knechte und eine Ese-
lin; ich will eilends zu dem Mann
Gottes und bald zurückkommen.
27 Als sie aber zu dem Mann Gottes
auf den Berg kam, umfing sie seine
Füße. 28 Sie sprach: Wann hab ich ei-
nen Sohn erbeten von meinem
Herrn? Sagte ich nicht, du solltest
mich nicht täuschen? 29 Er sprach zu
Gehasi: Gürte deine Lenden und
nimm meinen Stab in deine Hand
und geh hin, und wenn dir jemand
begegnet, so grüße ihn nicht, und
grüßt dich jemand, so danke ihm
nicht, und lege meinen Stab auf des
Knaben Antlitz. 30 Aber die Mutter
des Knaben sprach: So wahr der
HERR lebt und so wahr du lebst: ich
lasse nicht von dir! Da machte er sich
auf und ging ihr nach. 31 Gehasi aber
ging vor ihnen hin und legte den Stab
dem Knaben aufs Antlitz: da war

aber keine Stimme und kein Empfin-
den. Und er ging zurück Elisa entge-
gen und sagte ihm: Der Knabe ist
nicht aufgewacht. [32] Und als Elisa ins
Haus kam, siehe, da lag der Knabe
tot auf seinem Bett. [33] Und er ging
hinein und schloß die Tür hinter sich
zu und betete zu dem HERRN [34] und
stieg aufs Bett und legte sich auf das
Kind und legte seinen Mund auf des
Kindes Mund und seine Augen auf
dessen Augen und seine Hände auf
dessen Hände und breitete sich so
über ihn; da wurde des Kindes Leib
warm. [35] Er aber stand wieder auf
und ging im Haus einmal hierhin und
dahin und stieg wieder aufs Bett und
breitete sich über ihn. Da nieste der
Knabe siebenmal; danach tat der
Knabe seine Augen auf. [36] Und Elisa
rief Gehasi und sprach: Ruf die Schu-
nemiterin! Und als er sie rief, kam sie
hinein zu ihm. Er sprach: Da nimm
hin deinen Sohn! [37] Da kam sie und
fiel nieder zu seinen Füßen und neigte
sich zur Erde und nahm ihren Sohn
und ging hinaus. [42] Es kam aber ein
Mann von Baal-Schalischa und
brachte dem Mann Gottes Erstlings-
brot, nämlich zwanzig Gerstenbrote,
und neues Getreide in seinem Kleid.
Er aber sprach: Gib's den Leuten, daß
sie essen! [43] Sein Diener sprach: Wie
soll ich davon hundert Mann geben?
Er sprach: Gib den Leuten, daß sie es-
sen! Denn so spricht der HERR: Man
wird essen, und es wird noch übrig-
bleiben. [44] Und er legte es ihnen vor,
daß sie aßen; und es blieb noch übrig
nach dem Wort des HERRN.

Elisa heilt Aussatz

5 [1] Naaman, der Feldhauptmann
des Königs von Aram, war ein
trefflicher Mann vor seinem Herrn
und wert gehalten; denn durch ihn
gab der HERR den Aramäern Sieg.
Und er war ein gewaltiger Mann, je-
doch aussätzig. [2] Aber die Kriegs-
leute der Aramäer waren ausgezogen
und hatten ein junges Mädchen weg-
geführt aus dem Lande Israel; die war
im Dienst der Frau Naamans. [3] Die
sprach zu ihrer Herrin: Ach, daß
mein Herr wäre bei dem Propheten
in Samaria! Der könnte ihn von sei-
nem Aussatz befreien. [4] Da ging Naa-
man hinein zu seinem Herrn und
sagte es ihm an und sprach: So und so
hat das Mädchen aus dem Lande Is-
rael geredet. [5] Der König von Aram
sprach: So zieh hin, ich will dem Kö-
nig von Israel einen Brief schreiben.
Und er zog hin und nahm mit sich
zehn Zentner Silber und sechstau-
send Goldgulden und zehn Feierklei-
der. [8] Als Elisa, der Mann Gottes,
hörte, daß der König von Israel seine
Kleider zerrissen hatte, sandte er zu
ihm und ließ ihm sagen: Warum hast
du deine Kleider zerrissen? Laß ihn
zu mir kommen, damit er inne-
werde, daß ein Prophet in Israel ist.
[9] So kam Naaman mit Rossen und

Wagen und hielt vor der Tür am Hause Elisas. [10] Da sandte Elisa einen Boten zu ihm und ließ ihm sagen: Geh hin und wasche dich siebenmal im Jordan, so wird dir dein Fleisch wieder heil und du wirst rein werden. [11] Da wurde Naaman zornig und zog weg. [13] Da machten sich seine Diener an ihn heran, redeten mit ihm und sprachen: Lieber Vater, wenn dir ein Prophet etwas Großes geboten hätte, hättest du es nicht getan? Wieviel mehr, wenn er zu dir sagt: Wasche dich, so wirst du rein! [14] Da stieg er ab und tauchte unter im Jordan siebenmal, wie der Mann Gottes geboten hatte. Und sein Fleisch wurde wieder heil wie das Fleisch eines jungen Knaben, und er wurde rein.

SCHRIFT-PROPHETEN

Amos

Dies hat Amos, (ein Mann) unter den Hirten zu Thekoa, über Israel geschaut zur Zeit Usias (779–739), des Königs in Juda, und Jerobeams II, (784–744), des Königs in Israel (DER PROPHET AMOS, Kap. 1, 1): »Aus allen Geschlechtern auf Erden habe ich allein euch erkannt. Darum suche ich euch heim wegen eurer Missetat (Kap. 3, 2). – Weh denen, die den Tag des Herrn begehren; für euch ist er Finsternis und nicht Licht. (Kap. 5, 18). – Recht soll sich offenbaren wie Regen und Gerechtigkeit wie ein starker Strom« (Kap. 5, 24).

Der Priester Amazja zu Bethel (im Nordreich) sprach zu Amos: Du Seher, gehe weg von des Königs Heiligtum, flieh zurück nach Juda, iß dort dein Brot und weissage dort. Amos antwortete: Ich bin kein Prophetensohn aus der Rotte, sondern ein Hirt, der sich von wilden Feigen nährt. Du aber wirst von hier fortgeführt werden und in einem unreinen Lande sterben. Israel wird aus diesem seinem Lande vertrieben (Kap. 7, 10–17). – Ich sah den Herrn über dem Altar (zu Bethel); der sprach: Schlag an den Knauf (des Altars), daß die Stücke fliegen. So will ich die Nachkommen dieser Menschen mit dem Schwert erwürgen. Wenn sie sich unter der Erde verbürgen oder gen Himmel flögen, will ich sie doch hervorziehen. – Aber ich will das Haus Jakob nicht ganz vertilgen. Die zerfallene Hütte Davids werde ich wieder aufrichten und ihre Lücken schließen. Dann kommt die Zeit, wo man zugleich ackern und ernten wird, wo die Berge von süßem Wein triefen und die Hügel fruchtbar werden. Dann will ich Israel in seinem Lande wieder einpflanzen (Kap. 9, 1 – 2, 8, 11, 13–15).

Jesaja

Von den sechsunddreißig Kapiteln, die unter dem Namen Jesaja in der Bibel stehen, sind die Kapitel Sechs bis Elf das sichere Mittelstück. Die Könige von Damaskus und Samaria zogen im Jahr 735 vor Jerusalem, um Juda zu nötigen, mit ihnen ein Bündnis gegen Assur einzugehen. Dort warnte Jesaja. Er wollte Jerusalem neutral halten. – Im Jahr 722 warf Assur Damaskus und Samaria zu Boden und brachte deren führende Schicht ins Zweistromland. Sie ist nie zurückgekehrt. – Im Jahr 701 stand das assyrische Heer vor Jerusalem. Der Prophet war gegen die Übergabe. König Hiskia kaufte sich mit allem Gold aus Tempel und Palast frei; immerhin blieb die Stadt unerobert.

Jesaja erzählt seine Berufung (Kap. 6): »Im Jahre, als König Usia starb (739), sah ich Jahve sitzen auf hohem Stuhl; der Saum seines Mantels füllte den Tempel. Seraphim schwebten über ihm, jeder hatte sechs Flügel: Mit zweien deckten sie ihr Antlitz, mit zweien ihre Füße und mit zweien flogen sie. Sie riefen einander zu: ›Heilig, heilig, heilig ist Jahve, Herr der himmlischen Heerscharen. Alle Lande sind voll seiner Ehre.‹ Die Schwellen des Tempels bebten und das Haus war voller Rauch. Ich rief: ›Weh mir, ich vergehe, denn ich bin unreiner Lippen und aus einem Volk unreiner Lippen. Ich habe den König der Heerscharen gesehen.‹ – Da zog einer der Seraphim mit der Zange eine glühende Kohle vom Altar (des Heiligen) und bestrich damit meinen Mund. – Nun hörte ich Jahves Stimme: ›Wen soll ich senden?‹ Ich antwortete: ›Hier bin ich, sende mich.‹ Und er: ›Sprich über dieses Volk: Höret, aber verstehet nicht; sehet, aber merket nichts. Verstocke das Herz dieses Volkes, mache ihre Ohren taub und blind ihre Augen, daß sie sich nicht bekehren, noch genesen.‹ Ich antwortete: ›Herr wie lange?‹ – Er sprach: ›Bis die Städte ohne Einwohner da stehen, die Häuser leer sind, die Felder unbebaut. Jahve will diese Menschen wegführen. Und wenn ein Zehntel hier bliebe, so würde das Land abermals verheert. Doch wie die Wurzel eines gefällten Baumes wieder ausschlägt, so soll es später mit Juda sein.‹«

Zur ersten Belagerung, als Ahas in Jerusalem regierte (722), faßte der Prophet sich zusammen: »Glaubet ihr nicht, so bleibet ihr nicht« (Kap. 7, 9). Und zu König Hiskia (701) in noch größerer Gefahr sagte er: »Fordere dir ein Zeichen von Jahve, daß diese (Warner-) Worte wahr sind.« Der König: »Ich fordere nichts, um den Herrn nicht zu versuchen.« Da sprach der Prophet über das, was dem König am nächsten stand: »Siehe die junge Frau (die Königin) wird schwanger werden; ihren Sohn soll man Immanuel heißen: ›Gott ist unter uns‹. Butter und Honig wird er essen (weil es dann kein Brot gibt), bevor er Gutes und Böses unterscheidet. Bevor er solches lernt, wird das Land veröden« (Kap. 7).

Prophetenspruch vermittelt Gotteswahrheit, die mehr umfaßt als den Anlaß, der sie dieses Mal öffnet. Die Kraft, solche Wahrheit zu rufen, haben manchmal Todesnot und Prophetengeist gemeinsam; die Wahrheit selbst gilt Menschheits-weit. Die Evangelien wandten alte Prophetensprüche auf Jesus an, weil sie hier noch klarer zutrafen als bei ihrem ersten Gehör.

Wiederum der Prophet: »Eure Rüstung vergeht, eure blutigen Kleider werden verbrannt. Uns bleibt aber ein Kind, ein Königssohn ist unser. Die Herrschaft wird auf seiner Schulter liegen. Er heißt: Wunderrat, Kraft, Gottesgewalt, Ewig-Vater und Friedefürst. Auf dem Stuhle David wird er sitzen und Gericht mit Gerechtigkeit halten« (Kap. 9). Die dicken Waldbäume wird man abschlagen, bis der Libanon kahl ist. Aber bei uns geht eine Rute auf vom Stamme Isai (Davids Vater); ein

Zweig bricht aus der Wurzel hervor. Auf ihm ruht der Geist des Rates Jahves, der Geist der Weisheit und des Verstandes, der Geist des Rates und der Stärke, der Geist der Erkenntnis Gottes und der Furcht vor Jahve; Gerechtigkeit und Glauben sind der Gürtel seiner Hüften. Dann wird, wie das Wasser das Meer bedeckt, Erkenntnis Jahves über dem Lande liegen« (Kap. 11).

DER PROPHET JESAJA

8 23 Doch es wird nicht dunkel blei-
ben über denen, die in Angst sind.
Hat er in früherer Zeit in Schmach
gebracht das Land Sebulon und das
Land Naftali, so wird er hernach zu
Ehren bringen den Weg am Meer, das
Land jenseits des Jordans, das Galiläa
der Heiden.

Der Friedefürst

9 1 Das Volk, das im Finstern wan-
delt, sieht ein großes Licht, und
über denen, die da wohnen im fin-
stern Lande, scheint es hell. 2 Du
weckst lauten Jubel, du machst groß
die Freude. Vor dir wird man sich
freuen, wie man sich freut in der
Ernte, wie man fröhlich ist, wenn
man Beute austeilt. 3 Denn du hast ihr
drückendes Joch, die Jochstange auf
ihrer Schulter und den Stecken ihres
Treibers zerbrochen wie am Tage
Midians. 4 Denn jeder Stiefel, der mit
Gedröhn dahergeht, und jeder Man-
tel, durch Blut geschleift, wird ver-
brannt und vom Feuer verzehrt.
5 Denn uns ist ein Kind geboren, ein
Sohn ist uns gegeben, und die Herr-
schaft ruht auf seiner Schulter; und er
heißt Wunder-Rat, Gott-Held,
Ewig-Vater, Friede-Fürst; 6 auf daß
seine Herrschaft groß werde und des
Friedens kein Ende auf dem Thron
Davids und in seinem Königreich,
daß er's stärke und stütze durch
Recht und Gerechtigkeit von nun an
bis in Ewigkeit. Solches wird tun der
Eifer des HERRN Zebaoth.

11 1 Und es wird ein Reis hervor-
gehen aus dem Stamm Isais
und ein Zweig aus seiner Wurzel
Frucht bringen. 2 Auf ihm wird ru-
hen der Geist des HERRN, der Geist
der Weisheit und des Verstandes, der
Geist des Rates und der Stärke, der
Geist der Erkenntnis und der Furcht
des HERRN. 10 Und es wird geschehen
zu der Zeit, daß das Reis aus der Wur-
zel Isais dasteht als Zeichen für die
Völker. Nach ihm werden die Hei-
den fragen, und die Stätte, da er
wohnt, wird herrlich sein. 11 Und der
Herr wird zu der Zeit zum zweiten
Mal seine Hand ausstrecken, daß er

den Rest seines Volks loskaufe, der
übriggeblieben ist in Assur, Ägyp-
ten, Patros, Kusch, Elam, Schinar,
Hamat und auf den Inseln des Mee-
res. [12] Und er wird ein Zeichen auf-
richten unter den Völkern und zu-
sammenbringen die Verjagten Israels
und die Zerstreuten Judas sammeln
von den vier Enden der Erde.

Israels Auferweckung

26 [7] Des Gerechten Weg ist eben,
den Steig des Gerechten
machst du gerade. [8] Wir warten auf
dich, HERR, auch auf dem Wege dei-
ner Gerichte; des Herzens Begehren
steht nach deinem Namen und dei-
nem Lobpreis. [9] Von Herzen verlangt
mich nach dir des Nachts, ja, mit
meinem Geist suche ich dich am
Morgen. Denn wenn deine Gerichte
über die Erde gehen, so lernen die
Bewohner des Erdkreises Gerechtig-
keit. [16] HERR, wenn Trübsal da ist, so
suchen wir dich; wenn du uns züch-
tigst, sind wir in Angst und Bedräng-
nis. [17] Gleich wie eine Schwangere,
wenn sie bald gebären soll, sich äng-
stigt und schreit in ihren Schmerzen,
so geht's uns auch, HERR, vor deinem
Angesicht. [18] Wir sind auch schwan-
ger, und uns ist bange, und wenn wir
gebären, so ist's Wind. Wir können
dem Lande nicht helfen, und Bewoh-
ner des Erdkreises können nicht ge-
boren werden. [19] Aber deine Toten
werden leben, deine Leichname wer-
den auferstehen. Wachet auf und rüh-
met, die ihr liegt unter der Erde!
Denn ein Tau der Lichter ist dein
Tau, und die Erde wird die Toten
herausgeben. [20] Geh hin, mein Volk,
in deine Kammer, und schließ die
Tür hinter dir zu! Verbirg dich einen
kleinen Augenblick, bis der Zorn
vorübergehe. [21] Denn siehe, der
HERR wird ausgehen von seinem
Ort, heimzusuchen die Bosheit der
Bewohner der Erde. Dann wird die
Erde offenbar machen das Blut, das
auf ihr vergossen ist, und nicht wei-
ter verbergen, die auf ihr getötet
sind.

28 [16] Darum spricht Gott der
HERR: Siehe, ich lege in Zion
einen Grundstein, einen bewährten
Stein, einen kostbaren Eckstein, der
fest gegründet ist. Wer glaubt, der
flieht nicht.

40 [1] Tröstet, tröstet mein Volk!
spricht euer Gott. [2] Redet mit
Jerusalem freundlich und prediget
ihr, daß ihre Knechtschaft ein Ende
hat, daß ihre Schuld vergeben ist;
denn sie hat doppelte Strafe empfan-
gen von der Hand des HERRN für alle
ihre Sünden. [3] Es ruft eine Stimme: In
der Wüste bereitet dem HERRN den
Weg, macht in der Steppe eine ebene
Bahn unserm Gott! [4] Alle Täler sollen
erhöht werden, und alle Berge und
Hügel sollen erniedrigt werden, und

was uneben ist, soll gerade, und was hügelig ist, soll eben werden; 5denn die Herrlichkeit des HERRN soll offenbart werden, und alles Fleisch miteinander wird es sehen; denn des HERRN Mund hat's geredet. 6Es spricht eine Stimme: Predige!, und ich sprach: Was soll ich predigen? Alles Fleisch ist Gras, und alle seine Güte ist wie eine Blume auf dem Felde. 7Das Gras verdorrt, die Blume verwelkt; denn des HERRN Odem bläst darein. Ja, Gras ist das Volk! 8Das Gras verdorrt, die Blume verwelkt, aber das Wort unseres Gottes bleibt ewiglich. 11Er wird seine Herde weiden wie ein Hirte. Er wird die Lämmer in seinen Arm sammeln und im Bausch seines Gewandes tragen und die Mutterschafe führen.

Der Knecht Gottes

42 1Siehe, das ist mein Knecht – ich halte ihn – und mein Auserwählter, an dem meine Seele Wohlgefallen hat. Ich habe ihm meinen Geist gegeben; er wird das Recht unter die Heiden bringen. 2Er wird nicht schreien noch rufen, und seine Stimme wird man nicht hören auf den Gassen. 3Das geknickte Rohr wird er nicht zerbrechen, und den glimmenden Docht wird er nicht auslöschen. In Treue trägt er das Recht hinaus.

43 10Ihr seid meine Zeugen, spricht der HERR, und mein Knecht, den ich erwählt habe, damit ihr wißt und mir glaubt und erkennt, daß ich's bin. Vor mir ist kein Gott gemacht, so wird auch nach mir keiner sein. 11Ich, ich bin der HERR, und außer mir ist kein Heiland. 12Ich hab's verkündigt und habe auch geholfen und hab's euch sagen lassen; und es war kein fremder Gott unter euch. Ihr seid meine Zeugen, spricht der HERR, und ich bin Gott. 13Ich bin, ehe denn ein Tag war, und niemand ist da, der aus meiner Hand erretten kann. Ich wirke: wer will's wenden? 24Mir hast du nicht für Geld köstliches Gewürz gekauft, mich hast du mit dem Fett deiner Opfer nicht gelabt. Aber mir hast du Arbeit gemacht mit deinen Sünden und hast mir Mühe gemacht mit deinen Missetaten. 25Ich, ich tilge deine Übertretungen um meinetwillen und gedenke deiner Sünden nicht.

45 1So spricht der HERR zu seinem Gesalbten, zu Kyrus, den ich bei seiner rechten Hand ergriff, daß ich Völker vor ihm unterwerfe und Königen das Schwert abgürte, damit vor ihm Türen geöffnet werden und Tore nicht verschlossen bleiben: 2Ich will vor dir hergehen und das Bergland eben machen, ich will die ehernen Türen zerschlagen und die eisernen Tiegel zerbrechen 3und will dir heimliche Schätze geben und verbor-

gene Kleinode, damit du erkennst,
daß ich der HERR bin, der dich beim
Namen ruft, der Gott Israels.

49 6 Er spricht: Es ist zu wenig,
daß du mein Knecht bist, die
Stämme Jakobs aufzurichten und die
Zerstreuten Israels wiederzubringen,
sondern ich habe dich auch zum Licht
der Heiden gemacht, daß du seist
mein Heil bis an die Enden der Erde.

52 7 Wie lieblich sind auf den Ber-
gen die Füße der Freudenbo-
ten, die da Frieden verkündigen, Gu-
tes predigen, Heil verkünden, die da
sagen zu Zion: Dein Gott ist König!

53 2 Er schoß auf vor ihm wie ein
Reis und wie eine Wurzel aus
dürrem Erdreich. Er hatte keine Ge-
stalt und Hoheit. Wir sahen ihn, aber
da war keine Gestalt, die uns gefallen
hätte. 3 Er war der Allerverachtetste
und Unwerteste, voller Schmerzen
und Krankheit. Er war so verachtet,
daß man das Angesicht vor ihm ver-
barg; darum haben wir ihn für nichts
geachtet. 4 Fürwahr, er trug unsre
Krankheit und lud auf sich unsre
Schmerzen. Wir aber hielten ihn für
den, der geplagt und von Gott ge-
schlagen und gemartert wäre. 5 Aber
er ist um unsres Abfalls willen ver-
wundet und um unsrer Sünde willen
zerschlagen. Die Strafe liegt auf ihm,
auf daß wir Frieden hätten, und
durch seine Wunden sind wir geheilt.
6 Wir gingen alle in die Irre wie Schafe,
ein jeder sah auf seinen Weg. Aber der
HERR warf unser aller Sünde auf ihn.
7 Als er gemartert ward, litt er doch
willig und tat seinen Mund nicht auf
wie ein Lamm, das zur Schlachtbank
geführt wird; und wie ein Schaf, das
verstummt vor seinem Scherer, tat er
seinen Mund nicht auf. 8 Er ist aus
Angst und Gericht hinweggenom-
men. Wer aber kann sein Geschick er-
messen? Denn er ist aus dem Lande
der Lebendigen weggerissen, da er für
die Missetat meines Volks geplagt
war. 9 Und man gab ihm sein Grab bei
Gottlosen und bei Übeltätern, als er
gestorben war, wiewohl er niemand
Unrecht getan hat und kein Betrug in
seinem Munde gewesen ist. 10 So
wollte ihn der HERR zerschlagen mit
Krankheit. Wenn er sein Leben zum
Schuldopfer gegeben hat, wird er
Nachkommen haben und in die
Länge leben, und des HERRN Plan
wird durch seine Hand gelingen.
11 Weil seine Seele sich abgemüht hat,
wird er das Licht schauen und die
Fülle haben. Und durch seine Er-
kenntnis wird er, mein Knecht, der
Gerechte, den Vielen Gerechtigkeit
schaffen; denn er trägt ihre Sünden.
12 Darum will ich ihm die Vielen zur
Beute geben, und er soll die Starken
zum Raube haben, dafür daß er sein
Leben in den Tod gegeben hat und den
Übeltätern gleichgerechnet ist und er
die Sünde der Vielen getragen hat und
für die Übeltäter gebeten.

Jerusalem

54 [11]Du Elende, über die alle Wetter gehen, die keinen Trost fand! Siehe, ich will deine Mauern auf Edelsteine stellen und will deinen Grund mit Saphiren legen [12]und deine Zinnen aus Kristallen machen und deine Tore von Rubinen und alle deine Grenzen von erlesenen Steinen. [13]Und alle deine Söhne sind Jünger des HERRN, und großen Frieden haben deine Söhne.

55 [1]Wohlan, alle, die ihr durstig seid, kommt her zum Wasser! Und die ihr kein Geld habt, kommt her, kauft und eßt! Kommt her und kauft ohne Geld und umsonst Wein und Milch! [8]Meine Gedanken sind nicht eure Gedanken, und eure Wege sind nicht meine Wege, spricht der HERR, [9]sondern so viel der Himmel höher ist als die Erde, so sind auch meine Wege höher als eure Wege und meine Gedanken als eure Gedanken. [10]Denn gleichwie der Regen und Schnee vom Himmel fällt und nicht wieder dahin zurückkehrt, sondern feuchtet die Erde und macht sie fruchtbar und läßt wachsen, daß sie gibt Samen, zu säen, und Brot, zu essen, [11]so soll das Wort, das aus meinem Munde geht, auch sein: Es wird nicht wieder leer zu mir zurückkommen, sondern wird tun, was mir gefällt, und ihm wird gelingen, wozu ich es sende.

60 [1]Mache dich auf, werde licht; denn dein Licht kommt, und die Herrlichkeit des HERRN geht auf über dir! [2]Denn siehe, Finsternis bedeckt das Erdreich und Dunkel die Völker; aber über dir geht auf der HERR und seine Herrlichkeit erscheint über dir. [3]Und die Heiden werden zu deinem Lichte ziehen und die Könige zum Glanz, der über dir aufgeht. [4]Hebe deine Augen auf und sieh umher: Diese alle sind versammelt und kommen zu dir. Deine Söhne werden von ferne kommen und deine Töchter auf dem Arme hergetragen werden. [5]Dann wirst du deine Lust sehen und vor Freude strahlen, und dein Herz wird erbeben und weit werden, wenn sich die Schätze der Völker am Meer zu dir kehren und der Reichtum der Völker zu dir kommt. [6]Denn die Menge der Kamele wird dich bedecken, die jungen Kamele aus Midian und Efa. Sie werden aus Saba alle kommen, Gold und Weihrauch bringen und des HERRN Lob verkündigen.

יהוה

Jahve

61 [1]Der Geist Gottes des HERRN ist auf mir, weil der HERR mich gesalbt hat. Er hat mich gesandt, den Elenden gute Botschaft zu bringen, die zerbrochenen Herzen zu verbin-

den, zu verkündigen den Gefangenen
die Freiheit, den Gebundenen, daß
sie frei und ledig sein sollen; 2 zu ver-
kündigen ein gnädiges Jahr des
Herrn und einen Tag der Vergeltung
unsres Gottes, zu trösten alle Trau-
ernden. 10 Ich freue mich im Herrn
und meine Seele ist fröhlich in mei-
nem Gott; denn er hat mir die Kleider
des Heils angezogen und mich mit
dem Mantel der Gerechtigkeit ge-
kleidet, wie einen Bräutigam mit
priesterlichem Kopfschmuck geziert
und wie eine Braut, die in ihrem Ge-
schmeide prangt. 11 Denn gleichwie
Gewächs aus der Erde wächst und
Same im Garten aufgeht, so läßt Gott
der Herr Gerechtigkeit aufgehen
und Ruhm vor allen Heidenvölkern.

63 16 Bist du doch unser Vater;
denn Abraham weiß von uns
nichts, und Israel kennt uns nicht.
Du, Herr, bist unser Vater; »Unser
Erlöser«, das ist von alters her dein
Name.

Neue Schöpfung

65 17 Denn siehe, ich will einen
neuen Himmel und eine neue
Erde schaffen, daß man der vorigen
nicht mehr gedenken und sie nicht
mehr zu Herzen nehmen wird.
18 Freuet euch und seid fröhlich im-
merdar über das, was ich schaffe.
Denn siehe, ich will Jerusalem zur
Wonne machen und sein Volk zur
Freude, 19 und ich will fröhlich sein
über Jerusalem und mich freuen über
mein Volk.

66 22 Denn wie der neue Himmel
und die neue Erde, die ich ma-
che, vor mir Bestand haben, spricht
der Herr, so soll auch euer Ge-
schlecht und Name Bestand haben.
23 Und alles Fleisch wird einen Neu-
mond nach dem andern und einen
Sabbat nach dem andern kommen,
um vor mir anzubeten, spricht der
Herr. 24 Und sie werden hinausge-
hen und schauen die Leichname de-
rer, die von mir abtrünnig waren;
denn ihr Wurm wird nicht sterben,
und ihr Feuer wird nicht verlöschen,
und sie werden allem Fleisch ein
Greuel sein.

Jeremia

52 Kapitel Prophetenschrift und 5 Klagelieder, die unter dem Namen Jeremia stehen, übermitteln kein Wort, das von einem Evangelisten auf Jesu angewandt würde; aber die Gestalt des Propheten und das von ihm erlebte Ende seiner Heimat Juda im Jahr 586 mit samt der Hoffnung auf eine Wiederherstellung nach 70 Jahren (Kap. 29, 10), sind wie Prophetien auf die Passion und etwas auch auf die Auferstehung Jesu. Der Prophet sah vierzig Jahre lang den Sieg Babylons (unter Nebukadnezar) über das von Gesamtisrael allein noch bestehende Königreich Juda voraus. Dabei wurde er von der Partei der unentwegten Verteidiger Jerusalems und von der der Freunde Ägyptens fast bis zum Tode bedrängt und zuletzt wohl im Jahr 586 von Flüchtlingen nach Ägypten mitgerissen. Für die Wiedergründung der Stadt schätzte er eine Wartezeit von 70 Jahren; die Wirklichkeit brauchte 50 Jahre, bis der neue König von Persien mit Namen Kyros die Gefangenen aus Babylon entließ.

Das Buch beginnt: »Dies sind die Reden Jeremias, den das Wort Jahves aufsuchte zur Zeit Josias im dreizehnten Jahr seines Königreiches (626), bis zum elften Jahre Zedekias (586). – Wort Jahves: Ich kannte dich, bevor ich dich im Mutterleibe bereitete. – Antwort: Herr, ich tauge nicht zum Rufer; ich bin zu jung. Jahve: Sage nicht, ich bin zu jung; fürchte dich nicht vor den Menschen; denn ich will dich erretten. – Dabei reckte er seine Hand aus und berührte meinen Mund, indem er sprach: Siehe, Mein Wort lege ich in deinen Mund.« (Jer. 1, 1–9)

Spät im Leben der Prophet: »Dein Wort war meine Speise, meines Herzens Freude und Trost. Denn ich bin (als Rufer) nach deinem Namen genannt, Herr der himmlischen Heerscharen.« (Jer. 15, 16)

»Des Herrn Wort kam zu mir: Geh und rufe in Jerusalem: So spricht Jahve: Ich gedenke der Zeit, als du (mein Volk) eine junge Dirne warst, die mir in die Wüste folgte, in ein Land, wo man nicht sät. Dann brachte ich dich in ein gutes Land, daß du dessen Früchte äßest. Als ihr aber hineinkamt, da verunreinigtet ihr dieses Land. Die lebendige Quelle, die ihr hattet, verließet ihr und machtet euch gehauene Zisternen, die kein Wasser halten.« (Jer. 2, 1–13) – »Wenn ihr zurückkehrt, will ich euch wieder vertrauen. Dann hole ich mir einen aus einer Stadt, zwei andere aus jenem Geschlechte und bringe sie gen Zion; denn Jerusalem soll Jahves Thron heißen.« (Jer. 3, 14–17)

»Jahve spricht: Wenn Mose und Samuel vor mir stünden und für euch bäten, so hätte ich doch kein Herz für euch.« (Jer. 15, 1) – »Ein eiserner Griffel mit diamantener Spitze gräbt Judas Sünde in die Tafel seines Herzens« (Jer. 17, 1). Der Prophet: »Die Namen der Abtrünnigen werden in den Staub der Erde geschrieben, weil sie dich als die Quelle des Lebens verließen« (Jer. 17, 13).

Dieses Bild nimmt Jesus handelnd auf: »Man brachte eine Ehebrecherin zu ihm und fragte: Mose gebot, solche zu steinigen. Was sagst du? Da bückte er sich nieder und schrieb mit dem Finger auf die Erde. Sie hielten an, seinen Richterspruch zu hören. Er richtete sich auf und sprach: Wer unter euch ohne Sünde ist, der werfe den ersten Stein auf sie. Dann bückte er sich wieder nieder und schrieb auf die Erde« (Joh. 8). Jesus verhielt sich im Sinne Jeremias. Und man könnte meinen, beim zweiten Bücken habe er den eigenen Namen neben den der Frau geschrieben. In diesem Falle mußten die Menschennamen nicht im Staub verwehen, sondern sie waren rein genug, Erde und Staub menschlich zu prägen.

Hesekiel

Hesekiel erlebte im Jahre 593 vor Chr. zu Babylon »am Wasser Chebar« seine Berufung zum Propheten unter ähnlichen, aber reicheren Bildern als 739 Jesaja. In der Gottesrede empfing er als erster den Titel »ben adám, Menschensohn«, der nach ihm noch Babylons jüngsten Propheten Daniel traf, welchen Titel zur Bezeichnung seiner geistigen Rolle Jesus für sich übernahm.

Hesekiel stammte aus dem Hohepriestergeschlecht zu Jerusalem, kam leiblich von Zadok, Davids rechter Hand. Den irdischen Grund für seine oft apokalyptisch-freien Gesichte legte er durch sein Sinnen über die Formen des neuen Jerusalems und des Jahve-Tempels darin (Kap. 40–48), auf die er bei dessen Neuerrichtung 520–516 unter Nehemia und Esra wohl auch Einfluß hatte. Er legte geistig den Grund für die später in der Herrschaft veräußerlichte, nach Zadok genannte Gruppe der Sadduzäer, welche Jesus im Ersturteil vor Pilatus zum Tode verdammte. – Von dem zukünftigen Neuen Jerusalem, von der neuen Erde, sagt der christliche Apokalyptiker (Offenbarung 21, 22): »Ich sah keinen Tempel darin. Der Herr, der allmächtige Gott, und das Lamm (Christus) sind ihr Tempel.«

Berufung in Chaldäa

DER PROPHET HESEKIEL

1 [1]Im dreißigsten Jahr am fünften
Tage des vierten Monats, als ich
unter den Weggeführten am Fluß Kebar war, tat sich der Himmel auf, und
Gott zeigte mir Gesichte. [4]Und ich
sah, und siehe, es kam ein ungestümer Wind von Norden her, eine
mächtige Wolke und loderndes
Feuer, und Glanz war rings um sie
her, und mitten im Feuer war es wie
blinkendes Kupfer. [5]Und mitten
darin war etwas wie vier Gestalten;
die waren anzusehen wie Menschen.
[6]Und jede von ihnen hatte vier Angesichter und vier Flügel. [7]Und ihre

Beine standen gerade, und ihre Füße
waren wie Stierfüße und glänzten
wie blinkendes, glattes Kupfer.
8 Und sie hatten Menschenhände un-
ter ihren Flügeln an ihren vier Seiten;
die vier hatten Angesichter und Flü-
gel. 9 Ihre Flügel berührten einer den
andern. Und wenn sie gingen,
brauchten sie sich nicht umzuwen-
den; immer gingen sie in der Rich-
tung eines ihrer Angesichter. 10 Ihre
Angesichter waren vorn gleich ei-
nem Menschen und zur rechten Seite
gleich einem Löwen bei allen vieren
und zur linken Seite gleich einem
Stier bei allen vieren und hinten
gleich einem Adler bei allen vieren.
11 Und alle Flügel waren nach oben
hin ausgebreitet; je zwei Flügel be-
rührten einander, und mit zwei Flü-
geln bedeckten sie ihren Leib. 12 Im-
mer gingen sie in der Richtung eines
ihrer Angesichter; wohin der Geist
sie trieb, dahin gingen sie, sie brauch-
ten sich im Gehen nicht umzuwen-
den. 13 Und in der Mitte zwischen
den Gestalten sah es aus, wie wenn
feurige Kohlen brennen, und wie
Fackeln, die zwischen den Gestalten
hin- und herfuhren. Das Feuer leuch-
tete, und aus dem Feuer kamen
Blitze. 15 Als ich die Gestalten sah,
siehe, da stand je ein Rad auf der
Erde bei den vier Gestalten, bei ihren
vier Angesichtern. 16 Die Räder wa-
ren anzuschauen wie ein Türkis und
waren alle vier gleich, und sie waren
so gemacht, daß ein Rad im andern
war. 26 Und über der Feste, die über
ihrem Haupt war, sah es aus wie ein
Saphir, einem Thron gleich, und auf
dem Thron saß einer, der aussah wie
ein Mensch! 28 Wie der Regenbogen
steht in den Wolken, wenn es gereg-
net hat, so glänzte es ringsumher. So
war die Herrlichkeit des HERRN anzu-
sehen.

2 1 Und er sprach zu mir: Du Men-
schensohn, tritt auf deine Füße,
so will ich mit dir reden. 2 Und als er
so mit mir redete, kam Leben in mich
und stellte mich auf meine Füße, und
ich hörte dem zu, der mit mir redete.
3 Und er sprach zu mir: Du Men-
schensohn, ich sende dich zu den Is-
raeliten, zu dem abtrünnigen Volk.
6 Und du, Menschensohn, sollst dich
vor ihnen nicht fürchten, 7 sondern
du sollst ihnen meine Worte sagen,
sie gehorchen oder lassen es; denn sie
sind ein Haus des Widerspruchs.
8 Aber du, Menschensohn, höre, was
ich dir sage, und widersprich nicht
wie das Haus des Widerspruchs. Tu
deinen Mund auf und iß, was ich dir
geben werde. 9 Und ich sah, und
siehe, da war eine Hand gegen mich
ausgestreckt, die hielt eine Schrift-
rolle. 10 Die breitete sie aus vor mir,
und sie war außen und innen be-
schrieben, und darin stand geschrie-
ben Klage, Ach und Weh.

3 1 Und er sprach zu mir: Du Men-
schensohn, iß, was du vor dir
hast! Iß diese Schriftrolle und geh hin
und rede zum Hause Israel! 17 Du
Menschensohn, ich habe dich zum
Wächter gesetzt über das Haus Israel.
Du wirst aus meinem Munde das
Wort hören und sollst sie in meinem
Namen warnen. 18 Wenn ich dem
Gottlosen sage: Du mußt des Todes
sterben! und du warnst ihn nicht und
sagst es ihm nicht, um den Gottlosen
vor seinem gottlosen Wege zu war-
nen, damit er am Leben bleibe, – so
wird der Gottlose um seiner Sünde
willen sterben, aber sein Blut will ich
von deiner Hand fordern. 19 Wenn du
aber den Gottlosen warnst und er
sich nicht bekehrt von seinem gottlo-
sen Wesen und Wege, so wird er um
seiner Sünde willen sterben, aber du
hast dein Leben errettet.

Der rechte Hirt

34 1 Und des HERRN Wort geschah
zu mir: 2 Du Menschensohn,
weissage gegen die Hirten Israels,
weissage und sprich zu ihnen: So
spricht Gott der HERR: Wehe den
Hirten Israels, die sich selbst weiden!
Sollen die Hirten nicht die Herde
weiden? 3 Aber ihr eßt das Fett und
kleidet euch mit der Wolle und
schlachtet das Gemästete, aber die
Schafe wollt ihr nicht weiden. 4 Das
Schwache stärkt ihr nicht, und das
Kranke heilt ihr nicht, das Verwun-
dete verbindet ihr nicht, das Verirrte
holt ihr nicht zurück und das Verlo-
rene sucht ihr nicht; das Starke aber
tretet ihr nieder mit Gewalt. 5 Und
meine Schafe sind zerstreut, weil sie
keinen Hirten haben, und sind allen
wilden Tieren zum Fraß geworden
und zerstreut. 11 Siehe, ich will mich
meiner Herde selbst annehmen.
12 Wie ein Hirte seine Schafe sucht,
wenn sie von seiner Herde verirrt
sind, so will ich meine Schafe suchen
und will sie erretten von allen Orten,
wohin sie zerstreut waren zur Zeit,
als es trüb und finster war. 13 Ich will
sie aus allen Völkern herausführen
und aus allen Ländern sammeln und
will sie in ihr Land bringen und will
sie weiden auf den Bergen Israels, in
den Tälern und an allen Plätzen des
Landes. 14 Ich will sie auf die beste
Weide führen, und auf den hohen
Bergen in Israel sollen ihre Auen
sein; da werden sie auf guten Auen
lagern und fette Weide haben auf den
Bergen Israels. 15 Ich selbst will
meine Schafe weiden, und ich will sie
lagern lassen, spricht Gott der HERR.
16 Ich will das Verlorene wieder su-
chen und das Verirrte zurückbringen
und das Verwundete verbinden und
das Schwache stärken und, was fett
und stark ist, behüten; ich will sie
weiden, wie es recht ist. 17 Aber zu
euch, meine Herde, spricht Gott der
HERR: Siehe, ich will richten zwi-
schen Schaf und Schaf und Widdern
und Böcken. 23 Und ich will ihnen ei-

nen einzigen Hirten erwecken, der
sie weiden soll, nämlich meinen
Knecht David. Der wird sie weiden
und soll ihr Hirte sein, [24]und ich, der
HERR, will ihr Gott sein, aber mein
Knecht David soll der Fürst unter ih-
nen sein; das sage ich, der HERR.

36 [24]Denn ich will euch aus den
Heiden herausholen und euch
aus allen Ländern sammeln und wie-
der in euer Land bringen, [25]und ich
will reines Wasser über euch spren-
gen, daß ihr rein werdet; von all eu-
rer Unreinheit und von allen euren
Götzen will ich euch reinigen. [26]Und
ich will euch ein neues Herz und ei-
nen neuen Geist in euch geben und
will das steinerne Herz aus eurem
Fleisch wegnehmen und euch ein
fleischernes Herz geben. [27]Ich will
meinen Geist in euch geben und will
solche Leute aus euch machen, die in
meinen Geboten wandeln und meine
Rechte halten und danach tun.

Die Tore der Stadt

48 [30]Und dies sollen die Aus-
gänge der Stadt sein: an der
*Nord*seite mit ihren viertausendfünf-
hundert Ellen [31]*drei Tore*: das erste
Tor Ruben, das zweite Juda, das
dritte Levi; denn die Tore der Stadt
sollen nach den Namen der Stämme
Israels genannt werden. [32]So auch an
der *Ost*seite mit ihren viertausend-
fünfhundert Ellen *drei Tore*: nämlich
das erste Tor Josef, das zweite Benja-
min, das dritte Dan. [33]An der *Süd*-
seite mit ihren viertausendfünfhun-
dert Ellen auch *drei Tore*: das erste
Tor Simeon, das zweite Issachar, das
dritte Sebulon. [34]So auch an der *West*-
seite mit ihren viertausendfünfhun-
dert Ellen *drei Tore*: das erste Tor Gad,
das zweite Asser, das dritte Naftali.
[35]So soll der ganze Umfang acht-
zehntausend Ellen sein. Und alsdann
soll die Stadt genannt werden »Hier
ist der HERR«.

Jona

Jona mußte als Prophet des achten Jahrhunderts nicht nur im Bild eines großen Fisches eine dreitägige Einweihung durchleben, sondern er mußte nach seinem Fluch über die damalige Welthauptstadt Ninive und nach deren unvermuteter Begnadigung selbst in den Bewegungen des Geistes Gottes so leben, daß die äußere Lage seinem Prophetenwort Unrecht gab; er hatte seine Person in einer Ebene aufrecht zu erhalten, für die es keine Zeichen mehr, sondern nur noch die persönliche Einsicht gibt. Diese Lage, dieser Weg beschreibt die Einweihung seelisch, für welche drei Tage im Meer nur ein Bild, höchstens der Anlaß waren. Jona empfing eine vorher nicht zu ahnende Steigerung der inneren Führungskraft.

Jonas Berufung und Flucht

DER PROPHET JONA

1 [1]Es geschah das Wort des HERRN
zu Jona, dem Sohn Amittais:

[2]Mache dich auf und geh in die große
Stadt Ninive und predige wider sie;
denn ihre Bosheit ist vor mich gekommen.
[3]Aber Jona machte sich auf
und wollte vor dem HERRN nach Tarsis
fliehen und kam hinab nach Jafo.
Und als er ein Schiff fand, das nach
Tarsis fahren wollte, gab er Fährgeld
und trat hinein, um mit ihnen nach
Tarsis zu fahren und dem HERRN aus
den Augen zu kommen. [4]Da ließ der
HERR einen großen Wind aufs Meer
kommen, und es erhob sich ein großes
Ungewitter auf dem Meer, daß
man meinte, das Schiff würde zerbrechen.
[5]Und die Schiffsleute
fürchteten sich und schrien, ein jeder
zu seinem Gott, und warfen die Ladung,
die im Schiff war, ins Meer,
daß es leichter würde. Aber Jona war
hinunter in das Schiff gestiegen, lag
und schlief. [6]Da trat zu ihm der

Schiffsherr und sprach zu ihm: Was schläfst du? Steh auf, rufe deinen Gott an! Ob vielleicht dieser Gott an uns gedenken will, daß wir nicht verderben. 7 Und einer sprach zum andern: Kommt, wir wollen losen, daß wir erfahren, um wessentwillen es uns so übel geht. Und als sie losten, traf's Jona. 8 Da sprachen sie zu ihm: Sage uns, warum geht es uns so übel? Was ist dein Gewerbe, und wo kommst du her? Aus welchem Lande bist du, und von welchem Volk bist du? 9 Er sprach zu ihnen: Ich bin ein Hebräer und fürchte den HERRN, den Gott des Himmels, der das Meer und das Trockene gemacht hat. 10 Da fürchteten sich die Leute sehr und sprachen zu ihm: Warum hast du das getan? Denn sie wußten, daß er vor dem HERRN floh; denn er hatte es ihnen gesagt. 11 Da sprachen sie zu ihm: Was sollen wir denn mit dir tun, daß das Meer stille werde und von uns ablasse? Denn das Meer ging immer ungestümer. 12 Er sprach zu ihnen: Nehmt mich und werft mich ins Meer, so wird das Meer still werden und von euch ablassen. Denn ich weiß, daß um meinetwillen dies große Ungewitter über euch gekommen ist. 13 Doch die Leute ruderten, daß sie wieder ans Land kämen; aber sie konnten nicht, denn das Meer ging immer ungestümer gegen sie an. 14 Da riefen sie zu dem HERRN und sprachen: Ach, HERR, laß uns nicht verderben um des Lebens dieses Mannes willen und rechne uns nicht unschuldiges Blut zu; denn du, HERR, tust, wie dir's gefällt. 15 Und sie nahmen Jona und warfen ihn ins Meer. Da wurde das Meer still und ließ ab von seinem Wüten. 16 Und die Leute fürchteten den HERRN sehr und brachten dem HERRN Opfer dar und taten Gelübde.

2 1 Aber der HERR ließ einen großen Fisch kommen, Jona zu verschlingen. Und Jona war im Leibe des Fisches drei Tage und drei Nächte. 2 Und Jona betete zu dem HERRN, seinem Gott, im Leibe des Fisches: 3 Ich rief zu dem HERRN in meiner Angst, / und er antwortete mir. Ich schrie aus dem Rachen des Todes, / und du hörtest meine Stimme. 4 Du warfest mich in die Tiefe, mitten ins Meer, / daß die Fluten mich umgaben. Alle deine Wogen und Wellen / gingen über mich, 5 daß ich dachte, ich wäre von deinen Augen verstoßen. 11 Und der HERR sprach zu dem Fisch, und der spie Jona aus ans Land.

Jonas Predigt und Ninives Buße

3 1 Und es geschah das Wort des HERRN zum zweitenmal zu Jona: 2 Mach dich auf, geh in die große Stadt Ninive und predige ihr, was ich dir sage! 3 Da machte sich Jona auf und ging hin nach Ninive, wie der

HERR gesagt hatte. Ninive aber war
eine große Stadt vor Gott, drei Tage-
reisen groß. 4 Und als Jona anfing, in
die Stadt hineinzugehen, und eine
Tagereise weit gekommen war, pre-
digte er und sprach: Es sind noch
vierzig Tage, so wird Ninive unter-
gehen. 5 Da glaubten die Leute von
Ninive an Gott und ließen ein Fasten
ausrufen und zogen alle, groß und
klein, den Sack zur Buße an. 10 Als
aber Gott ihr Tun sah, wie sie sich be-
kehrten von ihrem bösen Wege,
reute ihn das Übel, das er ihnen ange-
kündigt hatte, und tat's nicht.

Jonas Unmut

4 1 Das aber verdroß Jona sehr, und
er ward zornig 2 und betete zum
HERRN und sprach: Ach, HERR, das
ist's ja, was ich dachte, als ich noch in
meinem Lande war, weshalb ich auch
eilends nach Tarsis fliehen wollte;
denn ich wußte, daß du gnädig,
barmherzig, langmütig und von gro-
ßer Güte bist und läßt dich des Übels
gereuen. 3 So nimm nun, HERR,
meine Seele von mir; denn ich
möchte lieber tot sein als leben.
4 Aber der HERR sprach: Meinst du,
daß du mit Recht zürnst? 5 Und Jona
ging zur Stadt hinaus und ließ sich
östlich der Stadt nieder und machte
sich dort eine Hütte; darunter setzte
er sich in den Schatten, bis er sähe,
was der Stadt widerfahren würde.
6 Gott der HERR aber ließ eine Staude
wachsen; die wuchs über Jona, daß
sie Schatten gäbe seinem Haupt und
ihm hülfe von seinem Unmut. Und
Jona freute sich sehr über die Staude.
7 Aber am Morgen, als die Morgen-
röte anbrach, ließ Gott einen Wurm
kommen; der stach die Staude, daß sie
verdorrte. 8 Als aber die Sonne aufge-
gangen war, ließ Gott einen heißen
Ostwind kommen, und die Sonne
stach Jona auf den Kopf, daß er matt
wurde. Da wünschte er sich den Tod
und sprach: Ich möchte lieber tot sein
als leben. 9 Da sprach Gott zu Jona:
Meinst du, daß du mit Recht zürnst
um der Staude willen? Und er sprach:
Mit Recht zürne ich bis an den Tod.
10 Und der HERR sprach: Dich jam-
mert die Staude, um die du dich nicht
gemüht hast, hast sie auch nicht auf-
gezogen, die in einer Nacht ward und
in einer Nacht verdarb; 11 und mich
sollte nicht jammern Ninive, eine so
große Stadt, in der mehr als hundert-
undzwanzigtausend Menschen sind,
die nicht wissen, was rechts oder links
ist, dazu auch viele Tiere?

Micha, Sacharja, Maleachi und Daniel

Die Propheten Micha, Sacharja, Maleachi und Daniel entwickeln während der babylonischen Gefangenschaft in schon apokalyptischen Bildern eine Zukunftsschau, die vordergründig die Wiederherstellung Jerusalems meint, aber solche Bilder schafft, die sich erst im Wirken des Täufers Johannes und Jesu verwirklichten. Auch das neue Ideal »Menschensohn« erscheint bei Daniel.

DER PROPHET MICHA

1 1 Dies ist das Wort des HERRN,
welches geschah zu Micha aus
Moreschet zur Zeit des Jotam, Ahas
und Hiskia, der Könige von Juda, das

er geschaut hat über Samaria und Jerusalem.
2 Höret, alle Völker! Merk
auf, Land und alles, was darinnen ist!
Denn Gott der HERR hat mit euch zu
reden, ja, der Herr aus seinem heiligen Tempel.
3 Denn siehe, der HERR
wird herausgehen aus seiner Wohnung und herabfahren und treten auf
die Höhen der Erde,
4 daß die Berge
unter ihm schmelzen und die Täler
sich spalten, gleichwie Wachs vor
dem Feuer zerschmilzt, wie die Wasser, die talwärts stürzen.
5 Das alles
um Jakobs Übertretung willen und
um der Sünden willen des Hauses Israel. Was ist aber die Übertretung Jakobs? Ist's nicht Samaria? Was sind
aber die Opferhöhen Judas? Ist's
nicht Jerusalem?
6 Und ich will Samaria zu Steinhaufen im Felde machen, die man für die Weinberge
nimmt, und will seine Steine ins Tal
schleifen und es bis auf den Grund
bloßlegen.
7 All seine Götzen sollen
zerbrochen und all sein Hurenlohn
soll mit Feuer verbrannt werden.
Und ich will alle seine Götzenbilder
zerstören; denn sie sind von Hurenlohn zusammengebracht und sollen
auch wieder zu Hurenlohn werden.

3 9 So höret doch dies, ihr Häupter
im Hause Jakob und ihr Herren
im Hause Israel, die ihr das Recht
verabscheut und alles, was gerade ist,

krumm macht; 10 die ihr Zion mit Blut baut und Jerusalem mit Unrecht.

4 1 In den letzten Tagen aber wird der Berg, darauf des HERRN Haus ist, fest stehen, höher als alle Berge und über die Hügel erhaben. Und die Völker werden herzulaufen, 2 und viele Heiden werden hingehen und sagen: Kommt, laßt uns hinauf zum Berge des HERRN gehen und zum Hause des Gottes Jakobs, daß er uns lehre seine Wege und wir in seinen Pfaden wandeln! Denn von Zion wird Weisung ausgehen und des HERRN Wort von Jerusalem.

5 1 Und du, Bethlehem Efrata, die du klein bist unter den Städten in Juda, aus dir soll mir der kommen, der in Israel Herr sei, dessen Ausgang von Anfang und in Ewigkeit her gewesen ist. 6 Und es werden die Übriggebliebenen aus Jakob unter vielen Völkern sein wie Tau vom HERRN, wie Regen aufs Gras, der auf niemand harrt noch auf Menschen wartet. 7 Ja, die Übriggebliebenen aus Jakob werden unter die Heiden inmitten vieler Völker sein wie ein Löwe unter den Tieren im Walde, wie ein junger Löwe unter einer Herde Schafe.

6 1 Höret doch, was der HERR sagt: »Mach dich auf, führe deine Sache vor den Bergen und laß die Hügel deine Stimme hören!« 2 Höret, ihr Berge, wie der HERR rechten will, und merket auf, ihr Grundfesten der Erde; denn der HERR will mit seinem Volk rechten und mit Israel ins Gericht gehen! 8 Es ist dir gesagt, Mensch, was gut ist und was der HERR von dir fordert, nämlich Gottes Wort halten und Liebe üben und demütig sein vor deinem Gott.

DER PROPHET SACHARJA

1 1 Im achten Monat des zweiten Jahrs des Königs Darius geschah das Wort des HERRN zu Sacharja, dem Sohn Berechjas, des Sohnes Iddos,

dem Propheten: 2 Der HERR ist zornig gewesen über eure Väter. 3 Aber sprich zum Volk: So spricht der HERR Zebaoth: Kehrt euch zu mir, spricht der HERR Zebaoth, so will ich mich zu euch kehren, spricht der HERR Zebaoth. 7 Am vierundzwanzigsten Tage des elften Monats – das ist der Monat Schebat – im zweiten Jahr des Königs Darius geschah das Wort des HERRN zu Sacharja, dem Sohn Berechjas, des Sohnes Iddos, dem Propheten: 8 Ich sah in dieser Nacht, und siehe, ein Mann saß auf einem roten

Pferde, und er hielt zwischen den Myrten im Talgrund, und hinter ihm waren rote, braune und weiße Pferde. 9 Und ich sprach: Mein Herr, wer sind diese? Und der Engel sprach zu mir: 11 Wir haben die Lande durchzogen, und siehe, alle Lande liegen ruhig und still. 12 Da hob der Engel des HERRN an und sprach: HERR Zebaoth, wie lange noch willst du dich nicht erbarmen über Jerusalem und über die Städte Judas, über die du zornig bis schon siebzig Jahre? 16 Darum spricht der HERR: Ich will mich wieder Jerusalem zuwenden mit Barmherzigkeit, und mein Haus soll darin wieder aufgebaut werden, spricht der HERR Zebaoth, und die Meßschnur soll über Jerusalem gespannt werden.

2 14 Freue dich und sei fröhlich, du Tochter Zion! Denn siehe, ich komme und will bei dir wohnen, spricht der HERR. 15 Und es sollen zu der Zeit viele Völker sich zum HERRN wenden und sollen mein Volk sein, und ich will bei dir wohnen. – Und du sollst erkennen, daß mich der HERR Zebaoth zu dir gesandt hat.

3 1 Und er ließ mich sehen den Hohenpriester Jeschua, wie er vor dem Engel des HERRN stand, und der Satan stand zu seiner Rechten, um ihn zu verklagen. 2 Und der Engel des HERRN sprach zu dem Satan: Der HERR, der Jerusalem erwählt hat, schelte dich! Ist dieser nicht ein Brandscheit, das aus dem Feuer gerettet ist? 3 Jeschua aber hatte unreine Kleider an und stand vor dem Engel, 4 der anhob und sprach zu denen, die vor ihm standen: Tut die unreinen Kleider von ihm! Und er sprach zu ihm: Sieh her, ich nehme deine Sünden von dir und lasse dir Feierkleider anziehen. 5 Und er sprach: Setzt ihm einen reinen Kopfbund auf das Haupt! Und sie setzten ihm einen reinen Kopfbund auf das Haupt und zogen ihm reine Kleider an, und der Engel des HERRN stand dabei. 6 Und der Engel des HERRN bezeugte es *Jeschua* und sprach: 7 So spricht der HERR Zebaoth: Wirst du in meinen Wegen wandeln und meinen Dienst recht versehen, *so sollst du mein Haus regieren* und meine Vorhöfe bewahren. Und ich will dir Zugang zu mir geben mit diesen, die hier stehen.

4 1 Und der Engel, der mit mir redete, weckte mich abermals auf, wie man vom Schlaf erweckt wird, 2 und sprach zu mir: Was siehst du? Ich aber sprach: Ich sehe, und siehe, da steht ein Leuchter, ganz aus Gold, mit einer Schale oben darauf, auf der sieben Lampen sind und sieben Schnauzen an jeder Lampe, 3 und zwei Ölbäume dabei, einer zu seiner Rechten, der andere zu seiner Linken. 14 Und er sprach: Es sind die *zwei Gesalbten*, die vor dem Herrscher aller Lande stehen.

8 [16]Das ist's aber, was ihr tun sollt:
Rede einer mit dem andern Wahr-
heit und richtet recht, schafft Frieden
in euren Toren, [17]und keiner ersinne
Arges in seinem Herzen gegen seinen
Nächsten, und liebt nicht falsche
Eide; denn das alles hasse ich, spricht
der Herrn.

9 [9]Du Tochter Zion, freue dich
sehr, und du, Tochter Jerusalem,
jauchze! Siehe, dein König kommt
zu dir, ein Gerechter und ein Helfer,
arm und reitet auf einem Esel, auf ei-
nem Füllen der Eselin.

14 [8]Zu der Zeit werden lebendige
Wasser aus Jerusalem fließen,
die eine Hälfte zum Meer im Osten
und die andere Hälfte zum Meer im
Westen, und so wird es sein im
Sommer und im Winter. [9]Und der
Herr wird König sein über alle
Lande. Zu der Zeit wird der Herr
der einzige sein und sein Name der
einzige. [20]Zu der Zeit wird auf den
Schellen der Rosse stehen »Heilig
dem Herrn«. Und die Töpfe im
Hause des Herrn werden dem Bek-
ken vor dem Altar gleichgestellt
sein. [21]Und es werden alle Töpfe in
Jerusalem und Juda dem Herrn Ze-
baoth heilig sein, so daß alle, die da
opfern wollen, kommen werden
und sie nehmen und darin kochen
werden. Und es wird keinen Händ-
ler mehr geben im Hause des Herrn
Zebaoth zu der Zeit.

DER PROPHET MALEACHI

1 [1]Dies ist die Last, die der Herr an-
kündigt für Israel durch Malea-
chi. [2]Ich habe euch lieb, spricht der
Herr. Ihr aber sprecht: »Woran se-
hen wir, daß du uns lieb hast?« Ist
nicht Esau Jakobs Bruder? spricht
der Herr; und doch hab ich Jakob
lieb [3]und hasse Esau und habe sein
Gebirge öde gemacht und sein Erbe
den Schakalen zur Wüste.

2 [7]Denn des Priesters Lippen sollen
die Lehre bewahren, daß man aus
seinem Munde Weisung suche; denn
er ist ein Bote des Herrn Zebaoth.

3 [1]Siehe, ich will meinen Boten
senden, der vor mir her den Weg
bereiten soll. Und bald wird kom-
men zu seinem Tempel der Herr, den
ihr sucht; und der Engel des Bundes,
den ihr begehrt, siehe, er kommt!
spricht der Herr Zebaoth. [23]Siehe,
ich will euch senden den Propheten
Elia, ehe der große und schreckliche
Tag des Herrn kommt. [24]Der soll
das Herz der Väter bekehren zu den
Söhnen und das Herz der Söhne zu
ihren Vätern, auf daß ich nicht
komme und das Erdreich mit dem
Bann schlage.

DER PROPHET DANIEL

1 1 Im dritten Jahr der Herrschaft Jo-
jakims, des Königs von Juda, zog
Nebukadnezar, der König von Ba-
bel, vor Jerusalem und belagerte es.
2 Und der Herr gab in seine Hand Jo-
jakim, den König von Juda, und ei-
nen Teil der Geräte aus dem Hause
Gottes. Die ließ er ins Land Schinar
bringen, in den Tempel seines Got-
tes, und tat die Geräte in die Schatz-
kammer seines Gottes. 3 Und der Kö-
nig sprach zu Aschpenas, seinem
obersten Kämmerer, er sollte einige
von den Israeliten auswählen, und
zwar von königlichem Stamm und
von edler Herkunft, 4 junge Leute,
die keine Gebrechen hätten, sondern
schön, begabt, weise, klug und ver-
ständig wären, also fähig, an des Kö-
nigs Hof zu dienen; und er sollte sie
in Schrift und Sprache der Chaldäer
unterrichten lassen. 5 Und der König
bestimmte, was man ihnen täglich
geben sollte von seiner Speise und
von dem Wein, den er selbst trank; so
sollten sie drei Jahre erzogen werden
und danach vor dem König dienen.
6 Unter ihnen waren aus Juda Daniel,
Hananja, Mischaël und Asarja. 7 Und
der oberste Kämmerer gab ihnen an-
dere Namen und nannte Daniel Belt-
schazar und Hananja Schadrach und
Mischaël Meschach und Asarja
Abed-Nego. 8 Aber Daniel nahm
sich in seinem Herzen vor, daß er sich
mit des Königs Speise und mit sei-
nem Wein nicht unrein machen
wollte, und bat den obersten Käm-
merer, daß er sich nicht unrein ma-
chen müßte: 12 Versuch's doch mit
deinen Knechten zehn Tage und laß
uns Gemüse zu essen und Wasser zu
trinken geben. 13 Und dann laß dir
unser Aussehen und das der jungen
Leute, die von des Königs Speise es-
sen, zeigen; und danach magst du mit
deinen Knechten tun nach dem, was
du sehen wirst. 14 Und er hörte auf sie
und versuchte es mit ihnen zehn
Tage. 15 Und nach den zehn Tagen sa-
hen sie schöner und kräftiger aus als
alle jungen Leute, die von des Königs
Speise aßen. 16 Da tat der Aufseher
die Speise und den Trank, die für sie
bestimmt waren, weg und gab ihnen
Gemüse. 17 Und diesen vier jungen
Leuten gab Gott Einsicht und Ver-
stand für jede Art von Schrift und
Weisheit. Daniel aber verstand sich
auf Gesichte und Träume jeder Art.
21 Und Daniel blieb im Dienst bis ins
erste Jahr des Königs Kyrus.

2 1 Im zweiten Jahr seiner Herr-
schaft hatte Nebukadnezar einen
Traum, über den er erschrak. 2 Und
der König ließ alle Zeichendeuter
und Weisen und Zauberer und Wahr-
sager zusammenrufen: 6 Werdet ihr

mir den Traum kundtun und deuten,
so sollt ihr Geschenke, Gaben und
große Ehren von mir empfangen.
10 Da antworteten die Wahrsager: Es
ist kein Mensch auf Erden, der sagen
könnte, was der König fordert. 12 Da
wurde der König sehr zornig und be-
fahl, alle Weisen von Babel umzu-
bringen. 24 Da ging Daniel hinein zu
Arjoch, der vom König Befehl hatte,
die Weisen von Babel umzubringen
und sprach zu ihm: Führe mich hin-
ein zum König, ich will dem König
die Deutung sagen. 25 Arjoch brachte
Daniel eilends hinein vor den König.
27 Daniel fing an vor dem König und
sprach: 31 Du, König, hattest einen
Traum, und siehe, ein großes und
hohes und hell glänzendes Bild stand
vor dir, das war schrecklich anzuse-
hen. 32 Das Haupt dieses Bildes war
von feinem Gold, seine Brust und
seine Arme waren von Silber, sein
Bauch und seine Lenden waren von
Kupfer, 33 seine Schenkel waren von
Eisen, seine Füße waren teils von Ei-
sen und teils von Ton. 34 Das sahst
du, bis ein Stein herunterkam, ohne
Zutun von Menschenhänden; der
traf das Bild an seinen Füßen, die von
Eisen und Ton waren, und zer-
malmte sie. 35 Da wurden miteinan-
der zermalmt Eisen, Ton, Kupfer,
Silber und Gold und wurden wie
Spreu auf der Sommertenne, und der
Wind verwehte sie, daß man sie nir-
gends mehr finden konnte. Der Stein
aber, der das Bild zerschlug, wurde
zu einem großen Berg, so daß er die
ganze Welt füllte. 36 Das ist der
Traum. Nun wollen wir die Deutung
vor dem König sagen. 38 Du bist das
goldene Haupt. 39 Nach dir wird ein
anderes Königreich aufkommen, ge-
ringer als deines, danach das dritte
Königreich, das aus Kupfer ist und
über alle Länder herrschen wird.
40 Und das vierte wird hart sein wie
Eisen; denn wie Eisen alles zermalmt
und zerschlägt, ja, wie Eisen alles
zerbricht, so wird es auch alles zer-
malmen und zerbrechen. 41 Daß du
aber die Füße und Zehen teils von
Ton und teils von Eisen gesehen hast,
bedeutet: das wird ein zerteiltes Kö-
nigreich sein. 44 Aber zur Zeit dieser
Könige wird der Gott des Himmels
ein Reich aufrichten, das nimmer-
mehr zerstört wird; und sein Reich
wird auf kein anderes Volk kommen.
Es wird alle diese Königreiche zer-
malmen und zerstören; aber es selbst
wird ewig bleiben. 45 Wie du gesehen
hast, daß ein Stein ohne Zutun von
Menschenhänden vom Berg herun-
terkam, der Eisen, Kupfer, Ton, Sil-
ber und Gold zermalmte. So hat der
große Gott dem König kundgetan,
was dereinst geschehen wird. Der
Traum ist zuverlässig.

3 1 Der König Nebukadnezar ließ
ein goldenes Bild machen sechzig
Ellen hoch und sechs Ellen breit und
ließ es aufrichten in der Ebene Dura
im Lande Babel. 2 Und der König

Nebukadnezar sandte nach den Für-
sten, Würdenträgern, Statthaltern.
4 Und der Herold rief: 5 Wenn ihr hö-
ren werdet den Schall der Posaunen,
Trompeten, Harfen, Zithern, Flöten,
Lauten und aller andern Instrumente,
dann sollt ihr niederfallen und das
goldene Bild anbeten. 11 Wer aber
nicht niederfiele und anbetete, sollte
in den glühenden Ofen geworfen
werden. 14 Da fing Nebukadnezar an
und sprach zu ihnen: Wie? Wollt ihr,
Schadrach, Meschach und Abed-
Nego, meinen Gott nicht ehren und
das goldene Bild nicht anbeten, das
ich habe aufrichten lassen? 15 Wohlan,
seid bereit! Sobald ihr den Schall der
Posaunen, Trompeten, Harfen, Zi-
thern, Flöten, Lauten und aller an-
dern Instrumente hören werdet, so
fallt nieder und betet das Bild an, das
ich habe machen lassen! Werdet ihr's
aber nicht anbeten, dann sollt ihr so-
fort in den glühenden Ofen geworfen
werden. Laßt sehen, wer der Gott ist,
der euch aus meiner Hand erretten
könnte! 16 Da fingen an Schadrach,
Meschach und Abed-Nego und spra-
chen zum König Nebukadnezar: Es
ist nicht nötig, daß wir dir darauf ant-
worten. 17 Wenn unser Gott, den wir
verehren, will, so kann er uns erret-
ten; aus dem glühenden Ofen und
aus deiner Hand, o König, kann er
erretten. 21 Da wurden diese Männer
in ihren Mänteln, Hosen, Hüten, in
ihrer ganzen Kleidung, gebunden
und in den glühenden Ofen gewor-
fen. 23 Aber die drei Männer, Scha-
drach, Meschach und Abed-Nego,
fielen hinab in den glühenden Ofen,
gebunden wie sie waren. 24 Da ent-
setzte sich der König Nebukadnezar,
fuhr auf und sprach zu seinen Räten:
Haben wir nicht drei Männer gebun-
den in das Feuer werfen lassen? Sie
antworteten und sprachen zum Kö-
nig: Ja, König. 25 Er antwortete und
sprach: Ich sehe aber vier Männer frei
im Feuer umhergehen, und sie sind
unversehrt; und der vierte sieht aus,
als wäre er ein Sohn der Götter.
26 Und Nebukadnezar trat vor die
Tür des glühenden Ofens und
sprach: Schadrach, Meschach und
Abed-Nego, ihr Knechte Gottes des
Höchsten, tretet heraus und kommt
her! Da traten Schadrach, Meschach
und Abed-Nego heraus aus dem
Feuer.

5 1 König Belsazar machte ein herr-
liches Mahl für seine tausend
Mächtigen und soff sich voll mit ih-
nen. 2 Und als er betrunken war, ließ
er die goldenen und silbernen Gefäße
herbringen, die sein Vater Nebukad-
nezar aus dem Tempel zu Jerusalem
weggenommen hatte, damit der Kö-
nig mit seinen Mächtigen, mit seinen
Frauen und mit seinen Nebenfrauen
daraus tränke. 5 Im gleichen Augen-
blick gingen hervor Finger wie von
einer Menschenhand, die schrieben
gegenüber dem Leuchter auf die ge-
tünchte Wand in dem königlichen

Saal. Und der König erblickte die
Hand, die da schrieb. [25]So aber lau-
tete die Schrift, die dort geschrieben
steht: *Mene mene tekel u-parsin.* [26]Und
sie bedeutet dies: Mene, das ist, Gott
hat dein Königtum gezählt und been-
det. [27]Tekel, das ist, man hat dich auf
der Waage gewogen und zu leicht be-
funden. [28]Peres, das ist, dein Reich
ist zerteilt und den Medern und Per-
sern gegeben. [30]In derselben Nacht
wurde Belsazar, der König der Chal-
däer, getötet.

6 [1]Und Darius aus Medien über-
nahm das Reich, als er zweiund-
sechzig Jahre alt war. [2]Und es gefiel
Darius, über das ganze Königreich
hundertundzwanzig Statthalter zu
setzen. [3]Über sie setzte er drei Für-
sten, von denen einer Daniel war.
[5]Da trachteten die Fürsten und Statt-
halter danach, an Daniel etwas zu fin-
den, das gegen das Königreich ge-
richtet wäre. [6]Da sprachen die Män-
ner: Wir werden keinen Grund zur
Anklage gegen Daniel finden, es sei
denn, seine Gottesverehrung. [11]Da-
niel hatte aber an seinem Oberge-
mach offene Fenster nach Jerusalem,
und er fiel dreimal am Tag auf seine
Knie, betete, lobte und dankte sei-
nem Gott. [12]Da kamen jene Männer
eilends gelaufen und fanden Daniel,
wie er betete. [17]Da befal der König,
Daniel herzubringen. Und sie warfen
ihn zu den Löwen in die Grube. Der
König aber sprach zu Daniel: Dein
Gott, dem du ohne Unterlaß dienst,
der helfe dir! [20]Früh am Morgen, als
der Tag anbrach, stand der König auf
und ging eilends zur Grube, wo die
Löwen waren. [21]Und als er zur
Grube kam, rief er Daniel mit angst-
voller Stimme. Und der König
sprach zu Daniel: Daniel, du Knecht
des lebendigen Gottes, hat dich dein
Gott, dem du ohne Unterlaß dienst,
auch erretten können von den Lö-
wen? [22]Daniel aber redete mit dem
König: Der König lebe ewig! [23]Mein
Gott hat seinen Engel gesandt, der
den Löwen den Rachen zugehalten
hat, so daß sie mir kein Leid antun
konnten; denn vor ihm bin ich un-
schuldig, und auch gegen dich, mein
König, habe ich nichts Böses getan.
[24]Da wurde der König sehr froh und
ließ Daniel aus der Grube herauszie-
hen.

7 [1]Im ersten Jahr Belsazars, des
Königs von Babel, hatte Daniel
einen Traum: [2]Siehe, die vier Winde
unter dem Himmel wühlten das
große Meer auf. [3]Und vier große
Tiere stiegen herauf aus dem Meer,
ein jedes anders als das andere. [4]Das
erste war wie ein Löwe. [5]Und siehe,
ein anderes Tier, das zweite war
gleich einem Bären, ein anderes Tier,
gleich einem Panther. [7]Ein viertes
Tier war furchtbar und schrecklich
und sehr stark und hatte große ei-
serne Zähne, fraß um sich und zer-
malmte, und was übrigblieb, zertrat

es mit seinen Füßen. Es war auch
ganz anders als die vorigen Tiere und
hatte zehn Hörner. 8 Als ich aber auf
die Hörner achtgab, siehe, da brach
ein anderes kleines Horn zwischen
ihnen hervor, vor dem drei der vori-
gen Hörner ausgerissen wurden.
Und siehe, das Horn hatte Augen
wie Menschenaugen und ein Maul;
das redete große Dinge. 9 Ich sah, wie
Throne aufgestellt wurden, und ei-
ner, der uralt war, setzte sich. Sein
Kleid war weiß wie Schnee und das
Haar auf seinem Haupt rein wie
Wolle; Feuerflammen waren sein
Thron und dessen Räder loderndes
Feuer. 10 Und von ihm ging aus ein
langer feuriger Strahl. Tausendmal
Tausende dienten ihm, und zehntau-
sendmal Zehntausende standen vor
ihm. Das Gericht wurde gehalten,
und die Bücher wurden aufgetan.
11 Ich merkte auf um der großen Re-
den willen, die das Horn redete, und
ich sah, wie das Tier getötet wurde
und sein Leib umkam und ins Feuer
geworfen wurde. 13 Und siehe, es
kam einer mit den Wolken des Him-
mels wie eines *Menschen Sohn* und ge-
langte zu dem, der uralt war, und
wurde vor ihn gebracht. 14 Der gab
ihm Macht, Ehre und Reich, daß ihm
alle Völker und Leute aus so vielen
verschiedenen Sprachen dienen soll-
ten. Seine Macht ist ewig und ver-
geht nicht, und sein Reich hat kein
Ende.

9 1 Im ersten Jahr des Darius, des
Sohnes des Ahasveros, aus dem
Stamm der Meder, der über das
Reich der Chaldäer König wurde, 2 in
diesem ersten Jahr achtete ich, Da-
niel, in den Büchern auf die Zahl der
Jahre, von denen der HERR geredet
hatte zum Propheten *Jeremia*, daß
nämlich *Jerusalem siebzig* Jahre wüst
liegen sollte. 3 Und ich kehrte mich
zu Gott, dem Herrn, um zu beten
und zu flehen unter Fasten und in
Sack und Asche. 18 Neige dein Ohr,
mein Gott, und höre, tu deine Augen
auf und sieh an unsere Trümmer und
die Stadt, die nach deinem Namen
genannt ist. Denn wir liegen vor dir
mit unserm Gebet und vertrauen
nicht auf unsre Gerechtigkeit, son-
dern auf deine große Barmherzig-
keit. 21 Da flog der Mann Gabriel, den
ich zuvor im Gesicht gesehen hatte,
um die Zeit des Abendopfers dicht an
mich heran. 22 Und er unterwies
mich und redete. 24 Siebzig Wochen
sind verhängt über dein Volk und
über deine heilige Stadt; dann wird
dem Frevel ein Ende gemacht. 26 Und
nach den zweiundsechzig Wochen
wird ein Gesalbter ausgerottet wer-
den und nicht mehr sein. Und das
Volk eines Fürsten wird kommen
und die Stadt und das Heiligtum zer-
stören, aber dann kommt das Ende
durch eine Flut, und bis zum Ende
wird es Krieg geben und Verwü-
stung, die längst beschlossen ist. 27 Er
wird aber vielen den Bund schwer

machen eine Woche lang. Und in der Mitte der Woche wird er Schlachtopfer und Speisopfer abschaffen. Und im Heiligtum wird stehen ein Greuelbild, das Verwüstung anrichtet, bis das Verderben, das beschlossen ist, sich über die Verwüstung ergießen wird.

12 1 Zu jener Zeit wird *Michael*,
der große Engelfürst, der für
dein Volk eintritt, sich aufmachen.
Denn es wird eine Zeit so großer
Trübsal sein, wie sie nie gewesen ist,
seitdem es Menschen gibt, bis zu jener
Zeit. Aber zu jener Zeit wird dein
Volk errettet werden, alle, die *im
Buch* geschrieben stehen. 2 Und viele,
die unter der Erde schlafen liegen,
werden aufwachen, die einen zum
ewigen Leben, die andern zu ewiger
Schmach und Schande. 3 Und die da
lehren, werden *leuchten wie des Himmels
Glanz*, und die viele zur Gerechtigkeit
weisen, wie die Sterne immer
und ewiglich.

Weitere Werke von Diether Lauenstein:

Die Mysterien von Eleusis

320 Seiten, 85 Zeichnungen, Leinen

Über fast 2000 Jahre hindurch wurden in Eleusis jährlich die Einweihungen gefeiert mit dem Höhepunkt der Großen Einweihung in den vier Orgien in der ersten Oktoberhälfte und ihrer heiligen Nacht. Worin bestanden nun diese Mysterien, die schon von Homer gepriesen und noch 364 n. Chr. vom römischen Konsul als der Lebensnerv der Griechen bezeichnet wurden? Welche Erlebnisse und Erfahrungen wurden dort den Mysten unter dem Siegel strengster Verschwiegenheit und Androhung der Todesstrafe anvertraut? Das Buch von Diether Lauenstein verfolgt diese Fragen und ist der Rekonstruktion der Riten und Zeremonien der Texte und Gesänge der Eleusinien und den daraus folgenden Erfahrungen gewidmet.
Neben archäologischen Zeugnissen werden die geschichtlichen, mythologischen und zeitgenössisch-astrologischen Zusammenhänge herangezogen und Parallelen zu christlichen Überlieferungen aufgezeigt. Die Glückseligkeit, die Homer dem in die Eleusinien eingeweihten Mysten zuspricht, findet in den Seligpreisungen der Bergpredigt ihren wörtlichen Widerhall, und die Verbindungen der Mysterien mit der christlichen Tradition reichen über die Niederkunft der Jungfrau in der heiligen Nacht bis zum apokalyptischen Weib in der Offenbarung des Johannes.

Das Geheimnis des Wals

Melvilles Moby Dick und das Alte Testament

304 Seiten, 2 Abbildungen, kartoniert

Der Messias

Eine biblische Untersuchung

416 Seiten, Leinen

Der Lebenslauf und seine Gesetze

»Vorträge« 3. 5. Auflage, 120 Seiten, kartoniert

Die vier Denkmodelle des Abendlandes

»Vorträge« 13. 72 Seiten, kartoniert

VERLAG URACHHAUS STUTTGART